밥 벌어주는 폰트

밥 벌어주는 폰트

2024년 8월 26일 초판 발행 · **지은이** 전은경, 김민정, 유다미 · **펴낸이** 안미르, 안마노, 오진경
기획·디자인 우아한형제들 · **진행** 김세영 · **매니저** 박미영 · **제작** 세걸음 · **글꼴** 배달의민족 한나는열한살체,
주아체, 도현체, 연성체, 기랑해랑체, 을지로체, Sandoll 고딕Neo1, Sandoll 고딕Neo3, 지백

안그라픽스

주소 10881 경기도 파주시 회동길 125-15 · **전화** 031.955.7755 · **팩스** 031.955.7744
이메일 agbook@ag.co.kr · **웹사이트** www.agbook.co.kr · **등록번호** 제2-236 (1975.7.7)

ISBN 979.11.6823.078.1 (03320)

밥
벌어주는
폰트

차례

프롤로그   9

1   배달의민족 폰트 개발 스토리

한나체   26

주아체   32

도현체   38

한나는열한살체   44

연성체   48

기랑해랑체   54

한나체 에어   60

한나체 프로   64

을지로체   72

을지로10년후체   78

을지로오래오래체   84

다니엘체 & 루카스체   90

글림체   96

2 배달의민족 폰트 사용법

내부 편

하나. 페르소나를 담자 104

둘. 유머와 위트를 표현하자 106

셋. 한나체만 씁시다 108

넷. 무료 배포하자 110

다섯. 꾸준히 만듭시다 113

여섯. 자주 노출하자 115

일곱. 한글을 쓰자 124

여덟. 휴머니스트가 되자 128

아홉. 전시도 해볼까? 132

열. 가지고 놀면 좋아요 136

열하나. 외국에서도 잘 쓰자 138

열둘. 협업을 하자 141

열셋. 폰트 이름을 자식 이름처럼 귀하게 짓자 143

외부 편

하나. 대학생도 쓰네 148

둘. 작은 기업도 쓰네 153

셋. 책에도 쓰네 158

넷. 아니, 여기에도 쓴다고? 161

다섯. 활동가도 쓰네 163

여섯. 유튜버도 쓰네 165

일곱. 구성원도 쓰네 166

여덟. 이모티콘에도 쓰네 168

아홉. 아티스트도 쓰네 170

열. 간판에도 쓰네 172

3   **주요 등장인물 인터뷰**

"브랜딩은 믿음의 영역이다."   178
김봉진 우아한형제들 창업자, 경영하는 디자이너

"배달의민족 폰트 개발 방식은 압도적인 톱다운이었다."   208
한명수 우아한형제들 CCO

"배달의민족 폰트는 하나의 문화적 유산이다."   232
석금호 산돌 의장

배달의민족 폰트에 대해 말하는 목소리들   242
방은하 전 우아DH아시아 크리에이티브 디렉터, 전 HS애드 ECD
인기완 전 우아한형제들 해외사업 부문장
장인성 전 우아한형제들 CBO

4   **앤솔로지**

휴먼 드라마체   250
박서련 소설가

서체의 표정   256
최장순 LMNT 크리에이티브 디렉터

배달의민족은 무료 폰트를 배포한다는데, 왜 그렇게 하죠?   262
한석진 브리스틀대학교 경제학과 교수

기술과 디자인의 '맛남',   270
배달의민족 폰트에 녹아 있는 테크 이야기
이도희 이도타입 대표

와, 이건 뭐지? 도대체 무슨 미감일까? 무료 배포라고?   274
장수영 한글 타입 디자이너

불안과 갈등의 시대에 배달의민족 폰트가 주는 행복   286
로버트 파우저 언어학자

토론토 한글 워크숍에서 발견한 배달의민족 폰트의 버내큘러   292
박경식 그래픽 디자이너

간판과 활자와 을지로체   298
민본 홍익대학교 미술대학 시각디자인학과 교수

일러두기

이 책에서는 타입페이스, 글꼴, 폰트, 활자 등으로 세분화할 수 있는
관련 용어를 기본적으로 '폰트'로 통일했습니다. 다만 제2장의 인용 글과
제4장에서는 기고가의 원래 표현 그대로 게재했음을 알려드립니다.

프롤로그
폰트가 밥을 벌어주기까지

세상에 밥을 벌어주고, 돈을 벌어주는 폰트가 있다. 배달의민족 폰트 얘기다. 게다가 모든 폰트를 무료 배포한다. 이렇게 해서 얻은 것은 많은 돈을 주고도 사기 어려운 엄청난 브랜드 가치다. 배달의민족은 인터브랜드가 선정한 베스트 코리아 브랜드 2023에서 기업 가치 6362억 원으로 36위를 차지했다. 2010년에 시작한 브랜드가 불과 14년 만에 이뤄낸 성과다. 강렬한 개성과 페르소나를 가진 한나체가 브랜딩에 미치는 영향력은 어마어마하다. 이제 브랜딩이 중요하다는 사실은 누구나 안다. 물론 전용 폰트를 만든다고 저절로 브랜딩이 되지는 않는다. 2000년대 초반부터 국내에 전용 폰트 붐이 일어나 수많은 기업과 단체가 전용 폰트를 제작했지만 브랜딩에 전략적으로 활용하고 그 가치를 따질 만큼 성공을 거둔 사례는 드물다. 대체 무엇이 다르길래? 배달의민족은 2012년부터 지금까지 총 13종의 폰트를 제작하고 무료 배포했다(다니엘체와 루카스체 제외). 폰트를 상업적 용도로 사용하는 것도 모두 허용한다. 폰트 자체의 완성도는 차치하고 브랜딩을 조금이라도 이해한다면 이건 도대체 말이 안 되는 일이다. 폰트가 하나도 아니고 13개씩이나 되고, 무료 배포해서 전혀 통제할 수 없는 상황이 된다면 이건 재앙이 아닌가. 절대로 해서는 안 되는 일을 모두 한 셈이다. 하지만 배달의민족은 결코 안티 브랜딩을 시도한 게 아니다.

퀴즈를 하나 내겠다. 배달의민족은 길거리 간판에서 모티프를 얻은 한나체, 주아체, 도현체를 비롯해 지금까지 발표한 모든 서체를 커뮤니케이션에 사용한다. 이것이 맞는 말일까? 정답은 X. 배달의민족은 폰트를 13종이나 만들었지만 공식적으로 사용하는 전용 서체는 오직 한나체뿐이다. 두 번째로 만든 주아체부터는 브랜딩과 마케팅을 위한 용도로 배포했다. 한나체는 처음부터 인기를 끌면서 사랑받은 것이 아니었다. 초기에는 배달의민족 구성원들조차 너무 못생겼다며 한나체를 쓰기 싫어했다. 이에 김봉진 창업자는 실망할 만도 하지만 포기하지 않고 '자꾸 보면 사랑스럽다'며 열심히 설득해서 쓰게 만들었다. 심지어 한나체 사용을 거부하는 제휴 업체와는 계약을 해지했을 정도다. 이 정도면 오기를 넘어 집착이다. 그렇다, 브랜딩은 구성원의 합의에 따르는 민주주의가 아니라 장기적인 오너십을 가진 CEO의 영역이라는 데 동의할 수밖에 없다. 그가 창업자가 아니었다면 10년 넘게 폰트 프로젝트를 지속한다는 게 가능했을까.

폰트 제작 이후 배달의민족이 보여준 행보는 오히려 브랜드 매니지먼트의 정석에 가깝다. 전용 서체를 만들어놓고

사용하지 않는다면 무슨 소용일까. 그래서 한나체를 사용한
포스터와 '쓸데없는 물건'들을 만들기 시작했다. 브랜드
페르소나가 탄생하는 순간이었다. 조형적으로 완벽하고 흠잡을
데 없이 잘난 엄친아 폰트가 아니라 어수룩한 게 마치 내 모습을
닮은 듯한 한나체는 대학생을 비롯해 조직의 막내들을 중심으로
자발적으로 퍼져나가기 시작했다. 노출도가 높아지면 친숙해지고,
친숙해지면 호감도가 높아져 결국 좋아하게 된다. 여러모로
흠잡을 데 많은 한나체의 인기 이유는 이렇게 설명할 수 있다.

한편 맏이인 한나체가 공식 석상에서 브랜드 앰배서더
역할을 수행하고 있을 때 한나체의 동생들인 주아체, 도현체,
기랑해랑체, 을지로체 등은 주로 길거리를 쏘다니며 나름
활발하게 활동을 이어갔다. 최근에는 을지로체의 활약이
두드러진다. 길거리뿐 아니라 유튜브를 비롯해 패션쇼, 전시회,
책 표지, 보고서, 포스터, 간판 등 한글이 필요한 곳이라면
어디든 등장한다. 올바르고 정의로운 목소리를 낼 때도 있지만,
뻔뻔하거나 부끄러운 말을 할 때도 있다. 통제할 수 없는 폰트
사용의 부작용을 염려할 법도 하지만, 무료 배포한 폰트들을
경쟁사에서도 사용할 만큼 엄청난 효과를 거두게 된다. 많은
사람들이 사용하고 널리 쓰일수록 기업의 브랜딩이 더욱
강력해지기 때문이다. 패러디와 유사품마저 훈장이었다.
그럼에도 불구하고 누구나 쓸 수 있다면 이게 무슨 특정 기업의
브랜드 자산이냐고 엄청나게 따지고 싶어질 것이다. 이해한다.
하지만 바로 이 지점에서 배달의민족 폰트 프로젝트는 매우
특별한 양상으로 전개되기 시작한다. 특정 기업의 브랜딩이나

마케팅 활동을 넘어 동시대의 감수성을 표현하는 하나의 시각 문화 현상으로 자리 잡은 것이다. 배달의민족 폰트를 좋아하든 싫어하든, 그 가치를 인정하든 안 하든 이 점을 부정하기는 어렵다.

경영하는 디자이너, 김봉진 우아한형제들 창업자의 대표작은 한나체와 주아체다. 배달의민족이 폰트 프로젝트를 진행하면서 이토록 브랜딩에 집착한 이유는 그가 디자이너였기 때문이다. 폰트 만드는 일을 경영자의 딴짓이 아니라 브랜드 아이덴티티 구축을 위한 페르소나를 만들어가는 과정으로 여겼기에 가능했다. 2010년대 초반만 해도 무료로 쓸 수 있는 양질의 한글 폰트가 많지 않았던 점도 한몫했다. 창업자의 생각은 어쩔 수 없이 회사에 큰 영향을 끼친다. 그는 디자인을 기업 경영의 수단이 아니라 핵심이자 본질 그 자체라고 여긴다. 디자이너로서 하고 싶은 일이 경영자로서 해야 할 일에 도움이 되었고, 자신이 좋아하는 디자인을 계속하고 브랜드를 키워나가기 위해서는 경영을 잘해서 이익을 내야 했다.

필자가 월간 《디자인》 편집장으로 일하는 동안 배달의민족의 행보에 주목할 수밖에 없었던 이유는, 전적으로 김봉진 창업자가 디자이너였기 때문이다. 에어비앤비, 유튜브, 인스타그램, 텀블러, 비핸스, 핀터레스트 등 디자이너 출신 창업가들이 만든 기업이 전 세계적으로 성공을 거두는 가운데 한국에는 배달의민족이 있었다. 기업의 성장을 위해서는 디자인이 중요하다는 사실을, 디자인적 사고방식을 가진 사람이 창업에 유리한 시대가 되었다는 것을 디자이너 출신 창업가가 직접 보여준 대표적 성공 사례였다. 김봉진 창업자는 2000년대 이후 등장한 디자이너 중 가장 중요하게 언급되는 인물로 디자인계를 넘어 한국 사회에 미친 영향이 매우 크다.

인상적인 기억이 있다. 2012년 월간 《디자인》 5월호에 '디자인으로 벤처하는 시대'라는 특집을 기획하면서 배달의민족 서비스를 처음 소개하고, 1년 6개월이 지난 뒤 2013 코리아 디자인 어워드 아이덴티티 부문 수상작으로 다시 배달의민족을 소개했다. 심사가 있던 날, 기업 로고조차 보이지 않았지만 한나체만으로 배달의민족만의 아이덴티티를 표현한 포스터와 티셔츠, USB 등의 굿즈는 단번에 시선을 사로잡았고 모든 심사위원들의 호평을 받으며 일찌감치 수상작으로 결정이 나버렸다. 심사위원들은 배달의민족이 출품한 포스터와 굿즈를 갖고 싶어 해서 따로 부탁해 전달받기도 했다.

그 이후 디자이너가 경영하는 기업은 어떻게 다른지, 디자이너가 만든 브랜드는 왜 사랑받을 수밖에 없는지를 10년 넘게 지속적으로 취재했다. 디자인 저널리스트로서 손꼽을 만한 경험이었다. 디자인과 브랜딩 관점에서 배달의민족의 행보를 지켜본 경험과 인연 덕분에 『밥 벌어주는 폰트』를 기획하고 집필하는 중요한 일까지 맡게 되었다. 꼭 하고 싶었지만 그만큼 부담스러운 작업이기도 했다. 이번 프로젝트는 그동안 함께 일해온 동료로 배달의민족 디자인 프로젝트를 이미 여러 차례 취재해 심도 깊게 이해하고 있던 김민정, 유다미가 공동 필자로 참여했기에 가능했다. 이 책이 나오기까지 1년 정도 걸렸지만 우리의 사전 취재는 2012년으로 거슬러 올라간다고 해도 과장은 아니라고 생각한다.

한국의 디자이너 출신 경영자 중 가장 성공한 CEO이자 경영인 중에서 디자인을 가장 잘 안다고 자부하는 김봉진 창업자는 '디자인은 예술이 산업에 준 큰 선물'이라고 생각한다. 또한 '디자인은 디자이너로부터 자유로워져야 한다'고 믿는다. 그의 디자인 철학에 대해서는 다음에 자세하게 들을 기회가 있을지도 모르겠다. 그는 잘 키운 폰트 덕분에 우아한형제들 임직원, 배달의민족 서비스를 사용하는 사장님들과 무료 배포 폰트를 사용하는 소상공인들의 밥까지 벌어주고 더 기빙 플레지The Giving Pledge 선언으로 남을 돕는 일까지 할 수 있게 되었다. 그렇다. 좋은 폰트, 좋은 디자인은 밥을 벌어줄 수 있다. 배달의민족 한나체가 그걸 증명한다.

이 책은 한나체부터 글림체에 이르기까지 폰트를 바탕으로 한 브랜딩과 마케팅으로의 확장 등 배달의민족 폰트 프로젝트에 대한 것을 총망라한다. 또한 한 기업의 전용 폰트가 브랜딩, 마케팅을 넘어 한국의 현대 시각 문화에 미친 영향에 대한 연구, 기록이다. 단순한 전용 폰트를 넘어 브랜드 특유의 감수성을 만들어내고 이를 동시대인에게 각광받는 하나의 문화 현상으로 승화시켰다는 점에서 그 의미를 발견할 수 있을 것이다.

한명수 CCO를 비롯해 우아한형제들 전현직 임직원, 고 석금호 산돌 의장과 폰트 개발에 관여한 디자이너, 배달의민족 폰트를 실제로 사용하는 대학생과 소상공인, 아티스트 등 이 책을 위해 인터뷰해준 모든 분들과 배달의민족 폰트에 대한 남다른 고찰을 보여준 박서련 소설가, 최장순 LMNT 크리에이티브

디렉터, 한석진 브리스틀 대학교 경제학과 교수, 이도희
이도타입 대표, 장수영 한글 타입 디자이너, 로버트 파우저
언어학자, 박경식 그래픽 디자이너, 민본 홍익대학교 미술대학
시각디자인학과 교수께도 다시 한번 감사의 인사를 드린다.

필자들을 대표해, 전은경

추천사

한나체는 딱 배달의민족이 만들었음직한 폰트다.
친근하고 잘 만들어진 의도된 B급 이미지다. 폰트의 무료 배포
전략은 배달의민족의 열린 자세의 연장이다. 현대카드와 달리
상당히 친숙한 이미지를 갖고 있기 때문에 엄격하게 사용을
제한하고 관리하기도 어려웠을 것 같다. 물론 폰트의 무료 배포
결정은 장단점이 있다. 현대카드는 공유해서 아무것도 아닌 게
되느니 문화적 발전을 위해서 공유하지 않는 편을 택했다.
브랜딩, 마케팅 측면에서는 현대카드의 결정이 더 의미가 있다고
생각한다.(웃음)

배달의민족은 다양한 얼굴을 가진 13개의 폰트를
만들었고, 현대카드는 Youandi 한 가지만 만든 것처럼 보이지만
실상 현대카드도 용도와 미디어에 따라 적용할 수 있는 여러
종류의 Youandi 폰트가 있고 공간 크기에 맞게 자동 변형되는
각종 시스템이 Youandi 폰트를 떠받치고 있다. 가로축으로 넓게
확장한 배달의민족과 달리 현대카드는 세로축으로 깊게 파고든
차이가 있을 뿐이다.

브랜딩, 마케팅에 폰트를 활용했다는 점은 동일하지만
두 회사의 향방은 너무나 달랐다. 가치를 만들어가는 방식에서

16

노선이 달랐지만 두 회사 모두 각자의 영역에서 힘을 얻었다. 각 회사의 정체성에 걸맞게 잘 만들어서 키웠다고 할 수 있다. 배달의민족 폰트가 Youandi에서 영감을 받았지만 창의적 방식으로 활용했다는 점에서도 기분 좋고, 기업 전용 폰트의 토양을 다양하게 만드는 데 기여한 것 같아 뿌듯하다. 『밥 벌어주는 폰트』라는 제목도 배달의민족답다. 더 이상 좋은 제목이 없을 것 같다.

정태영 현대카드·현대커머셜 부회장

참고 문헌

「한국의 토착 시각 문화를 반영하는 글자꼴 디자인」
(김봉진, 국민대학교 디자인대학원, 2015, 국내 석사)

이 책을 시작하기 전 '배달의민족 폰트' 하면 늘 함께 언급되는 버내큘러 디자인에 대해 짚고 넘어가야 할 필요성을 느낀다. 배달의민족의 모든 시각물의 바탕에는 버내큘러 정신이 스며 있기 때문이다.

배달의민족이 지향하는
버내큘러 디자인 Vernacular Design

버내큘러 디자인은 민중의 생활 속에서 자연스럽게 생겨난 자생적이고
토속적인 디자인을 일컫는다. 일반적으로 디자이너가 디자인하지 않은
디자인을 의미하는데, 디자인 과정이 다소 불투명하고 익명성을 가진 것이
특징이다. 다양한 생활의 맥락과 닿아 있는 버내큘러 디자인은 우수한
기능성과 실용성, 미감으로 감동을 주기에 충분하며 길거리 간판부터
그래픽, 가구, 제품, 공예, 건축까지 다양한 영역을 망라한다.

　　　허허 실실거리며 제도권의 지식 생태계에 꾸준히
살아 있는 영감을 준다는 그 무엇. 배달의민족은 토착 정서가
담긴 지역의 간판이라는 익명의 창작물을 회사의 아이덴티티
시각물로 삼고 더 나아가 폰트 시리즈로 만들어 그 미적
정체성을 정서적 무기로 활용해왔다. 한나체, 을지로체만
떠올려봐도 느낌이 올 거다. 물론 폰트 이름이 매우 구체적인
것은 버내큘러적이지 않다. 하긴 폰트만 그런가. 캐릭터라
불리는 이상한 녀석들도 작가 미상의 '꼭두'라는 민중 예술의
어설픈 투를 취해서는 손으로 뚝딱 만들어 세련되고 매끄러운
모던 스타일을 허허 실실 비켜나가려 한다. 다 한통속이다.
　　　만만해 보이면서 '나도 만들 수 있겠다.' 싶은 정서적

빈틈은 소통의 벽을 낮추면서 시각 문화 지도에서 자신만의
영토를 득하여 '차별화된 브랜딩'이라는 타이틀을 얻는다.
누가 먼저 하느냐의 싸움. 누가 오래 버티냐의 싸움. 사람들이
알아봐주지 않아도 우리끼린 재밌고 힘든 디자인 놀이. 버내큘러
디자인이라 불리는 토착 생명의 아우라를, 돈 벌어야 지탱되는
기업 디자인 현장에서 꾸준히 펼쳐 보이는 것은 언제까지
가능할까? 시간이 흘러 토착화되어 학교에서 가르칠 정도의
장르가 된다면 버내큘러는 이제 뭐라고 불러야 할까?

한명수 우아한형제들 CCO

배달의민족 폰트 개발 스토리

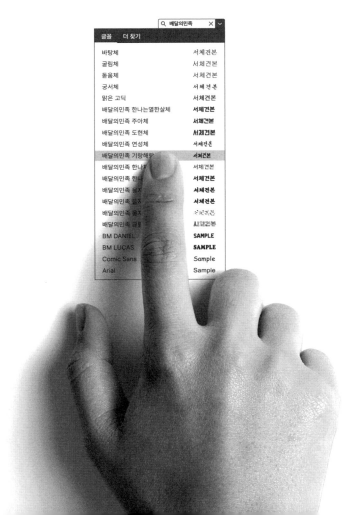

한나체

배달의민족 공식 전용 폰트다. 아크릴판 위에 시트지를 붙여 칼로 거칠게
잘라낸 1960~1970년대 간판 글자를 모티프로 삐뚤빼뚤하고 엉성한
느낌이 나도록 디자인했다. 2015년 '한나는열한살체'로 업그레이드했다.

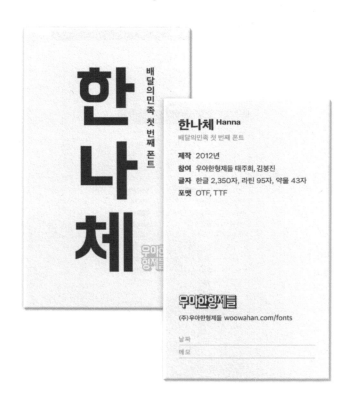

제1장. 배달의민족 폰트 개발 스토리

국내 기업 브랜딩에서 전용 폰트의 중요성을 인식하기 시작한 것은 2000년대 초반이다. 기업의 아이덴티티를 일관되게 다양한 매체로 전달할 수 있다는 점에서 전용 폰트는 대내외 커뮤니케이션에 효과적인 도구로 자리매김했다.[1] 한나체 역시 그 기조에 있지만 제작 과정과 평가는 매우 독특하다. 시작은 '우리도 전용 폰트가 있으면 좋겠다.'는 김봉진의 생각에서 비롯됐다. 가벼운 동기처럼 들리지만 브랜드의 정체성을 확실하게 드러내는 시각적 요소로 전용 폰트의 가치와 영향력을 아는 자만이 할 수 있는 생각이었다. 실행은 당시 학생 신분의 인턴이었던 태주희 디자이너[2]를 중심으로 이루어졌다.[3] 그는 평소 김봉진이 휴대폰으로 찍은 오래된 간판 사진들과 "치킨머겅"이라는 문구가 적힌 모종의 스케치를 받아 들고 방향성에 대한 감을 잡아갔다. 그리고 아크릴 간판 글자를 살펴보며 고유한 속성을 찾아내고 재미있는 요소를 추출하는 방식으로 본격적인 작업을 시작했다. 아크릴판에 시트지를 붙이고 칼로 잘라 글자의 윤곽을 벗겨낸 오래된 간판은 각기 다른 획 굵기, 획 끄트머리의 어수룩함이 큰 특징이었다. 이런 요소를 활용해 '치킨' '피자' '족발' '냉면' '한식' '배고파'

---

1   대표적 사례로 현대카드 전용 폰트인 Youandi(2003)와 네이버 나눔 글꼴 (2008) 등이 있다.

2   그는 게임 그래픽 디자인을 전공했는데 갑자기 폰트 프로젝트를 맡게 되어 당혹스러웠다고 했다.

3   "폰트 만드는 방법을 아는 사람이 한 명도 없어서 구글에 검색해 폰트 제작 애플리케이션을 다운받아가며 어찌어찌 시작했어요. 나중에는 당시 윤디자인 소속의 모 디자이너에게 300만 원을 주고 글자체를 그려달라고 부탁했죠." —김봉진 인터뷰 중에서

'맛있다' 등 음식과 관련된 글자와 문구의 자음과 모음을 조합하고
변주해 하나둘씩 글자를 만들어갔다.

　　　이 과정은 1년간 이어졌다. 데드라인도 없는 데다 가벼운
마음으로 시작한 프로젝트였기에 기업 전용 폰트를 만든다는
부담 같은 것은 없었다.4 폰트의 기능적 부분을 고려하면서도
삐뚤빼뚤하고 투박한 글자의 개성을 잃지 않도록 디자인하는
것이 핵심이었다. 가독성을 위해 글자를 다듬다 보면 어느 순간
개성이 사라지고, 특징을 살리다 보면 읽는 데 불편해지는 제로섬
게임 같은 난제를 해결하는 것이 관건이었던 셈이다. 특히
경력 많은 디자이너가 손을 대는 순간에는 그 균형이 전자로
기울었는데 이것은 김봉진이 가장 우려하는 지점이었다. 그렇게
아슬아슬한 줄타기를 하며 완성한 글자는 기울기도 다르고 획
굵기도 제각각이었다. 참으로 심하다 싶을 만큼 다듬어지지 않은
모습이었는데, 그것이 배달의민족만의 B급 감성을 드러내는
산물이 됐다. 그렇게 2012년 김봉진의 첫째 딸 이름을 딴5
한나체가 완성됐다. 한나체는 배달의민족만 사용하는 게 아니라
누구나 다운받아 쓸 수 있게끔 무료 배포했다.

　　　한나체가 출시된 후 반응은 두 갈래로 나뉘었다.
재미있다 vs 충격적이다. 마케터들은 재미있어했다. 당시만 해도
작은 규모의 스타트업이 전용 폰트를 만들었다는 사실은 세간에

4　"당시에는 토이 프로젝트 느낌이었어요. 이렇게 중대한 일이란 걸 알았다면
　　부담을 가졌을 텐데…. 이 정도로 대단한 폰트가 될 줄은 몰랐어요."
　　ㅡ태주희 인터뷰 중에서

5　한글 디자이너 안상수가 자신의 아들 이름을 붙여 완성한 마노체, 미르체를
　　오마주했다.

　　　　　　　제1장. 배달의민족 폰트 개발 스토리

놀라움을 자아냈다.6 또 이것을 무료로 배포한다는 소식은
신선하다는 반응을 일으켰다. 충격적이라는 건 대체로 디자이너들의
반응이었다. 디자이너에게 충격적이라는 감정은 공포와 같은
선상에 있기 때문에 매우 부정적인 반응이라고 할 수 있다.
내부 디자이너들조차 한나체를 마치 궁서체 보듯 했고, 세련된
취향의 엘리트 디자이너들은 고개를 저었다. 폰트의 가독성과
조형성에 대해 예민한 안목과 견해를 가진 사람들은 한나체를
꽤나 불쾌하고 거북한 폰트로 받아들였다. 한나체의 불안정성이
불협화음으로 가득한 노래를 듣고 있는 것과 같다고 생각한다면
일리 있는 반응이기도 하다.7

　　　김봉진은 이 모든 반응에 이미 짐작하고 있었다는 듯
태연했다. 한나체는 폰트의 완성도를 떠나 고유한 개성이 있고,
이 점은 배달의민족의 얼굴이 되기에 아주 적합하다고 생각했기
때문이다. 또한 한글 하면 따라오는 사뭇 숭고한 태도나

6　　초기 배달의민족 TV 광고를 맡은 방은하 당시 HS애드 ECD는 스타트업이
　　　재기 발랄한 디자인의 전용 폰트를 가지고 있다는 사실에 감탄해 초기
　　　배달의민족 TV 광고 프로젝트에 참여하기로 결심했다고 밝혔다.
　　　(관련 내용 242쪽)

7　　"당시만 해도 국내 타이포그래피 교육은 20세기 초반에 유럽에서 만든
　　　이론을 바탕으로 했기 때문에 대부분 가독성을 매우 중요하게 생각했어요.
　　　적은 양의 잉크로 효율적이고 합리적으로 글자를 찍어낼 수 있게
　　　디자인해야 한다는 기조가 강했죠. 한나체는 그런 관점으로 보면 그야말로
　　　안 좋은 폰트인 거예요." 심우진 타입 디자이너는 당시 한나체가 부정적
　　　평가를 받을 수밖에 없었던 배경을 이렇게 설명하면서, "한나체는 타입
　　　디자인을 획일화된 관점으로 바라보던 기존 틀을 벗어나게 하는 데 결정적
　　　역할을 했습니다."라며 그 의미를 덧붙였다. 글자의 영역마저도 빠르게,
　　　쉽게, 정확하게 읽을 수 있어야 한다는 근대화 정신이 짙게, 오래 스며
　　　있었다는 건 조금 씁쓸한 일이다.

엄숙해지는 분위기가 내심 불편했던 그로서는 한글로 장난을
치는 게 아니냐는 식의 의견은 크게 신경 쓸 일이 아니었다.8
오히려 남들이 모두 하는 것은 따르지 않고, 모두 하지 않는 것은
기어코 하고야 마는 그의 성미를 돋우었다. 한편으로는 자꾸
보다 보면 또 괜찮아 보일 거라는 다소 낙천적인 생각도 있었다.
사내 디자이너들이 한나체를 다루며 곤란해하거나 제품을 만들
때마다 글자를 하나하나 일일이 다듬어야 하는 수고로움이
있더라도 한나체에 대한 김봉진의 애정과 고집은 꺾을 수 없을
만큼 강했다.9 아무튼 한나체는 그때부터 지금까지 배달의민족
BI부터 광고, 사이니지, 사내 문서를 포함해 모든 애플리케이션에
공식 폰트로 사용하고 있다. 이렇게 한나체는 배달의민족이
커뮤니케이션을 시작하는 기준이자 브랜드 아이덴티티를 완성하는
든든한 무기로 자리매김했다. 그리고 (당시에는 아무도 몰랐지만)
이후 10년간 거의 매해 새로운 폰트를 만들게 되는 긴 여정의
시작점이 됐다.10

---

8   그래도 한나체의 문제점을 개선하기 위해 2015년 대대적인 업그레이드를
      진행해 한나는열한살체를 선보였다.

9   한명수 CCO는 김봉진의 이 같은 태도를 보고 '브랜딩은 우기는 거구나.'라며
      감탄했다.

10   태주희는 한나체를 완성한 직후 김봉진이 바로 또 다른 폰트(주아체)를 만들
      것을 제안해 무척 당황했지만, 그가 보여준 주아체의 원도가 너무 예뻤기에
      제안을 외면할 수가 없었다.

한나체의 영감이 된 길거리 간판.

주아체

함석판에 붓으로 그린 손 글씨 간판이 모티프로, 복고풍의 동글동글한
획에서 정겨운 인상이 묻어난다.

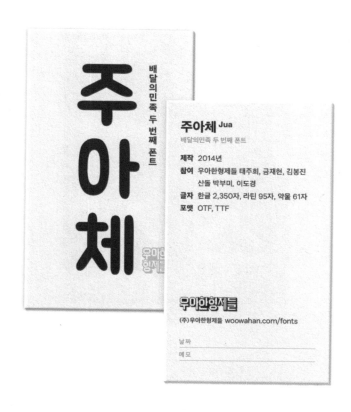

제1장. 배달의민족 폰트 개발 스토리

한나체가 탄생한 지 얼마 되지 않은 어느 날, 김봉진은
디자이너들에게 또 새로운 폰트를 만들자고 제안했다. "(휴대폰
사진을 넘기며) 재미있을 것 같지 않아요?" 그의 휴대폰 앨범에는
전국 방방곡곡에서 찍은 오래된 간판 사진이 빼곡했다.[11] 사실상
압도적인 톱다운 방식의 지시였다. 다행히 실행은 민주적으로
이뤄졌다. 태주희는 배달의민족 폰트 프로젝트에는 조직 문화가
그대로 반영되어 있다고 말한다. "구성원들은 스스로 일을
키운다고 할 정도로 진심으로 일을 대해요. 또 맞다고 생각하면 그
방향으로 꾸준히 길을 내는 것은 물론 더욱더 탄탄하게 만들기
위해 노력하는데, 저는 이 또한 배달의민족다운 문화라고
생각합니다. 우리는 정말 좋아하는 마음으로 한나체를 만들기
시작했고, 또 새로운 폰트를 만드는 것 역시 옳은 일이라고
생각했거든요. 폰트를 만드는 일, 알리는 일이라면 모두가
적극적으로 나섰어요."[12] 그렇게 다시 시작된 두 번째 폰트
프로젝트 역시 오래된 간판이 주요 테마였다. 한나체가 시트지를
칼로 오려낸 간판 글씨의 속성을 품고 있다면 이번에는 함석판에
붓으로 그린 간판이 모티프가 됐다. 그래서 글자 끄트머리가
둥글게 마무리되고 획 굵기도 다르다는 특징이 있다. 폰트의
디자인 가이드가 되는 스케치는 붓으로 그린 글자의 느낌을 내기

---

11 김봉진은 오래전부터 옛 소상공인들이 손수 만든 간판에서 느껴지는
    투박하고 정겨운 감성을 한국의 토착 시각 문화로 바라봤다. 이 감성에 대한
    애정은 그의 석사 학위 논문 「한국의 토착 시각 문화를 반영하는 글자꼴
    디자인」(2015)에서 결정적으로 드러난다. 그 말인즉슨 김봉진은 폰트에
    관해서라면 정말 진심이었다는 뜻이다.

12 정말 이런 회사가 있나 싶다면 한나체 에어(60쪽), 한나체 프로(64쪽)에서
    확인할 수 있다.

위해 태주희가 큰 종이에 두툼한 붓으로 페인팅하듯 글씨를 써서 만들었다. 폰트의 인상을 결정하는 요인은 도구가 8할이라는 점을 확인시키는 대목이다. 이렇게 완성한 주아체13는 그 어떤 배달의민족 폰트보다 다정하고 친근한 이미지다.

주아체는 한나체와 달리 전문가의 도움을 받아 완성했다는 점에서도 주목할 만하다. 일부러 삐뚤빼뚤하고 엉성하게 디자인한 것임을 감안하더라도 폰트로서 한나체의 완성도에 대한 구성원들의 아쉬움이 컸다. 그러니 두 번째 폰트는 더욱더 쓰기 좋은 모습으로 배포해야겠다는 의지가 강했다. 김봉진은 이에 대한 솔루션으로 한글 폰트 디자인 전문 기업인 산돌의 석금호 대표를 찾아가 협업을 제안했다.14 제안은 흔쾌히 받아들여졌고, 산돌이 파트너로 함께하게 됐다. 협업은 배달의민족에서 구상한 폰트의 스케치와 레퍼런스 이미지를 전달하면 산돌이 그 아이디어를 완성도 높게 구현하는 방식으로 진행했다. 하지만 제아무리 애플, 구글, MS, 현대카드 등과 굵직한 프로젝트를 진행한 역량 있는 폰트 전문 기업이라 해도 넘지 못할 산은 있었다. 폰트의 원리이자 핵심인 규칙과 질서를 모조리 깨뜨리길 원하는 배달의민족의 천진한 요구가 철두철미한 폰트 전문가들에게는 그 어떤 디자인보다 어려운 일이었으니까. "못생기고 어색한 요소를 어디까지 허용할지 아주 신중하게 판단해야 했어요." 석금호의 회고는 배달의민족 폰트를 다뤘던 모든 타입 디자이너들의

---

13 한나체와 같은 방법으로 김봉진의 둘째 딸 주아의 이름을 따서 붙였다.

14 김봉진은 40년 넘게 사명감을 갖고 한글 폰트를 연구하고 개척해온 석금호에게 야단을 맞으면 어쩌나 걱정했지만 석금호는 오히려 응원해주며 용기를 북돋아주었다.

고민이자 지긋한 고충으로 유명하다. "결국 산돌에서는 우리에게
세 가지 시안을 주고 고르도록 했어요. 첫 번째는 가장 정갈한
형태, 두 번째는 조금 러프한 이미지, 세 번째는 가장 거칠고
투박한 형태였죠. 저희의 선택은 당연히 늘 세 번째……." 태주희의
증언 역시 폰트의 스토리와 콘셉트를 강조하고 버내큘러한
인상을 추구하는 배달의민족의 일관된 방향성을 보여준다.

기업 전용 폰트라는 목적으로 한나체를 제작하고 또다시
새로운 폰트를 만든다는 것은 무슨 의미일까. 그것도 다름 아닌
배달 서비스 플랫폼에서 말이다. 해답은 김봉진의 정체성에서
찾을 수 있다. 길거리 간판을 모티프로 폰트를 만드는 일은
일반 경영자에게는 딴짓이다. 하지만 크리에이터이자 경영하는
디자이너인 김봉진은 전용 폰트 제작을 브랜드 아이덴티티를
구축하는 데 도움이 될 페르소나를 만들어가는 과정으로 여겼다.
한명수는 그의 크리에이터적 면모를 다음과 같이 기억한다. (사뭇
아련한 눈빛으로) "봉진 님은 매년 우리가 디자인으로 세상에
기여할 수 있는 무언가를 만들 것을 마치 숙제처럼 내주셨어요.
그때 깨달았죠." (은은한 미소를 무력하게 지으며) "아, 이 사람
이거 계속 만들겠구나." 주아체를 만들고 배포하는 과정을 담은
이 일련의 이야기는 배달의민족 폰트 프로젝트가 본격적인
연례행사로 자리 잡게 된 배경을 설명해 준다.15

---

15 이 연례행사는 매년 한글날이 있는 10월에 열렸다. 제2장 '다섯. 꾸준히
    만듭시다'(관련 내용 113쪽)에서 더욱 자세한 내용을 확인할 수 있다.

주아체의 영감이 된 길거리 간판.

제1장. 배달의민족 폰트 개발 스토리

배달의민족 주아체

우리는 모두 디자이너다

감성 디자인, 2010
도날드 A. 노먼 Donald A. Norman

우리는 모두 디자이너다.
우리는 환경을 우리의 필요에 더 부합하도록 조작한다. 또 우리가 어떤 물건을 가질지, 어떤
물건을 우리 주위에 둘지를 결정한다. 우리는 만들고 구입하고 배치한다. 이 모든 것은 디자인의
형식이다. 의식적으로 책상의 물건, 거실의 가구, 차 안의 물건들을 찬찬히 재배치할 때
우리는 디자인을 하는 것이다.

이러한 개인적 디자인 행위를 통하여 우리는 일상에 있는 이름 없고 평범한 물건과 공간을
우리 자신만의 물건과 장소로 변환시킨다. 이러한 디자인을 통하여 집이 가정으로, 공간이 장소로,
물건이 누군가의 소유물로 바뀐다. 우리는 구입한 대부분의 물건 디자인에 대해 통제권을 가지고
있지 못한 반면, 어떤 물건을 선택하며 언제 어디서 어떻게 사용할지에 대해서는 통제권을 쥐고
있다. 자리에 앉아서 커피잔, 연필, 읽던 책 그리고 사용할 종이를 어디에다 둘지 결정한다면 우리는
디자인을 하고 있는 것이다. 사소하고 하찮은 것처럼 보일지 모르나 여기에는 디자인의 본질이
존재한다. 아마 충분히 만족스럽지는 못하겠지만 다른 것보다 나은 선택의 집합이 그것이다.
모든 것을 만들어 버리는 재구성이 효과는 좋겠지만 적지 않은 노력, 돈, 기술을 필요로 할 것이다.

가구를 재배치하고 테이블을 새로 사면 커피 잔, 연필, 책, 종이가 더 잘 어울리고 미적으로
만족스럽지 않을까? 이렇게 심사숙고한 후 선택을 내리면 당신은 디자인을 하는 것이다.
대학생들은 파일 캐비닛 2개 위에 문짝을 올려서 책상을 만든다. 상자는 의자도 되고 책장도 된다.
벽돌과 나무는 선반이 되고, 바닥 깔개는 벽에 건다. 우리 스스로가 창조해 낸 것이 가장 좋은
디자인이다. 그리고 그것은 기능적, 심미적으로 가장 적절한 종류의 디자인이다.
개개인의 라이프 스타일과 조화를 이루기 때문이다.

우아한형제들 / 배달의민족
ABCDEFGHIJKLMNOPQRSTUVWXYZ
abcdefghijklmnopqrstuvwxyz
0123456789!?''„./()*~+_=@#%^&

학지사 《감성 디자인》, 도날드 A. 노먼 지음, 이영수 외 2명 옮김

배달의민족 주아체
배달의민족 주아체는 붓으로 직접 그어서 만든 손글씨 간판을 모티브로 만들었습니다. 붓으로 그어 획의 굵기가 일정하지 않고 둥글둥글한 느낌을 주는 서체로 옛날 간판의 투박함과 정겨움이 묻어나는 것이 특징입니다.
제작일 2014. 06. 24. / **제작자** 우아한형제들 대표직, 금자현, 김봉진 산돌커뮤니케이션 박부미, 이도경

배달의민족

발췌: 도널드 A. 노먼, 『감성 디자인』, 학지사, 2011

도현체

작도 후 아크릴판에 자를 대고 커팅해서 만든 옛 간판16이 모티프다.
산돌과 협업해 최신 폰트 기술을 적용했다.

제1장. 배달의민족 폰트 개발 스토리

하루가 다르게 발전하는 디지털 기술은 폰트의 표현에도 새로운 진보를 이뤄냈다. 일정한 규칙, 문법에서 이탈한 인간의 너무나 인간적인 실수와 불안정한 면모마저도 알고리즘화하고 체계화해서 양산한다. 이를테면 네이버가 손 글씨를 폰트화하는 것처럼 말이다.17 지금으로부터 10여 년 전, 최첨단 폰트 제작 기술을 구현해 선보인 곳은 전문 IT 기업도, 디자인 전문 회사도 아닌 배달 앱 서비스를 제공하는 배달의민족이었다.18 국내 최초로 오픈타입 피처OpenType feature19라는 디지털 폰트 기술을 적용해 세 번째 폰트인 도현체를 발표한 것이다. 흥미로운 점은 이 기술이 버내큘러 디자인, 즉 폰트 전문가가 아닌 일반인이 자신의 경험과 느낌으로 만든 폰트 형태를 재현하는 데 쓰였다는 것이다. 도현체의 바탕이 된 '문화부동산중개인사무소' 간판을 보면 확실히 인간적인 특징이 드러난다. 어느 글자에는 자음 받침과 모음 끝이 연결되어 있고 어느 글자에는 떨어져 있으며, 같은 ㅅ이라도 '산'과 '소'에서 그 모양이 각각 다르다. 간판을

---

16 김봉진이 이태원 우사단길에서 발견한 '문화부동산중개인사무소' 간판이다. 서체를 개발하고 다시 찾아갔을 땐 태풍에 간판이 떨어져 더 이상 볼 수 없었다.

17 네이버는 한글날 손 글씨 공모전을 열어 클로바 AI로 손 글씨 폰트를 생성, 109종의 '클로바 나눔손글씨 글꼴'을 무료 배포했다.

18 타입테크에 대한 전문성을 바탕으로 폰트를 제작하는 이도희 이도타입 대표는 다양한 오픈타입 피처를 활용한 한글 폰트의 시작점에 배달의민족이 있음을 분명히 밝힌다.(관련 내용 270쪽)

19 당시 산돌에 근무하며 개발에 참여한 강주연 디자이너에 따르면 이는 보통 아랍 문자나 형태가 복합적인 비라틴 계열 문자에 많이 사용하는 기능으로 한글에는 거의 사용하지 않는다고 한다. 예를 들어 알파벳 a, e를 타이핑하면 Æ 형태가 되는 방식이다.

만든 사람의 상식과 미감으로 디자인했기 때문이다. 하지만 놀랍게도 얼핏 봤을 때 이들 글자는 서로 다른 점이 눈에 띄지 않으며 오히려 세트처럼 보인다. 이것이 바로 업력이며 노하우이고 짬밥이라 할 수 있다.

도현체는 이 모든 일관되지 않은 특징을 폰트에 그대로 적용했다. 중성에 어떤 모음이 오느냐에 따라 ㅅ, ㅈ, ㅎ의 모양이 자동으로 달라지고 몇몇 경우는 모음과 종성의 자음이 과감히 이어지는 자동 글리프glyph 기술을 구현한 것이다. 전문가 입장에선 용인할 수 없는, 결코 해서는 안 되는 디자인이었다.20 이에 한글 폰트 디자인의 적자로서 엘리트 코스만 밟아온 산돌 디자이너들은 고뇌가 깊어질 수밖에 없었다.21 이들은 크기가 일정하지 않고 다듬어지지 않은 글자체를 하나의 폰트로 불편함 없이 사용할 수 있게 만들기 위해 고난도의 작업을 해야만 했다.22 하지만 이는 즐거운 작업이기도 했다. 배달의민족은 자신들이 어떤 의도로 폰트를 제작하고, 왜 이걸 하려고 하는지, 또 어떻게 활용할 것인지 틈나는 대로 이야기하며 마침내 산돌 디자이너들의 마음에 작은 불꽃을 피워냈다. 그 결과 함께 현장 조사를 하고,

---

20 물론 김봉진도 이를 분명히 인지하고 있었다. 2015년 월간《디자인》과의 인터뷰에서 그는 도현체를 두고 "자음과 모음이 붙으면 판독성이 좋지 않기 때문에 디지털 폰트에서는 거의 금기시하는 디자인"이라고 밝혔다.

21 "배달의민족 폰트의 첫인상은 아주 낯설었어요. 이게 뭐지? 폰트가 맞나? 이래도 되나? 저걸 누가 쓰지? 그런 생각이 들었어요." −강주연 인터뷰 중에서

22 강주연은 오픈타입 기술을 이용해 글자를 변화시키는 것 또한 모든 경우의 수를 다 구현할 수 없었기 때문에 배달의민족에서 자주 사용하는 몇 가지 문구를 뽑고 적용할 단어를 선별해 만들었다고 밝혔다.

작은 것 하나라도 더 들여다보며 원도의 느낌을 생생히 살리기 위해 고민에 고민을 거듭하면서 한 벌의 폰트를 완성해 냈다.23 그렇게 세상에 나온 도현체는 엉성하게 보이게 하기 위해 고급 기술을 적용한 폰트로, 비범함은 꼭꼭 숨긴 채24 배달의민족이 만든 또 하나의 재미있고 친근한 폰트로 활발히 사용되고 있다. 무엇보다 가독성이 좋아 을지로체가 등장하기 전까지 가장 인기가 좋았으며, 힘차고 박력 있는 인상 때문에 시위나 투쟁을 하는 사람들이 널리 사용했다.25

　　　한편 도현체는 김수권 전 우아한청년들 대표의 아들 이름에서 따왔다. 김봉진은 자신의 두 딸인 한나와 주아에 이어 폰트에 직원들의 자녀 이름을 붙이기로 하고 제비뽑기26로 결정했는데 당시 돌쟁이였던 도현이가 당첨됐다.27

23　강주연이 인터뷰를 통해 밝힌 내용이다.

24　김봉진 역시 도현체를 두고 "겉으로는 어설프고 헐렁해 보이지만 많은 연구를 바탕으로 한 작업"이라며 "완성한 뒤에는 우리끼리 매우 좋아했다" 라고 밝힌 바 있다. 늘 그렇듯 재야의 고수는 겉모습에서 그 능력치를 알 수 없는 법이다.

25　한명수는 도현체의 인기 비결로 가독성을 꼽았다. 얼핏 보기엔 한나체와 구분되지 않을 만큼 배달의민족다운 폰트적 특징이 있으면서 가독성은 더 좋기 때문에 많은 이들에게 사랑받는다는 것이다.

26　제비뽑기는 전체 구성원의 아이 이름을 각 구성원의 근속 연수만큼 통에 넣어 진행한다. 즉 근속 기간이 길거나 아이가 많은 사람일수록 뽑힐 확률이 높다.

27　도현체 이후 배달의민족은 폰트뿐 아니라 회의실 같은 공간에도 구성원의 이름, 특별한 사연 등을 함축한 말로 이름을 지었다. 효과적인 사내 커뮤니케이션이라는 측면뿐 아니라 사람, 더 나아가 사람의 이야기를 중요시하는 기업 문화를 보여주는 상징적 이벤트라 할 수 있다.

도현체의 영감이 된 길거리 간판.

제1장. 배달의민족 폰트 개발 스토리

배달의민족 도현체

디자인
씽킹

디자인 씽킹, 2010
로저 마틴 Roger Martin

왜 우리는 분석과 직관 중 하나만을 선택해야 하는가?

분석적 사고
첫 번째 관점은 가치를 창조하는 경로는 육감이나 직감이라는 구태의연한 방식을 몰아내고 그 자리를
가급적이면 의사결정을 지원하는 컴퓨터 프로그램으로 뒷받침되는 엄밀하고도 계량적인 분석으로
대체하는 것이라고 주장한다. 이 모델의 사상적 기반은 '분석적 사고'다. 우리에게 가장 친숙한 논리의
두 가지 형태인 연역적 추리와 귀납적 추리로 무장하고 진리와 필연을 언명하는 방식이다. 이 모델의
목표는 무수히 반복되는 엄밀한 분석 과정을 통한 완벽한 숙달이다. 의견이나 선입견 그리고 변종은
이 모델을 해치는 요소들이다. 이와 같은 저해 요소들이 제거된다면 최선의 의사결정에 도달할 수 있고,
엄청난 가치를 창조해낼 수 있을 것이라고 주장한다.

직관적 사고
두 번째 관점은 창조성과 혁신의 우선적인 역할을 강조한다. 이 관점을 지지하는 사람들은 분석으로
말미암아 창조성이 제거되고 기업조직은 무능력한 곳이 되었다고 주장한다.
"분석과 소비자 조사를 시작하는 순간, 생산 과정에서 모든 창조성은 사라지고 맙니다.
계량적인 방법의 시장조사로부터 훌륭한 상품이 탄생한 사례는 하나도 없습니다. 위대한 상품은 갖가지
위원회와 일상적 경영과정 그리고 조사분석으로부터 방해받지 않는 탁월한 디자이너로부터 나옵니다."
이와 같은 관점의 핵심에는 '직관적 사고', 즉 추론에 의거하지 않고 사물을 이해하는 기술이 존재한다.
이는 독창성과 창조적인 발명의 세계다.

분석과 직관. 어느 한쪽만으로는 충분치 않다. 분석이나 직관 중 어느 한쪽을 제거해야만 하는 양자택일의
선택이 아니라 두 가지 사고방식을 조화시키는 것이다. 생각의 가장 완벽한 방식은 분석적 사고에 기반을
둔 완벽한 숙련과 직관적 사고에 근거한 창조성이 역동적으로 상호작용하면서 균형을 이루는 것이다.
이를 '디자인적 사고'라고 부른다.

우아한형제들 / 배달의민족
ABCDEFGHIJKLMNOPQRSTUVWXYZ
abcdefghijklmnopqrstuvwxyz
0123456789!?/()*~+_=@#%^&

웅진윙스 《디자인 씽킹》, 로저 마틴 지음, 이건식 옮김

배달의민족 도현체
배달의민족 도현체는 참고체에서 파도한 후 아크릴 판에 직접 마름 대고 칼라서 만든 옛 간판을 모티브로 한 서체입니다. 자칫 촌스러운 획의 세로 이어지는 것이 특징이며,
한글 서체 최초로 'ㅅ, ㅈ, ㅊ' 등의 모양에서 왼쪽 마감이 오는쪽에 따라 자동으로 달라지는 글리프(glyph)를 적용하였습니다.
제작일 2015. 08. 28. / 제작자 우아한형제들: 대주혁, 금재현, 김봉진 산돌커뮤니케이션: 박부미, 이도경

배달의민족

한나는열한살체

2012년에 만든 초기 한나체를 업그레이드했다. 균일하지 않은 글자 사이의 공간과 간격을 수정해 사용성과 가독성을 높였다.

제1강. 배달의민족 폰트 개발 스토리

"한나체를 보니 몸이 아프더라고요." 당시 배달의민족 수석 디자이너였던 금재현은 한나체를 처음 본 순간을 이렇게 회상했다. 한글 타입 디자이너 장수영[28]은 한나체를 두고 "세상에 공개해선 안 될 게 나왔다."라며 탄식하고, 한나체를 사용하지 말아야 할 이유에 대해 설파하고 다녔다.[29] 산돌에서 을지로체를 디렉팅했던 심우진은 처음에는 강한 거부감이 들었다는 사실을 고백하면서 "의도적으로 못 그린 폰트를 낸 건 처음이었죠. 이건 차원이 다른 디자인이구나 싶었습니다."라며 한나체에 대한 충격적인 첫인상을 덧붙였다. 그러나 이런 디자이너들의 반대 의견은 무색했다. 3년이라는 짧은 기간 동안 한나체는 젊은이들의 폭발적인 사랑을 받으며 학생들의 과제 PPT에, 스타트업 로고에, 대학교 캠퍼스 대자보에, 소상공인 가게의 간판에, 유튜브 섬네일에…… 매체 무관, 여기저기, 마구마구 사용되었고 남녀노소를 분문하고 널리널리 배포됐다.

　　이쯤이면 한나체에 대한 보이콧을 성공이라는 반증으로 해석할 수도 있겠지만(혹시…… 한국의 푸투라Futura?[30]) 그렇다고 한나체에 저항하는 사람들의 주장이 아주 틀린 것은 아니었다.

28　폰트 파운드리 양장점을 운영한다.

29　'와, 이건 뭐지? 도대체 무슨 미감일까? 무료 배포라고?'
　　─장수영(관련 내용 274쪽)

30　푸투라는 1992년 독일 디자이너 파울 레너Paul Renner가 만든 산세리프 폰트다. 푸투라 사용이 만연해지자 전 세계 아트 디렉터들이 "푸투라 엑스트라 볼드 컨덴스드를 불매해야 할 때다. 과거 역사상 이렇게 심하게 남용된 폰트는 없었다. 진부하고 얄팍한 사탄을 파멸시키고 더 좋은 선택을 위해 힘을 모아야 한다"라며 푸투라 불매 동참을 호소했다. ─참고 도서 《푸투라는 쓰지 마세요》(더글러스 토머스, 마티)

태주희도 당시 상황을 이렇게 회상했다. "한나체의 어수룩하고 삐뚤빼뚤한 모습이 폰트의 특징이긴 하지만 내부에서도 한나체를 사용할 때는 수고롭게 일일이 다듬어서 고쳐야 했어요. 리뉴얼에 대한 필요성을 늘 느꼈죠." 그리고 때마침 배달의민족에게는 폰트에 관해서라면 진심으로 보살펴주는 한국 폰트계의 그리스도, 산돌31이 있었으니 한나체의 리뉴얼 작업은 순조롭게 시작됐다.

하지만 과정은 사실상 혼잡했다. 처음 한나체를 접한 산돌의 타입 디자이너들은 어디서부터, 어디를, 어떻게 고쳐야 할지 막막했다. 폰트 전문가가 보기에 한나체는 글자의 무게중심도 통일되어 있지 않고 자간, 행간도 엉성했기 때문이다. 심지어 나쁜 폰트로 언급되는 모든 사례에 해당할 만큼 한나체는 자유분방 그 자체였다. 우리의 불쌍한 한나체……. 그래도 전문가들의 신중한 집도 끝에 성숙한 모습의 폰트로 다시 태어났다. 버내큘러한 개성은 해치지 않을 것을 담보로, 균일하지 않던 글자 사이 공간을 교정하고, 균형 잡힌 형태로 바로잡았으며, 사용성을 좀 더 높이기 위해 자간과 글자 폭, 모듈을 개선해 다시 배포한 것이다. 그때는 '그 한나'가 마침 열한 살이 되던 해라 폰트 이름을 '한나는열한살체'로 지었다.

---

31 아는 사람들만 아는 사실이지만 산돌의 참뜻은 '살아 있는 돌', 주의 은혜가 깃든 이름이다. '한국 폰트계의 그리스도'라는 표현은 그저 비유일 뿐이니 안그라픽스나 윤디자인 등 한국의 폰트 관계자분들 서운해 마시길.

배달의민족 한나는열한살체

인간을
위한
디자인

인간을 위한 디자인, 2009
빅터파파넥 Victor Papanek

산업 디자인보다 더 유해한 직업들은 존재하지만 그 수는 극소수이다. 어쩌면 이보다 더 위선적인
직업은 단 한 가지일 것이다. 사람들로 하여금 타인들의 환심을 사기 위해 부족한 돈으로 필요하지 않은
물건을 구매하도록 설득하는 광고 디자인이야말로 오늘날 현존하는 직업 중 가장 위선적일 것이다.
산업 디자인은 광고업자들이 호객하는 겉만 번지르르한 쓸모없는 것들과 영합함으로써
두 번째로 위선적인 직업이 되고 있다. 역사상 어느 시기에도 지금처럼 사람들이 자리에 앉아서
진지하게 전기 빗이나 모조 보석을 씌운 구둣주걱, 욕실에 까는 밍크 카펫 등을 디자인하고
이 물건들을 수백만의 사람들에게 팔기 위한 정교한 계획을 구상했던 적은 없었다. 그전에는 만약
어떤 사람이 사람들을 죽이려 한다면 그는 장군이 되거나 석탄 광산을 소유 하거나 그렇지 않으면
핵물리학을 공부했어야 했다. 그러나 이제는 산업 디자인이 대량생산을 토대로 살인을 자행하고
있다. 범죄적이라 말 만큼 안전성이 결여된 자동차 디자인이 매년 전 세계적으로 거의 백만에
달하는 사람들을 살해하거나 불구로 만들며, 새로운 종류의 영구적인 쓰레기를 창조하여 환경을
파괴하며, 또 우리가 숨 쉬는 공기를 오염시키는 재료와 과정을 선택함으로써, 디자이너들은
위험한 부류들이 되어가고 있다. 그리고 이러한 활동을 하는데 필요한 기술들이 정성스레
젊은이들에게도 전수되고 있다.모든 것들이 계획되고 디자인되어야 하는 대량생산의 시대에서
디자인은 인간이 도구와 환경(더 나아가 사회와 자아)을 만드는 가장 강력한 도구가 되어왔다.
그렇기 때문에 디자이너에게는 높은 사회적, 도덕적 책임이 요구된다. 또한 디자인을 실행하는
사람들에 대한 더 깊은 이해가 요구되고 대중에게는 디자인 과정에 대한 더 깊은 통찰이 요구된다.
디자이너의 책임에 대한 대중이 이런 방식으로 고려한 디자인에 관한 책은 지금까지
어느 곳에서도 출간된 적이 없다.

우아한형제들 / 배달의민족
ABCDEFGHIJKLMNOPQRSTUVWXYZ
abcdefghijklmnopqrstuvwxyz
0123456789!?""",./()*~+_=@#%^&

미진사 《인간을 위한 디자인》, 빅터 파파넥 지음, 조재경 외 1명 옮김

배달의민족 한나는열한살체
배달의민족의 키치하고 투박스러운 아이덴티티를 응축시킨 새로운 폰트로, 어크릴 판 위에 시트지를 붙여 칼로 떼어 일일히 붙여 만들어 조합된 배달체를 모방하여 1960~70년대 간판을 모티브로 만들어 바뀌하며 조형상이 떨어지는 듯한 느낌의 독창인 서체입니다.
제작일 2015. 04. 28. / 제작자 우아한형제들 대주희, 김민점, 김규현, 김동건 산돌커뮤니케이션: 박부터, 이미경

배달의민족

연성체

제주도 호박엿 가판대에 쓰인 서체가 모티프다. 또박또박 한 글자씩 정성스럽게 써 내려간 붓글씨체로, 울뚝불뚝 리듬감이 느껴지는 게 특징이다.

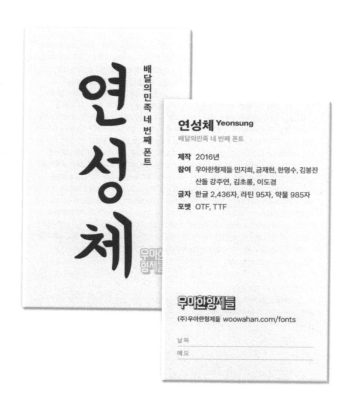

연성체 Yeonsung
배달의민족 네 번째 폰트

제작 2016년
참여 우아한형제들 민지희, 금재현, 한명수, 김봉진
산돌 강주연, 김초롱, 이도경
글자 한글 2,436자, 라틴 95자, 약물 985자
포맷 OTF, TTF

우아한형제들
(주)우아한형제들 woowahan.com/fonts

날짜
메모

폰트의 원도를 보는 순간 느껴진다. 제주도 호박엿은 분명 맛있을 것이다. 그만큼 진솔하고 진실한 글자체다. 사람이었다면 결코 그 인상을 잊을 수 없을 만큼 분명한 개성과 마음을 사로잡는 매력이 있다고 할 수 있다. 이는 붓글씨, 서예가 지닌 힘이기도 하다. 붓글씨에는 글씨를 쓰는 자의 정신 상태나 의욕, 기력과 꼼꼼함, 책임감 등이 나타난다고 하지 않던가. 즉 글씨를 쓰는 것은 자신의 내면과 마주하는 것과 마찬가지인 일이다. 이러한 내면을 가진 자는 결코 거짓말을 할 수 없다. 그러니까 제주도 호박엿은 분명 맛있을 것이다.

하지만 이 진솔한, 무엇보다 자유분방함이 넘치는 글자체를 폰트로 만드는 작업은 결코 녹록지 않았다. 김봉진이 포착한 사진32의 원도를 보고 민지희 당시 우아한형제들 선임 디자이너33가 하염없이 깊은 고민에 빠질 수밖에 없었던 이유다. 처음에 그는 원도의 느낌을 내기 위해 붓 펜으로 열심히 써보았지만 생각보다 가늘어서 의도한 느낌을 낼 수 없었다. 이에 그림으로 그려보기도 하고 일러스트레이터로 외곽선을 일일이 다듬으며 산돌에 제시할 기본 도안을 완성했다.34 이후 원도와 기본 도안을 받아본 산돌의 디자이너 역시 많이 놀라기는

---

32 제주도에서 발견한 호박엿 간판대에 쓰여 있던 글씨로 한껏 멋을 부려 힘주어 쓴 것이 인상적이었다고 한다.

33 산업 디자인을 전공한 민지희는 연성체를 제작하다가 2017년 미래사업 추진단 멤버로 합류했다. 그리고 마침내 자신의 전공을 살려 음식을 배달하는 로봇 디자인 프로젝트를 진행, '딜리Dilly의 어머니'로 불리고 있다.

34 연성이 아버지인 조영일 전 우아한형제들 IT 서비스팀 팀장이 '우아한기술 블로그'에 게재한 내용을 참고했다.

마찬가지였다.35 하지만 이내 그 매력을 발견하고 어떻게 하면 본연의 느낌을 살릴 수 있을지 고민하며 작업에 들어갔다. 그 결과 연성체는 손 글씨의 자연스러움을 담은, 사람 냄새가 물씬 나는 폰트로 완성됐다.36 사람이 같은 글자를 반복해서 쓸 때 모양이 모두 똑같을 수 없는 것처럼 모음꼴에 따라 부리와 맺음 형태를 다양하게 작업해, 크게 다섯 가지 부리 형태를 사용함으로써 일률적이지 않은, 자유로운 이미지를 부여한 것이 유효했다.37

　　이렇게 완성한 연성체의 진가는 출시 기념으로 제작한 굿즈에서 확실하게 드러났다. "제가요 사실은 그러려고 그런 건 아니거든요" "근데 제가 좀 우유부단한 면이 있는 건 사실이죠"와 같이 너무나 인간적이고 나약한 문구를 노트, 가방 등에 연성체로 적었을 때, 형식과 내용이 완벽하게 일치하며 엄청난 카타르시스를 자아낸 것이다.38 잔뜩 힘주어 멋 부려 쓴 글자체가 오히려

35 　"도현체까지 진행하고 나서 어떤 새로운 것이 있을까 고심하던 중에 '제주도 호박엿' 간판을 보게 되었어요. 그런 간판을 가져올 거라고는 생각도 못 했거든요. 지금은 많이 익숙해져서 '뭐가 놀랄 일이지?'라고 느낄 수 있지만……." 강주연 인터뷰 중에서

36 　실제로 김봉진은 연성체를 두고 원도와 똑같이 너무 잘 나왔다고 흡족해했다.

37 　"손 글씨와 폰트의 가장 큰 차이는 손 글씨는 쓰는 환경과 사람, 기타 조건에 따라 느낌, 감정이 담기지만 폰트는 디지털 파일이다 보니 일률적이고 딱딱해 보일 수 있거든요. 그래서 최대한 폰트에서도 사람 냄새가 나도록 만드는 것이 중요했습니다. 어떻게 하면 저 느낌을 살릴 수 있을까? 이것의 매력은 무엇일까? 어떤 특징이 이 매력을 만들어내는 걸까? 수없이 고민하며 작업했던 기억이 나요." 강주연 인터뷰 중에서

38 　한명수는 연성체의 매력을 '스타일시하면서도 히마리가 없는 것'이라고 밝힌 바 있다.

히마리('힘'의 방언) 없이 느껴질 때의 당혹스러움, '이게 아닌데…….' 싶은 동공 지진과 황망함 그리고 그보다 더 깊은 곳, 홍채 즈음에 깃든 진심까지. 연성체는 우리가 여전히 아날로그적 존재임을 깨닫게 한다. 인간적인, 너무나 인간적인 휴머니스트 폰트다.[39]

---

39 연성체의 휴머니즘은 연성이 아버지가 연성체 출시를 기념해 '우아한기술블로그'에 남긴 글에서 계속 이어진다. "연성이는 지금 초등학교 5학년입니다. 자신의 이름을 따서 나온 이 폰트가 어떤 의미인지 알고, 어떻게 활용되는지도 잘 알고 있는 것 같습니다. 연성체가 예쁘고, 간판에 많이 사용될 것 같다고 하네요. (중략) 좀 더 학년이 올라가고 성장하면서 연성체 때문에 더 즐거운 날들을 보내지 않을까 생각합니다."

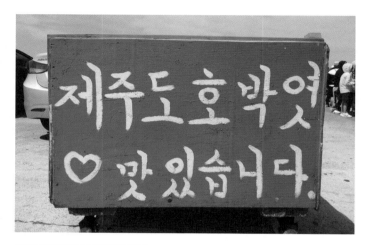

연성체의 영감이 된 길거리 간판.

제1장. 배달의민족 폰트 개발 스토리

배달의민족 연성체

디자인은
본질적 가치다

지적자본론, 2015
마스다 무네아키
Musuda Muneaki

기업은 모두 디자이너 집단이 되어야 한다.
그러지 못한 기업은 앞으로의 비즈니스에서 성공을 거둘 수 없다.

기업 활동의 본질은 창조다. 제조업에만 해당하는 이야기가 아니다. 유통업이라면 매장 공간을
창조해야 한다. 설사 그것이 매장을 소유하지 않는 인터넷 쇼핑몰이라 할지라도 사이버 공간에
상품을 진열할 수 있는 플랫폼을 구축해야 한다. 덧붙여, 유통업계에선 이니셔티브(initiative)를
세우고 개인 브랜드를 창조하는 흐름이 벌써 몇 년 전부터 강화되고 있다. 그렇게 만들어 내는 것이
기업의 이익을 낳는 상품이라면 디자인은 당연히 중요한 것이지 않은가. 누구나 아는 사실을 새삼스럽게
설명할 필요까지는 없지 않은가, 하고 생각하는 사람도 있을 것이다. 정말 그럴까.
제품에 부여되는 '디자인'의 의미가 급속도로 변하고 있는데도 그런 사실을 진지하게 자각하고 있는
사람은 많지 않다는 것이 나의 생각이다.

예를 들어, 보다 좋은 디자인을 추구한다는 점에서 흔히 '부가 가치를 높이기 위해'라는 표현을 사용하는
경우가 있다. 이른바 디플레이션 시대에는 저가격 경쟁에 휘말리지 않는 고부가 가치 상품을 만들어 내는
것이 중요하기 때문에 디자인 또한 중요하다는 식이다. 하지만 상품의 디자인을 '부가' 가치라고
포착하는 것 자체가 잘못된 인식이다. 그런 사고방식은 현실에서 동떨어져 있기 때문이다. 언뜻 꽤
그럴싸하게 들리는 표현이기는 하지만 그것은 이미 선입관에 사로잡혀 있는 표현이다. 부가 가치는
간단히 말하면 '덤'이다. 거기에는 상품의 본질적 가치가 아니라 그에 첨가된 가치라는 뉘앙스가
내포되어 있다. 하지만 이제 상품의 디자인은 결코 덤에 비유할 수 없는 요소로서 본질에 깊이 뿌리를
내리고 있는 본질적 가치다.

우아한형제들 / 배달의민족
ABCDEFGHIJKLMNOPQRSTUVWXYZ
abcdefghijklmnopqrstuvwxyz
0123456789!?/(),.:;"*~+_=@#%^&$

민음사 《지적 자본론》, 마스다 무네아키 지음, 이정환 옮김

배달의민족 연성체
배달의민족 연성체는 세리프를 강조하여 어수룩하지만 명확하면서 한 공간적 절심스럽게 써 나려간 붓글씨체입니다.
배꾸게 자음과 모음의 획이 균일하지 않고 서체마다 굵기 차이가 있어 울퉁불퉁 리듬감이 느껴지는 서체입니다.
제작일 2016. 08. 25 / 제작자 우아한형제들 : 린지희, 금재현, 한영수, 김봉진 : 산돌커뮤니케이션 : 강주연, 김초롱, 이도경

배달의민족

발췌: 마스다 무네아키, 『지적 자본론』, 민음사, 2015

기랑해랑체

매직으로 쓴 삐뚤빼뚤한 글자의 원형을 채워 만든 폰트다. 칠하고 보니
이응이 마음과 다르게 커진 것이 가장 큰 특징이다.

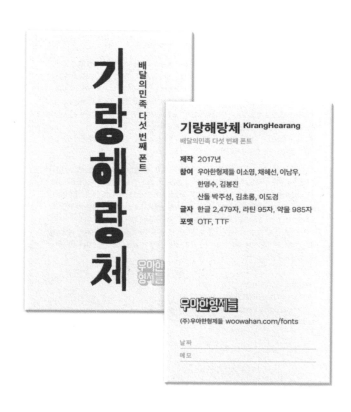

제1장. 배달의민족 폰트 개발 스토리

기랑해랑체는 경북 포항의 호미곶 해맞이광장 근처, 채소 따위를 늘어놓고 판매하는 할머니가 손으로 그린 안내판이 모티프다. "화장실은 광장 손 동상 좌측에 있습니다."라는 폰트의 원형은 김봉진이 직접 찍은 사진이다. 그는 휴대폰 앨범에서 이 사진을 한참 찾더니 흐뭇한 표정으로 내보였다. "사람들이 자꾸 화장실이 어디냐고 물어보는 게 성가셨는지 흰 판에 안내 문구를 적어두었더라고요."

사진 속 글자는 어수룩하기 짝이 없고, 그래서 더욱 사랑스럽고 진한 애틋함이 묻어난다. 글자에 표정이 있다거나 글자체는 얼굴이기도 하다는 식의, 타이포그래피 분야에서 자주 등장하는 말을 단박에 수긍하게 만드는 글자다.

이 매력적인 한 장의 이미지40는 배달의민족의 다섯 번째 폰트로 번안되어 기랑해랑체라는 이름41으로 공개됐다. 기랑해랑체의 매력 포인트는 한 글자 한 글자 집중해서 쓰다가 오히려 엉망이 되어버린 글자 폭, 강조하고 싶은 마음에 테두리를 칠하다 걷잡을 수 없이 커져버린 이응, 제멋대로 벌어지고 좁아진 간격에 있다. 여기서 느껴지는 오묘한 긴장감과 위트, 솔직하게 말하면 대책 없고, 한편으로는 대범해 보인다. '불규칙하고 어수룩한 인상을 폰트에 담아왔던 그간의 역사를 이렇게 종결시키는구나!' 하는 느낌이랄까.

---

40 배달의민족 디자이너들은 이 한 장의 이미지에 매료됐다. 그래서 사진 속 글씨를 쓴 사람의 마음을 한번 훔쳐보겠다고 이 글자가 있는 호미곶에 직접 다녀오기까지 했다.

41 임준현 전 우아한형제들 영업지원팀 팀장의 두 자녀 이름에서 따왔다.

그야말로 불완전함이 진리라는 듯 인간미가 철철 넘치는 폰트다. 한명수 역시 기랑해랑체를 디렉팅하며 폰트 디자인이 '잘' 나올 때마다 "더 망가뜨려! 더! 더!"라고 요구했다. 그러면서 기랑해랑체를 소개할 때는 '제일 잘 망가진 폰트'라며 꽤 자랑스러워했다.

하형원 디자이너[42]는 2018년 디자인프레스와의 인터뷰에서[43] 가장 못생긴 폰트로 기랑해랑체를 꼽기도 했다. "전 아무리 못생긴 폰트도 분명 어떤 규칙을 가지고 파생되었고 최소한의 미감 기준은 있다고 생각해요. 그런데 얼마 전 배달의민족에서 발표한 기랑해랑체를 봤는데 그 폰트는 정말 전위적이더라고요. 기존의 배달의민족 폰트는 그래도 브랜드와 썩 잘 어울리는 디자인이라 나쁘지 않다고 생각했는데 기랑해랑체는 글쎄요, 또 보고 싶지 않은 폰트였어요." 냉정하게 따져보면 그 말이 모두 맞다.[44] 기랑해랑체는 형식이나 질서 대신 활기차고 생생한 느낌으로 가득 채운 폰트다. 그러니 어쩌면 이런 혹평이야말로 망가지기를 한껏 의도한 배달의민족을 흡족하게 만드는 피드백일지도 모르겠다. 또 보고 싶지 않은 폰트라는 의견은 조금 마음 쓰리지만…….

기랑해랑체를 소개하는 포스터는 존 헤스켓Johon

---

[42] 레터링을 기반으로 한 브랜드 디자인 작업을 주로 하는 디자이너. 독립 폰트 도용체를 만들었다.

[43] https://blog.naver.com/designpress2016/221134867387?

[44] 한명수에 따르면 내부 디자이너들 역시 기랑해랑체를 만들며 "와, 이거 어디에 쓸까? 분명 이상한 데다 쓸 거야"라며 끔찍해했다고 한다.

Heskett[45]이 쓴 『로고와 이쑤시개』에서 한 대목을 옮겼다. "우선 디자인이 언제나 우리 생활의 모든 부분을 형성하는 결정적 요인임을 이해하고, 겉으로 드러난 모든 디자인이 우리를 위해 만들어진 선택의 결과물이지만 대부분 디자이너가 개입하지 않은 상태에서 이루어진 결과임을 이해하는 것이 현대 세계에서 디자인의 의미를 변화시키는 출발점이 될 것이다." 사뭇 웅장한 기분이 들게 하는 이 말은 기랑해랑체의 기원과 특성을 상기시킨다는 점에서 살펴볼 만하다. '대부분 디자이너가 개입하지 않은 상태에서 이루어진 결과임을 이해하는 것'이란 나름의 정성으로 화장실을 안내하는 호미곶 해맞이광장 할머니의 어여쁜 마음을 들여다보는 게 아닐까. 디자이너가 개입하지 않은 엉성한 푯말은 말끔하게 프린트된 글자보다 훨씬 다채로운 비언어적 메시지를 담고 있다. 이런 사람 냄새는 인간이 만들어내는 기분 좋은 문화의 묘한 흔적이다.

　　그래서 호미곶 해맞이광장의 메시지는 엉성하고 이상하지만 왠지 모를 끌림이 있다. 뭔가 끌리는 것을 발견했을 때 우리는 영감을 얻은 기분에 고취돼 기록하기도 한다. 이때 아주 적극적인 누군가라면 그 기운을 재해석해 요량껏 내놓을 것이다. 즉 기랑해랑체는 어느 기묘한 에너지에 감동해 마지않아 재구성한 문화적 결과물이다. 아마도 배달의민족이

45　영국 출신 디자인 평론가로 현대 문명 속에서 디자인의 행위와 의미가
　　차지하는 가치와 역할에 대해 폭넓은 이해와 접근을 시도했다. "디자인이란
　　디자인을 만드는 디자인을 디자인하는 것이다."라는 심오한 말도 남겼다.

추구하는 미감은 이렇게 사람 냄새46가 폴폴 나는 망측한
아름다움일지도!

기랑해랑체의 영감이 된 길거리 간판.

---

46 "봉진 님이 좋아하고 탐닉하고 결정하고 지속했던 것의 중심에는 늘 사람
냄새 같은 게 있었어요. 이상한 손 글씨로 폰트를 만든다거나, 생뚱맞게
임직원의 자녀 이름으로 폰트명을 짓는다거나, 작가 미상의 '꼭두'를
캐릭터로 정한 것을 보면 그렇죠. 소위 디자이너들이 생산하는 '새끈한'
면이 있다면, 늘 그 반대로 향하는 결정을 했거든요. 조직 문화, 경영 방식,
서비스 정책에서도 일관돼요. 한 사람의 말과, 인격과, 삶과, 스타일과,
철학이 디자인과 경영에 작용·반작용하며 어우러진다는 걸 느꼈죠. 저 같은
기능공 입장에서는 그게 너무 좋아 보였어요." —한명수 인터뷰 중에서

배달의민족 기랑해랑체

미래의 디자이너는
무엇을 해야 할까?

로고와 이쑤시개, 2005
존 헤스켓 John Heskett

이 세상에는 잘 사는 나라에서 과소비를 부추기는 데 봉사하는 수많은 디자이너, 그리고 전 세계
여러 곳에서 기본적인 욕구조차 충족되지 않은 이들을 위해 문제점을 깊이 이해하고 소중히 다루는
디자이너들이 공존한다.

사람들의 욕구를 만족시키는 일이 대단한 상업적 가능성을 품고 있다 하더라도 다음과 같은 끈질긴
질문이 따라붙는다. '기본적인 필요조건들이 모두 충족되고 나면 사회는 어떻게 될까? 더 좋은 것을
좇아 전 세계가 과소비에 빠져지는 않을까? 그러면 어떤 결과가 나올까?' 이렇게 생각한다면
디자인은 업계 종사자들에 의해 진로가 결정되는 단순한 비즈니스 활동이 아니라 그 사회가
지향하는 지속 가능한 삶의 길을 표현하는 중요한 수단이 된다.

기술이 정말 인간과 친밀해지고 그 혜택이 지구상의 더 많은 사람에게 돌아가려면, 그러한 기술을
일상생활에서 실현해 주는 모든 사물의 세부적인 인터페이스를 결정하는 사람이 바로 디자이너임을
인식해야 한다.

우선 디자인이 언제나 우리 생활의 모든 부분을 형성하는 결정적인 요인임을 이해하고, 겉으로
드러난 모든 디자인이 우리를 위해 만들어진 선택의 결과물들이지만 대부분 디자이너가 개입하지
않은 상태에서 이루어진 결과임을 이해하는 것이 현대 세계에서 디자인이 갖는 의미를 변화시키는
출발점이 될 것이다. 디자인을 모두에게 소중한 존재로 이해하고, 토론하고, 결정할 때에만
인간이 가진 모든 잠재력이 실현되기 시작할 것이다.

우아한형제들 / 배달의민족
ABCDEFGHIJKLMNOPQRSTUVWXYZ
abcdefghijklmnopqrstuvwxyz
0123456789!?"".,,/()*~+_=@#%^&

서미콜론 《로고와 이쑤시개》, 존 헤스켓 지음, 김현희 옮김

배달의민족 기랑해랑체
배달의민족은 기랑해랑체는 한 자 한 자 집중해 쓴 그라퍼지 배달의민족 글자 매뉴의 모양 원형을 제작 만든 것입니다. 흐그라퍼지 마름과 다르게 커진 것이 큰 특징입니다.
제작일 2017. 8. 11. / 제작처 우아한형제들 이소영, 채혜선, 이남우, 한명수, 김봉진 산돌커뮤니케이션 박주선, 김초롱, 이도경

배달의민족

발췌: 존 헤스켓,『로고와 이쑤시개』, 세미콜론, 2005

한나체 에어

한나체의 특징을 그대로 살린 본문용 폰트. 한나는열한살체에서 획
두께를 줄이고 속 공간을 바로잡아 작게 쓸수록 우아하고 잘 읽히도록
디자인했다.

한나체의 성장은 열한 살에서 멈추지 않았다.

한나는열한살체가 초기 한나체를 보완하기 위해 업그레이드한 것이라면 한나체 에어Air47는 본래의 개성을 살리되 본문에서도 사용할 수 있게끔 새로 선보인 폰트다. 배달의민족 고유의 결을 벗어나지 않으면서 가느다란 획으로 산뜻한 인상을 담은 게 특징이다. 한명수는 한나체 에어의 가볍고 살랑이는 느낌이 에세이나 시, 일기처럼 담담하게 생각을 담는 글에 잘 어울린다고 설명했다. 책 제목, 광고 카피, 옥외광고 등에 많이 쓰는 한나체와 다른 점이다.

한나체 에어를 만들게 된 배경은 배달의민족 구성원들이 한나체를 다루는 행태에 있었다. 김봉진은 초창기에 구성원들이 브랜드의 또 다른 얼굴이 될 한나체에 익숙해져야 한다고 생각해 사내에서는 반드시 한나체만 쓸 것을 지시했다. 처음 반응은 주로 반발에 가까웠다. 그러나 익숙함이 무서운 법이라고 모두들 한나체의 매력에 금방 빠져버렸고 적극적으로 사용하기 시작했다. 여기까지는 김봉진의 의도대로 잘 흘러가는 것 같았다. 하지만 재무경영실에서 IR 보고서를 쓸 때도, 고객 센터에서 사용하는 공용 문서에도 한나체를 쓰는 현상이 발생했다(본문까지 한나체로 쓰라는 건 아니었는데48). 굵고 투박한 인상이 특징인 한나체는 제목이나 표제어로는 제법 잘 어울리지만 작은 글자나 많은 분량을 써야 하는 경우에는 그리 적합한 폰트가 아니다. 그럼에도 불구하고 구성원들은 한나체의 매력과 익숙함에 젖어 스스럼없이 여기저기 쓰곤 했다. 그렇다고 한나체에 대한 구성원들의 사랑을 무작정

---

47 혹시 애플의 맥북 에어MacBook Air를 떠올렸다면, 그것이 맞다.

48 배달의민족 내에서 한나체를 사용하는 원칙은 '타이틀에 한 번만 쓰기'다.

막을 수는 없는 노릇이었다. 여태까지 한나체를 쓰라고 그렇게 강요했는데 이제 와서 쓰지 말라고 한다면 좀 황당하지 않겠는가. 이왕 이렇게 된 거, 우아한 시각 문화를 위해 본문용 폰트를 제작하기로 했다. 한나체 에어는 그렇게 탄생했다.

　　기업 전용 폰트는 BI와 마찬가지로 매체 환경과 쓰임에 맞게 주기적으로 갈고 닦아야 하는 브랜드 자산이다. 브랜드를 대표하는 목소리인 만큼 일관성 있게 신선하고 정교한 인상을 담아야 한다. 반면 한나체 에어는 기능적 측면을 고려해 새로 만든 폰트로, 일반적인 기업 폰트 리뉴얼과는 조금 다른 맥락에서 제작한 것이다. 이는 한나체가 배달의민족을 대표하는 전용 폰트인 동시에 누구나 다운로드해 사용하는 공공재로서 부지런히 그 역할을 해온 데서 기인한다. 한국의 시각 문화에 일정 부분 영향을 미쳤다는 점과 더불어 그에 대한 책임 또한 한나체 에어를 제작하는 데 영향을 미친 셈이다. 이 점에서 한나는열한살체나 한나체 에어 같은 프로젝트는 사용자가 필요로 하는 부분을 사려 깊게 개선한 디자인 실천이라고 할 수 있다. 모름지기 앞서가는 브랜드의 소명이란 '사용자 관점으로 경험을 디자인하고 문제를 해결하는' 것 아닌가. 위력 있는 서비스 기업의 기본 소양은 성실한 업데이트와 근면한 혁신이라는 점에서도 그렇다. 뻔한 만큼 진리에 가까운 이 말은, 실천하고 인정받기까지 꽤 많은 정성과 수고가 드는 일이다.

배달의민족 한나체 Air

디자인 선배들의
결코 가볍지
않은 말들

디자인에서 기억해야 할 것은 이미지의 시각적 즐거움이 아니라 그것이 지니는 메시지다. 네빌 브로디
자기 자신에게 엄격하지 않으면 클라이언트가 당신에게 엄격해질 것이다. 아드리안 쇼네시
훌륭한 작품은 훌륭한 클라이언트로부터 나온다. 밀턴 글레이저
폰트는 정보를 담는 투명한 그릇이다. 석금호
글자는 사물을 묘사한 것이 아니라 사물 그 자체이다. 아서 에릭 길
디자인은 나의 존재를 증명하고 전달하는, 내가 있는 품격의 중요한 사회적 언어이다. 권혁수
디자인은 인간이 만든 창조물 중심에 있는 영혼이다. 스티브 잡스
'왜 창조하는가'라는 질문은 '왜 사는가'라는 질문과 같다고 생각한다. 솔 바스
좋은 디자인이란 진행하면서 겪은 고민의 합계와 같다. 김현
디자인 정책은 최고 경영자로부터 이루어져야 하며 전체로서 다루어져야 한다. 톰 라일리
겸손은 좋은 디자이너의 가장 중요한 덕목이다. 빌 버틴
디자이너의 책임은 실질적인 삶에 가랑비처럼 조금씩 스며들어 사회를 변화시키는 것이다. 디터람스
매너리즘에 빠진 멋진 작업보다는 창의적인 실수가 더 낫다. 필립 스탁
디자인의 세계는 실로 커뮤니케이션의 세계이다. 어버트 루발린
모든 게 다 디자인은 아니지만, 디자인은 모든 것에 관한 것이다. 마이클 베이루트
문명의 문제 앞에 내가 할 수 있는 건 이를 환기시킬 수 있는 디자인에 몰두하는 것뿐이다. 윤호섭
타이포그래피는 글자를 부리는 것이다. 글자를 부려서 좋은 디자인을 하는 것이다. 안상수

우아한형제들 / 배달의민족
ABCDEFGHIJKLMNOPQRSTUVWXYZ
abcdefghijklmnopqrstuvwxyz
0123456789!?"".,/()*~+_=@#%^&

배달의민족 한나체 Air

배달의민족 한나체 사는 기존 한나는-말랑남체를 가늘게 느낌으로 만든 서체입니다. 작게 줄수록 무야워 질 알 읽히는 것이 특징입니다.
제작일 2018. 9. 28. / **제작자** 우아한형제들 박샘빈, 이소영, 임형준, 차재현, 김민선, 채해선, 한별수, 김봉진 산돌커뮤니케이션 전강민회, 김우연, 리도경

배달의민족

네빌 브로디, 밀턴 글레이저, 석금호, 스티브 잡스, 솔 바스, 필립 스탁 등 배달의민족
구성원들이 꼽은 '디자인 선배'들의 아포리즘.

한나체 프로

일명 '배고플 때 쓰면 더 배고파지는 폰트'. 얼핏 한나체와 같아 보이지만
타이핑하는 중간중간 음식 그림이 등장했다가 사라진다.

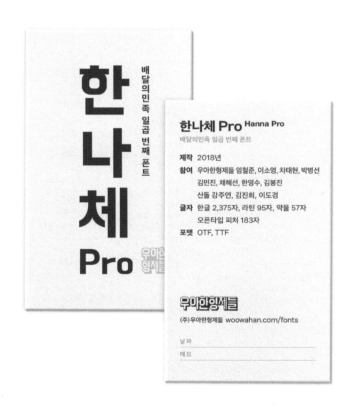

제1장. 배달의민족 폰트 개발 스토리

한나체 프로Pro는49 한나체 에어와 함께 공개한 선물 같은 폰트다. 총 183개의 먹거리가 글자체 속에 이미지로 숨어 있다는 게 특징이다. '치킨'을 입력하면 닭 다리 그림이, '피자'를 입력하면 피자 조각 그림이, '케이크'를 입력하면 조각 케이크 그림이 나타났다가 사라진다. 게다가 베트남 전통 모자 농라를 씌운 '쌀국수'와 칼 모양을 그대로 넣어버린 '칼국수', 어느 기업의 로고처럼 한 입 베어 문 사과가 등장하는 '애플', 무를 퍽 하고 치는 모습의 '무침'까지 어처구니없을 정도로 재치 있는 이미지가 속속 등장해 '풋!' 하고 웃음을 안겨준다. 이로써 한나체는 열한살체, 한나체 에어, 한나체 프로까지 패밀리가 만들어졌다.50 그런데 타이핑하는 아주 짧은 순간 반짝하고 등장했다가 허무하게 사라져버리는 그림을 왜 폰트에 넣은 걸까? 그것도 183개나. 결국 글자를 쓰고 나서 보면 한나체인데! 지독한 실용주의자라면 한나체 프로를 보고 이런 의문이 들지도 모른다. 사실 여기에는 "배민이니까."라는 간단한 한마디로 충분히 설명 가능하다. 재미있고 신선하며 때로는 어이없는 프로젝트를 자주 벌인 덕분에 사람들은 배달의민족의 이런 무용해 보이는 행동에 관용적인 경향이 있으니까.

하지만 한나체 프로를 그저 재미있는 일을 벌이기

---

49 역시 애플의 맥북 프로를 떠올렸다면, 그것이 맞다.

50 "사실 폰트 프로젝트는 기랑해랑체를 마지막으로 그만둘 생각이었어요. 그런데 이 프로젝트에 대한 내부 디자이너들의 애정으로 결국 다시 시작하게 됐죠. 그렇게 해서 만든 게 한나체 에어와 한나체 프로였어요. 2012년의 한나체와는 다른 보텀업 프로젝트죠." 한명수의 설명이다. 배달의민족 디자이너들은 일을 키우고 만들어서 한다는 태주희의 말이 사실이었다!

좋아하는 이들의 장난스러운 시도라고 평가하기엔 큰 아쉬움이
남는다. 이 폰트에서 찾을 것은 단지 재미나 즐거움만이 아니기
때문이다. 한나체 프로는 오픈타입 피처 기술을 창의적으로
적용한 대표 사례다. 또한 종성우선 현상, 도깨비불 현상, 빈
글리프 효과 등 한글 폰트의 여러 특징과 의미를 배달의민족답게
재해석한 고품격 폰트다. 오픈타입 피처, 종성우선 현상, 도깨비불
현상, 빈 글리프……. 이게 대체 다 뭔가 싶겠지만 한글을 읽고
쓰는 사람이라면 알아둘 필요가 있는 깨알 상식이니 이제부터
찬찬히 살펴보기로 하자.

오픈타입 피처

다양한 문자 사용을 보다 쉽게 만들어주는 폰트 기술이다. 세로쓰기,
모아쓰기 등에서 문자의 위치를 조절해 독특한 문자 형식도 안정적인
모습으로 조판할 수 있다.

종성우선 현상

초성이 될 자음이 앞 글자의 종성에 먼저 붙는 현상을 말한다.
일렬로 늘여 쓰는 로마자나 히라가나 등에서는 발견되지 않는 한글의
특징이다. 초성, 중성, 종성으로 글자를 완성하는 한글의 구성
원리에서 기인한다. 예컨대 '배달'을 쓰는 과정에서 '밷' 자가 우선
표시되는 것을 떠올리면 이해하기 쉽다. 한나체 프로는 치킨의 '칰',
케이크의 '읔' 등 음식 이름을 쓸 때 발생하는 종성우선 현상에
주목했다.

도깨비불 현상

종성우선 현상으로 만들어진 글자체 다음에 모음을 입력할 때,
의도치 않게 기입된 앞 글자체가 순간적으로 다시 바로잡히는
현상을 말한다. 글자체가 마치 도깨비불처럼 깜빡거리는 모습에서
붙은 이름이다. 예를 들어 한나체 프로에서 음식 이미지가 깜빡하고
나타났다 사라지는 것이 도깨비불 현상이다.

글리프 & 빈 글리프

글리프란 폰트를 구성하는 문자(글자, 숫자, 특수문자 그리고 공백까지
포함) 데이터의 최소 단위를 말한다. 한글은 14개의 기본 자음과
10개의 기본 모음을 조합하면 무려 6만 5536자의 낱소리를 만들
수 있는데 '칡' '픡' '켁'처럼 사용하지 않는 문자를 제외하면 우리는
약 2350개의 글자를 사용한다. 이 말인즉슨 우리말을 원활하게
지원하는 한글 폰트를 만들려면 2350개의 문자 글리프를 일일이
그려야 한다는 의미다. 그런데 이때 폰트가 지원되지 않는 글자를
타이핑할 경우 화면에는 [X]로 표시되거나 아예 아무것도 표시되지
않는다. 빈 글리프란 이렇게 폰트가 지원되지 않는 글자를 타이핑할
때 누락되는 것을 뜻한다. 한나체 프로는 누락될 법한 문자에 이미지
글리프를 넣어 완성한 것이다.

  즉 오픈타입 피처 기술로 만든 한나체 프로는 종성우선
현상으로 형성되는 글자체에 음식 이미지 글리프를 넣고,
도깨비불 현상을 일으켜 이미지가 순간적으로 등장했다가
사라지는 효과를 구현했다.[51] 한글 구조와 한글 폰트의 속성을

---

51 어떤가, 타이포그래피에 대한 견식이 높아지는 기분이 들지 않나?

재치 있게 표현한 지적이고 수준 높은 폰트다!52

폰트의 본질적인 존재 이유는 디지털 환경에서 문자를 표현하기 위한 것이다. 한편 한나체 프로는 타이핑하는 과정 자체에 즐거움을 줄 뿐 아니라 한글 자소와 구성 원리를 보여주는, 한글 폰트의 작동 시스템에 주목해 만든 폰트다. 그래서 특별하다. 또한 배달의민족이 추구하는 유머와 위트, 그리고 한글에 대한 집요한 애정53까지 깃들어 있어 그 의미가 배가된다. 돌연 등장하고 사라지는 그림에 '풋!' 하고 웃었다가, 한글 구조와 한글 폰트의 시스템을 이해하고 '아~' 하고 감탄하게 되는 이 과정은 내부 브랜드 가이드와도 맞아떨어진다. 배달의민족은 브랜드 문화를 담는 그릇으로 여러 가지 폰트를 만들고 배포했다. 그중 한나체 프로는 한글문화와 음식의 즐거움을 한 통에 담아 표현의 범위를 확장시킨 폰트라는 점에서 주목할 만하다.

표현의 범위를 확장시키는 일에는 목적에 맞도록 소재를 선택하거나 가공해 낼 탁월한 아이디어가 필요하다. 한나체 프로가 그 아이디어라면, 목적은 다음과 같다. "한나체 프로의 겉은 2012년의 폰트와 비슷하나 속은 다릅니다. 같은 일을 꾸준히 반복하는 일은 숭고하지만 같은 방식을 되풀이하는 것은

---

52 김상민 전 우아한형제들 마케터는 가장 좋아하는 폰트로 한나체 프로를 꼽으며 이렇게 말했다. "누군가는 왜 만들었을까 싶겠지만 브랜딩이라는 것이 이렇게 무용한 것에서 탄생한다고 생각해요. 당장은 무용해 보이지만 어떤 것에 영감을 주기도 하고, 그 과정에서 배우고 알아가는 것이 분명히 있다고 보거든요."

53 제2장 '일곱. 한글을 쓰자'(124쪽)에 자세히 나와 있다.

재미없으니까요."⁵⁴

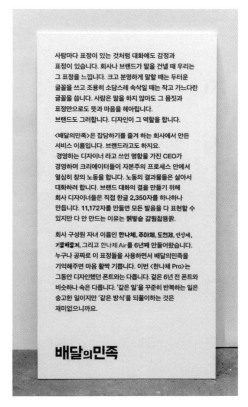

사람마다 표정이 있는 것처럼 대화에도 감정과
표정이 있습니다. 회사나 브랜드가 말을 건넬 때 우리는
그 표정을 느낍니다. 크고 분명하게 말할 때는 두터운
글꼴을 쓰고 조용히 소담스레 속삭일 때는 작고 가느다란
글꼴을 씁니다. 사람은 말을 하지 않아도 그 몸짓과
표정만으로도 뜻과 마음을 헤아립니다.
브랜드도 그러합니다. 디자인이 그 역할을 합니다.

〈배달의민족〉은 잡담하기를 즐겨 하는 회사에서 만든
서비스 이름입니다. 브랜드라고도 하지요.
경영하는 디자이너 라고 쓰인 명함을 가진 CEO가
경영하며 크리에이터들이 자본주의 프로세스 안에서
열심히 창의 노동을 합니다. 노동의 결과물들은 살아서
대화하려 합니다. 브랜드 대화의 결을 만들기 위해
회사 디자이너들은 직접 한글 2,350자를 하나하나
만듭니다. 11,172자를 만들면 모든 발음을 다 표현할 수
있지만 다 안 만드는 이유는 뭣뭣슬 걇웜찲뜳꽥.

회사 구성원 자녀 이름인 한나체, 주아체, 도현체, 연성체,
기랑해랑체, 그리고 한나체 Air를 6년째 만들어왔습니다.
누구나 공짜로 이 표정들을 사용하면서 배달의민족을
기억해주면 마음 활짝 기쁩니다. 이번 〈한나체 Pro〉는
그동안 디자인했던 폰트와는 다릅니다. 결은 6년 전 폰트와
비슷하나 속은 다릅니다. '같은 일'을 꾸준히 반복하는 일은
숭고한 일이지만 '같은 방식'을 되풀이하는 것은
재미없으니까요.

배달의민족

2018 서울디자인페스티벌 배달의민족 부스 소개 글.

---

54 2018 서울디자인페스티벌에서 배달의민족이 한나체 프로에 대해 설명한
글의 일부다.

ㅊ → 치 → → 치키 → 치킨

ㅊ → 치 → → 치키 → 치킨

한나체 프로로 '치킨'을 타이핑하는 과정.

ㄱ → 구 → 국 → → 국수

ㄱ → 구 → 국 → → 국수

한나체 프로로 '국수'를 타이핑하는 과정.

닭갈비, 달걀말이, 삼겹살, 파스타 등 맛있는 음식 그림이 나타났다 사라지는 한나체 프로의 맛있는 매력을 보여주는 포스터.

을지로체

무명의 간판 장인이 그린 을지로 일대의 간판 글씨가 모티프다. 두꺼운 페인트 붓으로 힘차게 긋기 시작해서 여유롭게 마친 듯한 획이 본래의 글씨를 자연스럽게 연상시킨다. 배달의민족 폰트 중 가장 많은 다운로드 수를 기록했다.

이번에도 역시, 늘 그래왔듯, 간판 글씨가 씨앗이다. 조금
다른 점이라면 석금호가 찍은 사진이라는 것이다.55 굵직하고
절도 있게 쓴 '삼원정밀공업사'. 을지로의 공업사 간판 글자다.
배달의민족은 새로운 폰트의 모티프가 될 이 간판을 찾기 위해
석금호의 사진을 나침반처럼 들고 을지로로 향했다. 그리고
놀랍게도 을지로 골목길을 꺾어 들어설 때마다 이와 같은 필치의
간판을 여러 번 발견했다. 이 간판을 통해 십수 년간 이 골목을
지키며 살아온 사람들의 삶이 절로 상상되었고, 을지로 풍경을
만들었을 간판 장인의 모습이 자연스럽게 떠올랐다.56 간판
사진을 찍을 때는 싸늘한 눈초리를 받았고, 버려진 간판이라도
주워 갈 요량으로 허리를 구부릴 때 버럭 소리치는 것을
받아내기도 했다. 안 좋은 시선을 받을 수밖에 없었던 이유는
당시 을지로의 상황 때문이었다. 그때 을지로는 여러 가지로
가장 시끄럽고 혼란했다. 한쪽에는 한국 근현대를 작동시킨
삶의 현장감이, 다른 한쪽에는 젊은 디자이너와 아티스트들이
만들어내는 창작의 기운이, 또 다른 곳에는 레트로 스타일의
상업적 트렌드가 혼재해 있었기 때문이다. 종국에는 이 땅을
두고 개발과 보존이라는 두 입장이 첨예하게 대립함으로써 그
혼란은 더 오래도록 지속될 수밖에 없었다. 을지로는 지역의

---

55 "처음에는 봉진 님이 직접 찍은 사진을 전해줬어요. 그런데 곧 석금호 대표의
   SNS 게시물 사진을 공유하며 이번에는 이걸로 하자고, 이게 더 좋겠다고
   하더라고요." —한명수 인터뷰 중에서

56 "옛날에는 간판에 글씨를 쓰는 것으로 그 가게의 첫 영업을 시작했대요.
   어떤 사람이 생계를 위해서 자신을 알리는 첫 번째 작업인 거예요. 그러니
   간판 글씨에는 아주 많은 사람들의 스토리가 담겨 있다고 생각해요."
   —김봉진 인터뷰 중에서

정체성을 만들고 지금까지 지속시킨 사람들에게는 삶의
터전이었으며, 젊은이들에게는 서울에서 가장 힙한 장소로
손꼽히는 핫 스폿이었고, 미래의 실효성을 좇는 누군가에게는
욕망의 땅이었다.

　　　　재개발로 인해 사진 속 삼원정밀공업사의 간판을 결국
찾지 못했지만, 배달의민족은 이번 을지로 프로젝트를 대하는
자세가 달라져야 한다는 것을 깨달았다. "글씨 하나에 대한
이야기보다 그 글씨를 담고 있는 도시와 지역에 대해 면밀하게
공부하기로 했어요. 을지로에서 생활하는 사람들에게는 그곳이
생존이 걸린 장소였다는 점을 깊이 깨달았거든요." 한명수는
인터뷰에서 '공부'라는 표현을 썼다. 보통 디자이너들은
'리서치'라는 말을 쓴다. '공부'와 '리서치'는 어감이 꽤 다르다.
단순히 어떤 목적을 위해 정보를 찾는 행위가 리서치라면,
공부는 더욱 깊이 이해하고 기꺼이 익히겠다는 진중한 자세를
떠올리게 한다. "처음에는 을지로에서 일하는 분들이 저희가
다가가는 걸 매우 꺼려했어요. 너희 역시 이곳을 이용하려는
게 아니냐며 경계했죠. 각자의 입장에서 상처를 안고 계신
분이 많았거든요." 그래서 배달의민족과 산돌은 2019년 뜨거운
여름, 여러 차례 을지로에 가서 익명의 간판 장인을 찾아내고자
수소문하고, 다양한 업종의 기술 장인부터 젊은 창작자에
이르기까지 그곳에서 살고 일하는 사람들의 이야기를 직접
들었다. 또 서울시 행정관을 찾아가 을지로는 어떤 곳인지, 어떤
상황인지 살피기도 했다. 이렇게 서서히 마음을 열고 가까워지는
과정을 반복하면서 프로젝트의 방향성이 선명해졌다. "스토리가
디자인을 진행시킨다는 걸 경험했어요. '그러니 기획하려고 하지
말자. 스토리를 따르면 결과물은 자연스럽게 이어질 것이다.'라는

생각이 들더라고요." 한명수는 바로 이런 것을 '좋은 콘텐츠의
원리'라고 설명한다.

　　　을지로체는 배달의민족 폰트 프로젝트에 있어서 하나의
전환점이 됐다. 이전에는 배민다운 하나의 목소리를 내는 데
집중했다면, 을지로체부터는 메시지를 제시하는 것으로 그 방향을
넓힌 것이다. 이는 당시 회사 내부에서 일어난 큰 변화와도
맞물린다. 2019년 배달의민족은 국내 스타트업 역사에 남을 만한
매각 계약을 체결했다. 또한 커머스 서비스 'B마트'를 시작했으며,
배달 로봇 '배달이'와 만화 서비스 '만화경'을 론칭하는 등 음식
배달 서비스를 넘어 라이프스타일 전반을 다루는 브랜드로
본격적인 확장을 시작했다. 이런 대대적인 변화와 방향성이라면
폰트 프로젝트에도 반영될 수밖에 없었다. 폰트를 만드는 데도
지역과 사회, 사람들의 삶을 담아야 하지 않겠느냐는 논의가 오갔다.
그 결과 이전처럼 임직원의 자녀 이름을 따지 않고 을지로라는
지역명을 그대로 폰트 이름으로 사용했다. 다큐멘터리 영상을
만든 것도 같은 이유다. 영상에서는 을지로 장인들의 삶에 대한
이야기가 흘러나온다. 기존에 전개해오던 특유의 뉘앙스는 싹
빠지고 그 빈자리에 을지로라는 공간, 그리고 그곳 사람들을
존중하는 태도가 겸허히 채워졌다.

　　　이렇게 공개한 을지로체는 의도했던 무명의 간판 장인의
필치와 아주 유사하다. 페인트 붓으로 힘 있게 그어 단호하면서도
박력 있는 인상이 글자체에 그대로 담겨 있다. 형태는 이전
폰트들보다 꽤나 정갈한 모습이다. 물론 산돌에는 이번에도
어김없이 조금 더 못생기게 해달라고 요청했지만 이전과 같은
의도가 아니었다. 무명의 간판 장인이 자전거 뒤에 페인트를
싣고 을지로 골목을 누비고 다니며 정성껏 가게 이름을 쓰는

모습이 상상되게 만들고 싶어서였다. 또한 무명의 간판 장인 한 사람의 주관적인 몸짓이라는 것을 드러내기 위해서였다.57 당시 산돌에서 을지로체 시리즈를 디렉팅한 심우진은 을지로체를 '사람 냄새 풍기는 프로젝트'였다고 회고한다. 그리고 두 번이나 반복해서 말했다. "그런 프로젝트는 드뭅니다. 굉장히 드뭅니다."58

을지로체의 영감이 된 길거리 간판.

---

57 을지로체를 담당한 정미경 디자이너는 폰트에서 보이는 배민다움이란 '일상적인 것'이라고 했다. "일상의 글자로 폰트를 만드는 이유는 우리 서비스를 일상에서 사용하기 때문이에요. 브랜딩 마케팅 활동에서도 멋지고 세련되기보다는 편안하고 친근한 이미지를 추구하잖아요. 특별한 날을 위한 것이 아니라 그저 일상에서 함께하는 서비스니까요. 배달의민족 폰트에 삶과 일상에 대한 이야기가 반복되는 이유도 그래요."

58 그 이유는 이어지는 을지로10년후체, 을지로오래오래체에서 자세히 알 수 있다.

배달의민족 을지로체

디자이너란
무엇인가

디자이너란 무엇인가, 2008
노먼 포터 Norman Potter

디자이너가 누리는 자유는 그가 속한 사회의 가치를 크게 반영하는 것이 사실이다.
디자이너에게 문화의 조건에서 빠져나갈 특권은 없지만, 그에 관해 무엇인가 해 볼
특권은 있다. 교육받은 디자이너에게는 (제한된 범위에서나마)공동체의 능숙한 눈과
손과 의식이 되어 공동체를 위해 행동할 자격이 있다.
어떤 우월한 능력이 있어서가 아니라, 과거에서 물려받고, 현재 체현하고, 미래로 끌고 갈
지각력을 갖춘 덕분이다. 그는 사람에게 속하고, 사람을 위해 일한다.
그는 사람을 위해, 또 자신을 위해, 스스로 보기에 가장 좋은 수준에서 일해야 한다.
감상적인 자세로 낮춰 말하고, 낮춰 일하면 그를 길러내는 데 투여된 사회적 에너지를
낭비하게 된다. 사회가 값싼 만족만을 좇는다면, 디자이너는 몸을 곧추세워야 할 특별한
임무가 있다. 대체로 사적·공적 이윤을 목적으로, 진정한 필요는 무시하고, 만사에서
게걸스러운 새것·자극·과시 욕구를 인위적으로 고무하는 사회라면, 바로 거기에
그의 본성, 그의 사회가 있다. 그도 그 일부이고, 따라서 어떤 행동이 최선인지 정해야 한다.

때때로 디자인을 공부하는 학생은 유행에 민감한 영역보다 산업 폐기물이나 재고 상점
또는 단순한 엔지니어링 제품에서 더 생동감 있는 이미지를 찾기도 한다.
그런 상황은 일종의 도전이고, 그에 맞게 연구하고 이해해야 한다.

우아한형제들 / 배달의민족
ABCDEFGHIJKLMNOPQRSTUVWXYZ
abcdefghijklmnopqrstuvwxyz
0123456789!?""·,./()*~+_=@#%^&

작업실유령 《디자이너란 무엇인가》, 노먼 포터 지음, 최성민 옮김

배달의민족 을지로체

제작법 2015. 9. 20. / 제작처 우아한형제들: 장미경, 패혜선, 편명수, 김봉진 산돌커뮤니케이션: 임징섭, 강규연, 김호준, 심우진

배달의민족

발췌: 노먼 포터, 『디자이너란 무엇인가』, 작업실유령, 2015

을지로10년후체

을지로체의 10년 후를 상상한 폰트다. 10년이라는 시간 동안 햇빛과
비바람으로 인해 많이 닳은 간판 글씨의 모습을 표현했다.

제1장. 배달의민족 폰트 개발 스토리

실은 을지로체를 만들 때부터 이미 계획한 일이었다. 을지로 사람들과 관계를 맺고, 그들이 살아온 긴 이야기를 듣다 보니 한 번으로 끝내기에는 모자라다는 생각이 들었기 때문이다. 게다가 세월이 흐르면서 낡고, 흐트러지고, 조각나고, 벗겨진 간판 글씨에서 시간이 만들어내는 이 경이로움을 그냥 지나칠 수 없었다.59 여기에 더 많은 사람들이 을지로 이야기에 한 번 더 귀 기울이고 좀 더 오래 기억하길 바라는 마음까지 더해져 이를 시리즈로 이어나가기로 했다. 이번에는 폰트에 시간이라는 속성을 담았다. 정면으로 세월과 날씨를 직면하고 변화하면서 묘한 감수성을 불러일으키는 오래된 간판 글씨는 그 자체로 영감이 됐다. 이 자연스러운 흔적은 배달의민족이 해석하고 추구하는 문화의 속성을 띤다.

　　　을지로10년후체는 무명의 간판 장인이 글씨를 써 내려간 순서와 그 동작을 상상하며 만든 폰트다. 획의 방향과 글씨를 쓰는 속도에 따라 달라지는 페인트의 밀도, 시간의 흐름에 따라 점점 흐릿해지는 글자의 변화를 모든 글자체에 반영해 변화무쌍한 질감으로 완성했다. 심우진이 '글자를 해부하는 작업'이었다고 설명할 정도로 세밀한 관찰력과 표현력, 기술력이 집약된 프로젝트였다.60 을지로10년후체는 기존 을지로체와 윤곽은 같아 보이더라도 각 글자마다 어느 부분이 닳아 없어지고 어느 부분이 오래 남아 있을지 한 글자 한 글자 연구한 결과다. 또

59　빛바랜 간판 글씨에 적잖은 감동을 받은 김봉진은 폰트를 만드는 것 외에도 "전 세계를 다니면서 이렇게 닳은 간판 사진을 찍어 전시를 하고 싶다."라고 말할 정도로 여전히 간판 글씨에 매료되어 있다.

60　을지로체 시리즈를 '매우 드문 프로젝트'라고 언급한 이유 첫 번째.

같은 글자를 반복해서 타이핑하는 경우를 고려해 그때마다 다른 질감의 글자체가 쓰이도록 여러 가지 버전을 만들고 오픈타입 피처 기술을 적용했다. 이렇게 완성한 을지로10년후체는 한 벌의 폰트를 새로 만드는 것 이상의 시간과 노력이 들었을 정도다.

"심지어 산돌에서는 을지로10년후체에 예산을 초과할 정도로 많은 제작비를 투입했어요. 추가 제작비를 청구할 수도 있었지만 그러지 않았어요."[61] 심우진의 말이다. 이유는 좋은 관계 때문이었다. "함께 일한 시간이 굉장히 좋았거든요." 디자인업계에는 누적된 스트레스가 있다. 클라이언트와의 불명확한 소통, 일방적이고 끝없는 요구, 존중 없는 협력, 합당하지 않은 대가……. 사실상 분야를 막론하고, 일하는 사람의 몸과 마음을 지치게 만드는 매우 나쁜, 여전히 존재하는, 옳지 못한 문화다. "괜찮은 결과물이 나오려면 필요한 조건이 있는데, 그중 사람들과의 관계를 가장 중요하게 생각해요. 이 점에서 배달의민족은 즐겁게 일할 수 있는 감각을 알려주었어요." 함께 일하기 좋기로 유명하다는 그 소문이 사실임을 증명하는 대목이랄까. 즉 좋은 관계란 서로 존중하는 태도, 준비된 회의, 분명한 목적과 요구, 설득력 있는 명분, 합리적인 예산을 만들어주고, 나아가 일의 즐거움을, 괜찮은 결과물을, 돌아봤을 때 흡족한 시간을 만들어준다는 설명이다. "배달의민족은 킥오프 미팅 때부터 원하는 바가 명확했어요. 또 을지로 지역 사람들을 만날 때부터 프로젝트를 진행하며 소통할 때, 마지막으로 완성한 폰트를 전시할 때까지 모든 과정에서 일관되게 푸근한 사람

---

[61] 을지로체 시리즈를 '매우 드문 프로젝트'라고 언급한 이유 두 번째.

냄새를 느꼈고요. 디자이너들에게 동기를 부여하고 오롯이 폰트를 만드는 데 집중할 수 있게 해줬죠. 좋은 디자인은 이렇게 만들어집니다."**62** 추가 제작비를 청구하지 않은 이유는 오래전 배달의민족이 "폰트 한 벌 만드는 데 이 정도는 돼야죠!"라며 자발적으로 예산을 높이고 산돌에 상당한 비용을 치른 미덕을 보여줬기 때문이란다. "이미 받은 마음이 있잖아요. 우리도 비슷한 마음을 보여줘야죠."**63** 아, 감동적이다.

　　을지로체 시리즈를 만드는 과정에서는 유독 '사람'과 '관계'에 대한 이야기가 많다. 그도 그럴 것이 을지로라는 공간과 이곳 사람들의 이야기를 담는 것이 명분이니 꼭 필요한 요소였을 테다. 그렇다면 자꾸 풍긴다고 하는 '사람 냄새'의 정체는 대체 무엇일까? 아마도 누군가를 존중하는 태도가 아닐까? 존중은 서로에게 귀를 기울이게 한다. 긴 시간 동안 많은 수고와 비용을 들여 사람들의 이야기를 듣고, 또 그 메시지를 폰트에 담아 보여주는 모습을 떠올려보면 배달의민족이라는 브랜드에는 분명 사람에 대한 존중이 존재한다.

62　을지로체 시리즈를 '매우 드문 프로젝트'라고 언급한 이유 세 번째.

63　을지로체 시리즈를 '매우 드문 프로젝트'라고 언급한 이유 네 번째.

을지로10년후체의 영감이 된 길거리 간판.

제1장. 배달의민족 폰트 개발 스토리

배민 을지로10년후체

오래된 것과
새로운 것

한국 디자인과 문화의 전환
2019, 최 범

우리는 이제 '오래된 것'과 '새로운 것'을 동등한
관점에서 바라보아야 한다. 사실 역사는 그러한 것들의
다양하고 적절한 결합의 결과이기 때문이다.
'오래된 것의 새로움'과 '새로운 것의 오래됨'을
종합적으로 사유해야 한다.
새로운 미학은 '오래된 것' 속에서 '새로운 것'을,
'새로운 것' 속에서 '오래된 것'을 발견하면서 조금씩
앞으로 나아가는 나선형 운동이 되어야 한다.

아홉 번째 배민 폰트
ABCDEFGHIJKLMNOPQRSTUVWXYZ
abcdefghijklmnopqrstuvwxyz
0123456789!?""".,/()*~+_=@#%^&

안그라픽스《한국 디자인과 문화의 전환》, 최 범 지음

배민 을지로10년후체

예배민 을지로10년후체는 예배민 을지로체의 10년 후 모습을 상상해 만들었습니다. 10년 동안 발견 행보고 바뀌어진 흔적을 느낄 수 있는 것이 특징입니다.
제작일 2020. 10. 9. / 제작자 우아한형제들 · 장미경, 채해선, 한명수, 김봉권, 김봉진 산돌커뮤니케이션 · 강민희, 김윤미, 김연아, 정수희, 심우선

배달의민족

발췌: 최범, 『한국 디자인과 문화의 전환』, 안그라픽스, 2019

을지로오래오래체

을지로체가 아주 오랜 세월을 보낸다면 어떤 모습이 될지 상상했다. 보일 듯 말 듯 흔적만 남은 형태는 폰트를 매개로 한 다양한 시도와 가능성을 보여준다.

을지로오래오래체는 앞서 제작한 을지로10년후체보다 더 낡고 흐릿하며 희미한 모습이다. 글씨를 읽으려면 정말 오래오래 들여다봐야 한다. 왜 이렇게 읽기 어려운 폰트를 만들었나 싶다. 하지만 그 내막을 살펴보면 이 폰트의 목적이 잘 읽히는 것이 아니라 잘 들여다보게 하는 것임을 알 수 있다. 실제로 을지로체 시리즈의 마지막 폰트 제작을 위한 킥오프 미팅에서 배달의민족은 이번엔 '읽지 못해도 된다.'[64]고 말했다. "그렇지, 이 정도는 해야 을지로체를 마무리할 수 있겠다 싶었어요." 심우진은 이것을 일종의 선언으로 받아들였다. 그리고 이에 감동했다며 고백하듯 말했다. "읽기 어려운 글자는 급할 때는 짜증을 유발할 수도 있지만, 일반적인 상황이라면 오히려 지긋이 보게 돼요. '이게 뭐지?' 하는 묘한 매력이 있습니다. 소위 악필이라고 하는 글씨가 당당하게 쓰여 있는 것을 읽어보면 되레 재미있고 기분이 좋아져요. 내가 노력해서 읽고, 들여다보며 읽어낸 거잖아요. '읽지 못해도 된다.'고 선언했을 때 '이들은 폰트를 참 다른 관점으로 대하는구나.' 생각했습니다.[65] 이렇게 글자의 다른 관점을 보여주려 하는 게 저는 좋았어요. 누가 이런 일을 하겠어요." 참고로 심우진은 자신의 책『글자의 삼번요추』[66]에 이렇게 썼다. '못생겼다는 발언은 그것에서 아름다움을 찾지

---

64 이 아이디어는 김봉진이 찍은 제주도 탑동의 해수 사우나 찜질방 사이니지가 모티프다. 해풍으로 인해 글자가 모두 바래 없어지고 흔적만 남아 오히려 눈길을 끈다.

65 을지로체 시리즈를 '매우 드문 프로젝트'라고 언급한 이유 다섯 번째.

66 글자와 얽히고설킨 자신의 삶, 한글과 타이포그래피에 담긴 넓고 깊은 이야기를 뽀득뽀득하게 쓴 에세이집이다.

못했다는 자백'이라고. 이처럼 가독성에 대한 강박을 내려놓고 글꼴의 다양한 면모에 대한 존중과 풍성한 글자 문화를 기대하는 그에게 배달의민족의 디렉팅은 감동스럽게 느껴질 수밖에 없었다. 을지로10년후체가 시간의 흔적을 표현한 것이라면 을지로오래오래체는 을지로라는 공간이 함축한 사람들의 삶과 문화가 더 오래 기억되고 회자되길 바라는 마음을 그린 것이라 할 수 있다.

　　그렇다면 2019년에 을지로체를 공개하고 나서 3년 동안 반복하고 변주한 이유는 또 뭘까. 점점 닳아 없어진다는 것 외에는 차이가 없는 엇비슷한 폰트를 세 번이나 만든 이유 말이다. 짐작컨대 그것은 이 이야기에 집중하고 완성도를 높이겠다는 의지라고 할 수 있다. 3이라는 숫자는 어떤 방향으로 향하는 시작과 발전, 그리고 완결을 충족시키기에 꼭 필요한 단계를 나타내지 않는가.67 바람직하고 합리적인 느낌, 완전성과 완결함을 보여주는 숫자랄까! 을지로체 시리즈가 전개된 그 3년은 팬데믹, 기후 위기, 젠트리피케이션 같은 거대하고 어두운 망령이 전 세계 도시 곳곳에 드리워진 때다. 그래서인지 공공장소에 관한 질문과 탐구, 성찰, 이런저런 실천과 그럴듯한 반성이 이어졌다. 침몰하면서도 동시에 생동하는 그곳의 가능성에 관한 예술적 논의와 표현도 무수히

67　아리스토텔레스의 삼단논법, 헤겔의 정반합, 단테의 『신곡: 지옥, 연옥, 천국』, 칸딘스키의 정신의 삼각형, 한글의 초성·종성·중성… 심우진의 『글자의 삼번요추』도 있다. 삼위일체, 삼권분립, 삼자대면, 삼대운동, 삼시세끼, 심지어 삼분카레까지 떠올릴 수 있다. 이렇게 숫자 3이 포용하는 이미지와 인식은 고대부터 현재, 종교부터 밥상머리에까지 존재한다.

많았다.68 소외된 사람들은 밖으로 내몰리고, 방치된 공간은 재생이란 이름으로 활력을 얻어 텅 빈 시절을 보상받는 이야기는 어떤 면에서는 꽤 '핫'한 이야기였다. 서울에서 이렇게 고난과 축복이 한꺼번에 발생한 대표적인 장소가 바로 을지로다. 즉 세 번에 걸쳐 을지로를 지킨 사람들의 이야기를 담은 배달의민족의 태도는 공공장소라는 상당히 핫한 주제를 그저 소잿거리로 접근하지 않겠다는 신중한 제스처라고 볼 수 있다.69

무명의 간판 장인이 쓴 필치로 시작해서 점점 흐릿해지는, 보일 듯 말 듯해서 더 특별해지는 을지로체 시리즈. 알아보기 힘든 만큼 그 폰트로 쓴 글씨를 한참 동안 바라보고 있으면 을지로를 무대로 한 사람들의 이야기가 웅성웅성 들리는 것 같다. 그 말을 상상해보면 이 공간은 소멸하는 순간, 아무리 노력해도 되살릴 수 없다는 것을 잊으면 안 된다고, 이런 장소가 존재하는 이유는 개인과 집단의 투쟁이 있었기 때문이라고, 그리고 그 과정에서 희생이 적지 않았다고 이야기하는 게 아닐까. 을지로체 시리즈는 시간은 무자비하게 흐르고 사람들은 그 변화를 견디며 살아간다는 내용을 담은 '다큐멘터리 폰트'라고 할 수 있다. 글씨가 잘 보이지 않게 함으로써 주의를 기울이게 해 을지로 같은 동네를 유심히 들여다보게 하는 한 벌의 다큐멘터리다.

---

68 전 세계를 아우르는 문화예술계의 트렌드였다 해도 과언이 아니다. 2021년 베니스 건축 비엔날레의 주제는 '어떻게 함께 살아갈 것인가'였고, 2021 영국 터너상 수상자 목록은 모두 지역사회와 더불어 살아가기를 고민하고 실천하는 프로젝트 그룹으로 이뤄졌다.

69 을지로체 시리즈를 '매우 드문 프로젝트'라고 언급한 이유 여섯 번째.

을지로오래오래체의 영감이 된 길거리 간판.

제1장. 배달의민족 폰트 개발 스토리

배달의민족 을지로오래체

디자인의 재발견

디자인의 재발견, 2014
가시와기 히로시

안그라픽스 《디자인의 재발견》, 가시와기 히로시 지음, 이지은 옮김

배달의민족 을지로오래체

배달의민족 을지로오래체는 '배달의민족 을지로체'가 아주 오랜 세월을 보낸 모습을 상상해 만들었습니다. 쉽게 말할 수 없지만, 공기가 남긴 세월의 흔적을 자세히 들여다보면 다 읽을 수 있습니다.

제작일 2021. 9. 17. / 제작자 우아한형제들: 한미경, 재혁선, 한명수, 김병준, 김철호 산돌커뮤니케이션: 장수영, 강민재, 심우진

배달의민족

발췌: 가시와기 히로시, 『디자인의 재발견』, 안그라픽스, 2021

다니엘체 & 루카스체

배달의민족이 베트남에 진출해 배민Baemin을 론칭하면서 현지화 전략으로 제작했다. 베트남의 라이스 스튜디오Rice Studio와 함께 개발했으며 마치 춤을 추는 듯한 생동감 넘치는 디자인이 특징이다. 베트남 현지 시장의 특수성을 고려해 무료 배포는 하지 않았다.70

제1장. 배달의민족 폰트 개발 스토리

여러분은 베트남어를 아는가?**71** 베트남 글자는 본래 한자어였으나 프랑스 식민지화와 선교사들의 활동으로 인해 로마자를 쓰게 됐다. 다만 로마자와 달리 베트남어에는 F, J, W, Z가 없고 Â, Ă, Đ, Ê, Ô, Ơ, Ư가 추가됐다. 그리고 6개의 성조가 있다. 성조를 나타내는 기호는 단어의 중심 모음 위나 아래에 표시하는데, 바로 이 지점에서 많은 혼란이 일어난다. 예를 들어 Ô 글자 위에 물결 모양의 성조가 붙으면 Ỗ가 되고 Ê 아래에 짧고 강한 저음을 뜻하는 점이 붙으면 Ệ가 되는 아주 복잡한 형태를 띠기 때문이다. 다니엘체의 가장 큰 특징은 이 모든 글자가 일반적인 로마자와 같은 선상에 위치하도록 높이(가장 아래의 베이스base 라인부터 맨 위의 캐피털capital 라인까지)를 똑같이 맞췄다는 데 있다.**72** 베트남 폰트 디자인에서 전례 없는 파격 그 자체로, 규칙 깨기의 통쾌함은 한국에서 3만 5,000km 떨어진

---

70 이는 두 가지 특수성에서 기인한다. 첫째, 베트남 시장에선 아직 디자인권에 대한 인식이랄지 저변 문화가 발달하지 않았기 때문에 무료 배포할 경우, 폰트 자체를 올바르게 쓰지 않을 확률이 높으며 관리의 어려움도 크다. 둘째, 다니엘체에는 원형 폰트가 따로 있다. 수정 가능한 원형 폰트의 라이선스를 구입해 그것을 새롭게 디자인한 것이기 때문에 무료 배포할 경우 저작권 침해 우려가 있다.

71 지금 필자의 책상에는 이강우 청운대학교 베트남학과 교수의 『NEW START 베트남어 첫걸음』(삼지사, 2019)이 펼쳐져 있다.

72 따라서 같은 E라도 성조의 유무에 따라 크기가 다르다. 성조가 붙을 경우 높이를 맞추기 위해 자소를 찌그러뜨린다고 생각하면 이해가 쉽다.

이국 땅에서도 계속됐다.73

　　다니엘체의 개발 배경에는 베트남 법인 설립과 함께 배민다움을 전파하기 위해 한국에서 투입한 디자이너와 마케터74가 있었다. 이들은 김봉진에게 현지화 전략을 위한 폰트 제작을 역으로 제안하며 현지에서 협업할 디자인 스튜디오를 물색했다. 그 결과 라이스 스튜디오75와 폰트 개발76부터 시작해 이를 적용한 브랜딩, 마케팅 활동까지 대부분의 프로젝트를 함께 하며 베트남 내에 다니엘체의 자유로운 에너지와 신선한 존재감을 발산했다. 한나체의 사용 전략과 마찬가지로 모든 서비스에는 다니엘체만 쓰고, 전용 폰트를 활용해 다양한 굿즈를

73　한나체가 어리숙하고 아마추어적인 인상으로 충격을 줬다면 다니엘체는 지금까지 보지 못했던 새로운 폰트 디자인, 타이포그래피의 출현이라는 점에서 파격적이었다. 이러한 차이는 각각의 브랜드 타깃이 서로 다른 데서 비롯한다. 즉 한나체의 친근한 이미지가 한국에서 주로 배달 주문을 하는 막내들에게 어필할 수 있도록 '재미있는 동네 형' 같은 페르소나를 반영한 것이라면, 베트남의 경우 여성들이 배달 주문을 많이 하기 때문에 이들이 매력을 느낄 만한 새로움, 신선함에 중점을 뒀다. 이러한 전략은 폰트를 기본으로 한 브랜딩, 마케팅 활동에서도 꾸준히 이어진다.

74　배달의민족 전용 폰트의 힘을 체감한 김규림 전 우아한형제들 마케터와 전지연 전 우아한형제들 디자이너는 베트남에서의 1순위 업무를 폰트 개발로 정하고 이에 몰두했다.

75　2011년 호찌민에 설립한 크리에이티브 스튜디오. 유니클로, 코카-콜라, 맥도날드 같은 글로벌 브랜드의 현지 디자인 파트너로 다양한 작업을 했다. 초콜릿으로 유명한 메종 마루Masion Marou를 비롯해 베트남에서 세련되고 쿨한 브랜드 디자인은 거의 다 도맡아 하고 있다.

76　라이스 스튜디오와 폰트 디자이너 끼어 따스비고우Kia Tasbihgou가 협업해 제작했다.

만드는 등 한국에서 성공한 브랜딩 방정식을 그대로 적용한
것이다. 결과는 만족스러웠다. 베트남에선 이 대범하면서도
이상하게 생긴, 시대를 초월한 듯한 폰트77를 보면 자연스럽게
배민을 떠올리게 됐다. 라이스 스튜디오의 찌안 밴자민 재
래오Chí-An Benjamin De Leo 대표 역시 "분음 부호diacritic78를
활용한 독창성 덕분에 다니엘체는 배민의 가장 소중한 자산 중
하나가 됐다."라며 다니엘체는 그 자체로 브랜드가 되었다고
자평한다. 베트남에서 배민의 이미지를 각인시키는 데 핵심적
역할을 한 셈이다. 그리고 이는 세계적으로 디자인의 우수성을
높이 평가받는 뛰어난 업적으로 이어졌다. 다니엘체는
2021 레드닷 디자인 어워드79에서 브랜드 & 커뮤니케이션
디자인 부문 최우수상을 수상하고, 2020년 글로벌 폰트
기업 모노타입Monotype80이 주최하는 '타입 챔피언 어워드
2020'에서도 수상의 영예를 안았다. 2023년에는 베트남 거리의

---

77 "한글을 연상시키는 모노스페이스 서체를 기본으로 브랜드 고유의 전용
   폰트를 만들었습니다. 특히 한글과 어떤 특징을 공유할 수 있도록 하는 데
   중점을 뒀는데 그 결과 대담하면서도 시대를 초월한, 기이한 서체가
   완성되었죠." —찌안 밴자민 재 래오 라이스 스튜디오 대표 인터뷰 중에서

78 글자 위나 아래에 찍어 기존 철자와는 다른 발음이나 의미를 부여하는 기호.
   앞서 말한 베트남어의 성조 6개를 가리키는 말이다.

79 당시 심사 평에선 다니엘체에 대해 "폰트만으로도 배너, 의류, 패키지,
   디지털 미디어 등의 시각적 정체성을 전달할 수 있는 브랜드의 탄생"이라며
   그 가치를 높이 평가했다.

80 130여 년 역사를 자랑하며 13만 가지 이상의 세계 언어 서체를 보유한
   글로벌 타입 기업이다. 즉 모노타입이 주최하는 어워드는 폰트계의 노벨상과
   맞먹는다고 할 수 있다.

음식점 간판81에서 영감받아 두 번째 폰트 루카스체82를
발표했다. 하지만 베트남 배민은 아쉽게도 2023년 12월 초
서비스를 종료했다.

베트남 배민의 루카스체.

---

81 인기완 전 베트남 배민 법인장은 베트남의 재미있는 타이포그래피 문화로
     음식점 간판을 꼽았다. 간판의 크기와 폭에 맞춰 자유롭게 글자의 장평을
     늘이기도, 좁히기도 한 모양새가 아마추어 같지만 정감 있고 재미있다는
     것이다. 루카스체는 바로 여기에서 영감을 얻어 자유자재로 늘이거나 좁힐
     수 있는 베리어블 폰트로 완성했다.
82 베트남에서도 배달의민족 특유의 '폰트 이름 짓기 문화'는 계속 이어졌다.
     '다니엘'은 김봉진의 막내아들 이름이며 '루카스'는 베트남 배민에서 근무하는
     직원의 이름이다. 베트남의 경우 구성원 중 기혼자가 없기 때문에 자녀 이름
     대신 직원 이름을 붙였다. 선정 방식은 제비뽑기로 한국과 동일했다.

AÁẠÀẢÃẮẶẰẲ

ẴÂẤẬẦẨẪĂBCDÐE

ÉẸÈẺẼẾỆỀỂỄGH

IÍỊÌỈĨKLMNOÓỌÒ

ÔÕÓ̂ỘỒỔỖƠỚỢỜỞỠ

PQRSTUÚỤÙỦŨỨ

ỰỪỬỮVXYÝỴỲỶỸ

0123456889!¡?¿#

(){},.;:₿¥đ₩$@&%

베트남 배민의 다니엘체.

글림체

배달이친구들[83]을 이리저리 늘이고 꼬아 만든 한글 그림글자.[84] 멀리서 보면 글자처럼 보이지만 가까이 들여다볼수록 아기자기한 그림 맛이 느껴진다. 폰트 파일 대신 글림체를 가지고 놀 수 있는 웹사이트와 PNG 파일로 제작했다.

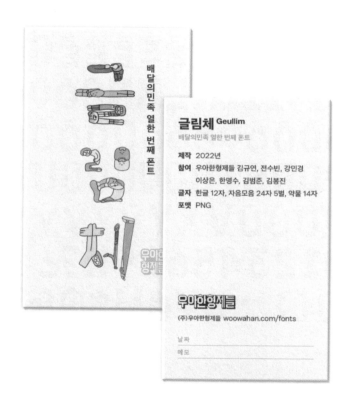

배달의민족이 폰트를 만들기 시작한 지도 벌써 10년. 어느덧 거리의 오래된 간판 글자를 폰트로 만드는 데 달인이 되어 있었다. 특히 을지로체 프로젝트는 폰트에 '사람' '도시' '시간'이라는 키워드를 더해 폰트 제작에 있어 '방망이를 깎는 노인'85과 같은 엄숙하고 진지한 태도를 부여했다. 글림체는 바로 이러한 배경에서 등장했다. 지금까지 선보인 폰트의 특징, 속성, 흐름을 단번에 끊어낼 수 있는 한없이 가볍고 유치하며 우스운 폰트의 탄생이었다.86

---

83 10여 년 전 독고배달이를 시작으로 배달의민족이 제작한 다양한 캐릭터. 배달의민족 앱과 콘텐츠에서 만나볼 수 있으며, 마치 다섯 살짜리 아이가 쓴 것 같은 글자체로 로고가 이루어져 있다. '로고를 가지고 장난을 치려면 제대로 박력 있게 하라.'는 한명수의 피드백을 염두에 두고 제작한 이 로고의 글자체는 1998년 모노타입에서 출시한 스크라울즈Scrawlz 폰트를 떠올리게 한다. 둘 다 '지금 장난하나?'라는 생각이 절로 들게 하는, 장난 같은 장난 아닌 폰트다.

84 유구한 타이포그래피 역사 속에는 그림글자에 대한 수많은 파격과 실험이 있었다. 예를 들면 영화배우 얼굴로 글자체를 만든 '스타페이스Starface' 라든지, 멕시코 레슬링을 하는 두 사람의 모습을 69개 글자로 그린 '야 베즈 폰트Ya VeZ Font' 같은 것이 있다(특히 야 베즈 폰트의 박력은 상상 그 이상이다). 한국에서는 조규형 디자이너가 2015년 대림미술관 스페이스 구슬모아 당구장에서 〈그림서체-키보드 장단에 변신하는 한글〉 전시를 선보인 바 있다.

85 우리가 초등학교 교과서에서 만났던 그 노인 맞다.

86 글림체의 기초 공사와 자소 세트 디자인을 맡은 전수빈이 기억하는 한명수의 요청 사항은 다음과 같았다. "안 진지! 안 아날로그! 안 텍스트! 안 간판!"

폰트의 바탕이 된 것은 배달이친구들이다.87 한국 전통 민속 인형 꼭두에서 시작된 캐릭터로 우리에겐 동그란 뿔테 안경에 흰 티와 민트 바지를 입은 '독고배달이'가 가장 널리 알려져 있다. 이외에도 풍성한 노란색 머리카락(사실은 면발)을 자랑하는 '메이배달이', 검은 목 티에 청바지를 입은, 어쩐지 IT 회사에 다닐 것 같은 '엉클배달이', 핑크색 머리카락에 형광 초록 피부의 '왕배달이'까지 종류도 다양하다.88 자소 디자인을 맡은 전수빈 디자이너는 캐릭터들의 자유로운 움직임과 다양성에 중점을 두고 본격적인 작업을 시작했다. 자유자재로 쭉쭉 늘어나는 팔다리와 허리를 기본으로 캐릭터의 몸을 요상하게 비틀고 꼬며 한글 자소를 표현하는 방식이었다.89 머리의 면발을 돌돌 말아 'ㅇ'을 표현한 메이배달이부터 프렌치프라이로 튀겨진 채 앞으로나란히 한 두 팔로 'ㅓ'를 표현한 감자배달이에 이르기까지, 각 자소마다 다섯 가지 타입으로 이루어진 글림체의

---

87 "처음에는 팀원들이 다 같이 달라붙어 의견을 냈지만, 글자나 주변에서 볼 수 있는 것들의 틀을 완전히 깨지는 못했어요. 그래서 명수 님이 피드백과 함께 명쾌하게 제시한 '배달이친구들이 들어간 그림글자'를 제작하기로 했습니다. 그렇게 한없이 가볍고 유치한, 작업을 하면서도 '이게 일인가?' 싶었던 글림체를 완성했어요." —전수빈 인터뷰 중에서

88 글림체에 동원된 캐릭터는 총 10개로 다음과 같다. 독고배달이, 메이배달이, 엉클배달이, 왕배달이, 냥이배달이, 감자배달이, 밥프트펑크배달이, 비닐봉지인 하얀봉다리배달이·까만봉다리배달이, 원이배달이.

89 배달이친구들의 동작과 표현이 다소 억지스러운 면이 있다면 맞다, 제대로 본 거다. 원래 배달이친구들은 관절 없이 자유롭게 움직이는 특성이 있다. 이에 전수빈은 글자에 각 캐릭터의 몸을 욱여넣는다는 느낌으로, 그 특징을 살리는 데 중점을 뒀으며, 그 과정에서 관절을 더 만들거나 신체 일부를 키우는 등 억지를 많이 썼다.

폰트 디자인은 한 디자이너의 창조적 욕망을 그대로 보여준다.[90]
같은 'ㄱ'이라도 냥이배달이로 만든 'ㄱ'과 독고배달이로
만든 'ㄱ', 밥프트펑크배달이로 만든 'ㄱ' 등 총 다섯 가지 타입으로
디자인한 이유는 조합 문자라는 한글의 특성에 기인한다.
그림글자는 특징이 강하기 때문에 똑같은 자소가 반복되면 금세
뻔해지고 지루해질 수 있으므로 마치 놀이하듯 자유롭게 다양한
조합을 할 수 있도록 의도한 것이다.[91] 이 외에도 '굿' '짱' '멋' 등
하나의 완전한 글자 디자인[92]을 선보이는 등 글림체는 '의미는
덜고, 의도는 가볍고, 보는 사람을 재미있게 하는'이라는 목표를
훌륭히 완수했다. 그 결과 2023년 세계 3대 국제 광고제 중
하나인 클리오 어워드CLIO Awards에서 타이포그래피 부문 동상을
수상했다.

---

90 "작업하면서 몇 가지 스스로 지키려 했던 원칙이 있긴 합니다만, 사실 아주
   엄격하게 지키지는 못하고 참고만 했습니다. 특히 다섯 번째 세트는 일부러
   제멋대로 생기게끔 아주 마음대로 만들었어요." ―전수빈 인터뷰 중에서

91 글림체를 무료로 제공하는 방식은 여느 폰트와 다르다. 컬러가 많은 글자는
   파일이 무거워서 폰트로 구현하기 쉽지 않기 때문에 글림체를 가지고 놀 수
   있는 웹사이트 '글림체 놀이터'와 PNG 파일을 제작한 것이다. PNG 파일의
   경우 PPT, 포토샵 등 빈 화면을 띄우고 자음과 모음을 하나씩 끌어다가
   글자를 만들며 놀 수 있다.

92 전수빈은 특히 '한 글자' 디자인에 애정이 깊다고 밝혔다. 하나의 온전한
   글자로 잘 읽히게끔 디자인해야 하는 제약이 오히려 더 재미있는 생김새를
   만들었다는 생각이다. 그가 개인적으로 가장 좋아하는 글자는 '복'으로
   독고배달이의 역동적인 동작과 하얀봉다리배달이의 해맑은 웃음 조합이
   인상적이다.

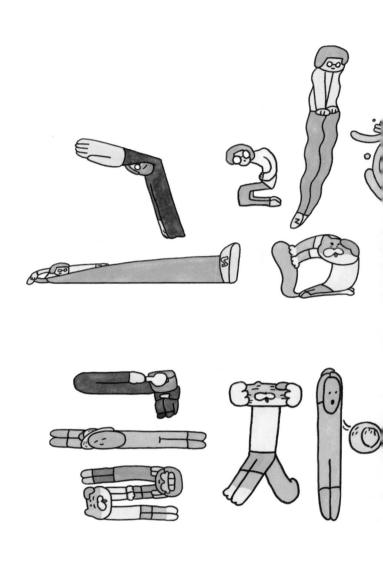

제1장. 배달의민족 폰트 개발 스토리

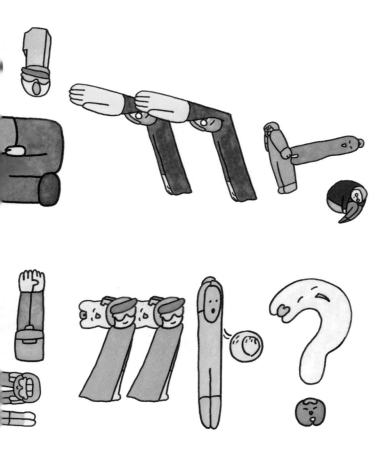

제2장

배달의민족 폰트 사용법

내부 편

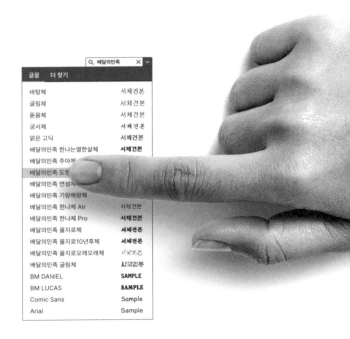

하나. 페르소나를 담자

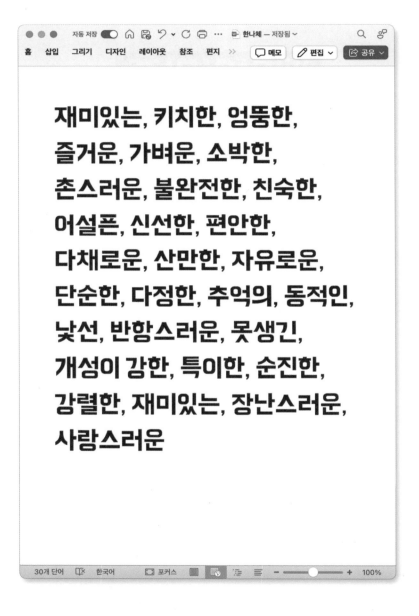

재미있는, 키치한, 엉뚱한,
즐거운, 가벼운, 소박한,
촌스러운, 불완전한, 친숙한,
어설픈, 신선한, 편안한,
다채로운, 산만한, 자유로운,
단순한, 다정한, 추억의, 동적인,
낯선, 반항스러운, 못생긴,
개성이 강한, 특이한, 순진한,
강렬한, 재미있는, 장난스러운,
사랑스러운

재미있는, 키치한, 엉뚱한, 즐거운, 가벼운, 소박한, 촌스러운, 불완전한, 친숙한, 어설픈, 신선한, 편안한, 다채로운, 산만한, 자유로운, 단순한, 다정한, 추억의, 동적인, 낯선, 반항스러운, 못생긴, 개성이 강한, 특이한, 순진한, 강렬한, 재미있는, 장난스러운, 사랑스러운…. 한나체의 고유한 특징을 표현한 어휘들이다. 어떤 글자체는 한 사람의 인상, 인격과 같은 특성을 갖는다. 특히 정해진 틀이나 형식 자체에 얽매이기보다는 자유롭게 뛰쳐나갈 에너지가 있는 폰트라면 더욱 그렇다. 배달의민족은 폰트의 생김새부터 인상, 느낌, 감성 모두가 브랜드 페르소나를 반영하는 한나체를 만들었다. 그리고 이를 공식 폰트로 지정해 모든 서비스와 마케팅에 사용하며 고객에게 쉽고 빠르게 일관된 방식으로 브랜드 퍼스널리티를 각인시켰다. 배달 음식 주문을 도맡은 조직의 막내들, 사회 초년생들이 동질적이고 친숙하면서도 편안하게 느낄 수 있는 이미지를 구축하는 데 효과적인 도구였던 셈이다. 미국의 유명 마케팅 전문가 로히트 바르가바Rohit Bhargava의 말대로다. "소비자는 페르소나가 있는 기업에 호감을 갖는다. 그리고 호감은 전략을 이긴다."

둘. 유머와 위트를 표현하자

유머란 무엇인가? 힘을 뺀다는 것이다. 힘을 뺀다는 건 쉼을 의미한다. 심각한 것, 경직된 것 그리고 이 꼴 저 꼴 보기 싫은 것으로부터 잠시 멀어짐을 뜻한다. 웃을 때와 맛있는 거 먹을 때, 그 순간만큼은 어깨 근육이 뭉치지 않는다. 배달의민족에는 크게 두 가지 자산이 있다. 하나는 눈에 보이지 않지만 분명히 존재하는 고유의 감수성으로 '풋!' 하거나 '아~' 하게 만드는 유머와 위트다. 주로 언어의 중의성이나 기발한 메시지가 담긴 언어유희로 발현되는데, 반드시 긍정적 뉘앙스여야 하며 특정인을 비하, 비방하거나 비속어, 욕설을 포함해서는 안 된다. 브랜드 제품으로 "다 때가 있다"라는 문구를 넣은 때수건을 출시하고 "오늘 먹을 치킨을 내일로 미루지 말자"라는 문장만 써서 옥외광고를 제작한 것이 그 예다. 두 번째 자산은 이러한 유머와 위트를 표현할 때 사용하는 한나체로, 브랜드 아이덴티티를 가시화하는 동시에 그 감성과 정서를 더하는 역할을 한다. 똑같은 말도 누가 어떻게 하느냐에 따라 느낌이 다르듯 한나체는 배달의민족만의 목소리, 말투, 뉘앙스 등을 고유한 스타일로 전함으로써 듣는 사람이 '풋!' 하거나 '아~' 하게 한다. 그리고 이는 사람의 마음을 경직되지 않고 편안하게, 말랑말랑한 상태로 만들어준다. 기꺼이 브랜드가 하는 이야기에 귀 기울이게 한다. 서울예전 개그 동아리 출신의 창업자가 오래도록 연마한 경영의 기술이다.

풋! 아~

풋! 아~

아리따 부리

같은 글자 '풋!'이나 '아~'를 아모레퍼시픽의 기업 폰트 '아리따 부리'로 써보면 그 뉘앙스와 의미가 완전히 달라진다. 참고로 아리따 부리는 아모레퍼시픽이 추구하는 '건강한 아름다움'을 모티프로 단아하고 지적인 멋이 풍기는 아시아의 현대적 여성상을 담은 폰트다.

셋. 한나체만 씁시다

배달의민족 공식 폰트는 한나체다. 서비스, 브랜딩, 마케팅 어느 직군에서 무얼 하든, 주야장천 언제나, 온·오프라인 어디에서나 공식적으로는 한나체만 사용해야 한다. 주아체, 도현체 등 다른 폰트가 하나둘 이곳저곳에서 존재감을 드러내며 슬금슬금 쓰이는 순간, 브랜드 아이덴티티가 불분명해질 수 있기 때문이다. 처음부터 한나체 하나만을 적극적으로 내세우며 꾸준히 사용한 것은 브랜딩 전략이었다. 하지만 지금의 폰트 사용 문화가 정착되기까지 그 여정은 결코 쉽지 않았다. 못생긴 한나체를 보고 본능적으로 거부하는 구성원들에게 창업자는 '자세히 보면 귀엽다.' '계속 보면 사랑스럽다.'라며 설득했고, 사용성을 높이기 위해 산돌과 협업해 리뉴얼하기도 했다. 날것 그 자체의 엉성함을 다듬고 자간과 글자 폭, 모듈을 개선해 한나는열한살체를 선보인 배경이다. 하지만 또 이번에는 구성원들이 한나체를 너무 사랑하는 게 문제가 됐다. 제목용 폰트로 개발한 의도를 잊은 채, 본문에도 과감하게 한나체를 쓰는 사람이 하나둘 늘어난 것이다. 이에 2018년 한나체 에어를 개발해 본문에도 한나체를 사용할 수 있도록 했다. 단순히 한나체만 쓰라고 우기는 것이 아니라 올바르게 잘 쓸 수 있도록 사용자 환경을 개선한 것이다.

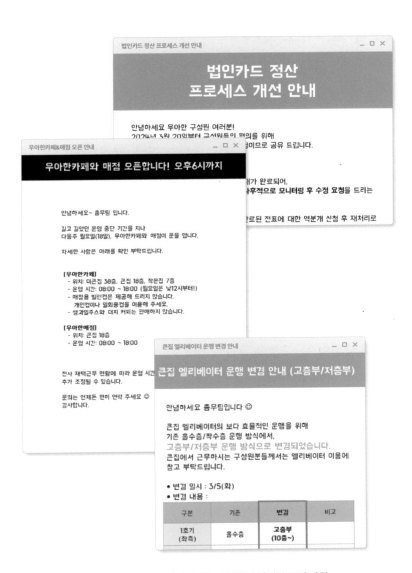

법인카드 정산 프로세스 개선 안내 _ □ ×

법인카드 정산
프로세스 개선 안내

안녕하세요 우아한 구성원 여러분!
2024년 3월 20일부터 구성원들의 편의를 위해
~~~~~~~으로 공유 드립니다.

~대가 완료되어,
~사후적으로 모니터링 후 수정 요청을 드리는

~료된 전표에 대한 역분개 신청 후 재처리로

우아한카페&매점 오픈 안내 _ □ ×

우아한카페와 매점 오픈합니다! 오후6시까지

안녕하세요~ 총무팀 입니다.

길고 길었던 운영 중단 기간을 지나
다음주 월요일(18일), 우아한카페와 매점이 문을 엽니다.

자세한 사항은 아래를 확인 부탁드립니다.

[우아한카페]
- 위치: 더큰집 38층, 큰집 18층, 작은집 7층
- 운영 시간: 08:00 ~ 18:00 (월요일은 낮12시부터!)
- 매장용 빌린컵은 제공해 드리지 않습니다.
  개인컵이나 일회용컵을 이용해 주세요.
- 생과일주스와 더치 커피는 판매하지 않습니다.

[우아한매점]
- 위치: 큰집 18층
- 운영 시간: 08:00 ~ 18:00

전사 재택근무 현황에 따라 운영 시간~
추가 조정될 수 있습니다.

문의는 언제든 편히 연락 주세요 ☺
감사합니다.

큰집 엘리베이터 운행 변경 안내 _ □ ×

큰집 엘리베이터 운행 변경 안내 (고층부/저층부)

안녕하세요 총무팀입니다 ☺

큰집 엘리베이터의 보다 효율적인 운행을 위해
기존 홀수층/짝수층 운행 방식에서,
고층부/저층부 운행 방식으로 변경되었습니다.
큰집에서 근무하시는 구성원분들께서는 엘리베이터 이용에
참고 부탁드립니다.

● 변경 일시 : 3/5(화)
● 변경 내용 :

구분	기존	변경	비고
1호기 (좌측)	홀수층	고층부 (10층~)	

우아한형제들 총무팀이 작성한 공지 사항.
우아한형제들 구성원들은 제목용 폰트와 본문용
폰트를 구분해 사용한다.

넷. 무료 배포하자

이 책을 여기까지 읽은 사람이라면 배달의민족이 모든 폰트를 무료로 배포했다는 사실을 잘 알고 있을 것이다. 그렇다면 이제 그 이유를 보다 근본적으로 밝힐 차례다. 결정적 발단은 2012년으로 거슬러 올라간다. 김봉진은 한나체를 만들기 전까지 폰트 구매에 300만 원 이상 투자해 배달의민족 서비스를 운영하고 있었다. 작은 스타트업으로서는 꽤 부담스러운 금액이었다. 그러던 어느 날 폰트 제작자로부터 프로모션 랜딩 페이지에 적용한 폰트 이용료 500만 원을 지불하라는 연락을 받았다.

그는 이 사건으로 약간의 설움과 함께 전용 폰트의 필요성을 다시금 실감했다. 또한 전용 폰트를 만든다면 누구나 마음껏 사용할 수 있게끔 무료로 배포해야겠다는 마음도 단단히 굳혔다. 이에 대한 배경은 시간을 한 번 더 거슬러 올라가면 명쾌해진다. 김봉진은 이모션의 웹 디자이너로 근무하던 시절, 현대카드가 전용 폰트인 Youandi를 브랜드 커뮤니케이션에 일관성 있게 적용하는 모습을 보고 깊은 인상을 받았다. 또한 네이버에서 일할 때는 나눔고딕93 개발 과정을 곁에서 지켜보면서 좋은 폰트를 무료로 배포했을 때 사회에 어떤 영향을 미치는지 잘 알게 되었다. 즉 나눔고딕의 보편성과 Youandi의 특수성을 두루 갖춘 기업 전용 폰트가 이미 그의 머릿속에

---

93 2008년 네이버가 한글 폰트 인프라를 구축하기 위해 만들어 무료 배포하기 시작한 첫 번째 나눔 폰트 시리즈.

존재하고 있었다. 그러니 갑자기 날아든 폰트 이용 청구서는 비로소 전용 폰트에 대한 욕망을 실현할 적절한 명분이 됐다.

한나체를 무료로 배포한 이후 소상공인과 스타트업, 대학생, 사회 초년생들에게 기대한 것보다 훨씬 큰 지지를 받았다. 김규림은 대학생 시절 무료 폰트를 통해 배달의민족에 호기심과 호감을 갖게 됐다며 입사 동기를 언급할 정도였다. 이렇게 배달의민족은 사용자들로부터 큰 호응을 받는 데 성공했다. 또한 시기적으로 스마트폰 사용이 본격화되고, 많은 정보가 이미지 중심으로 소비되는 상황과 맞물리면서 그야말로 가뭄에 내린 단비 같은 존재로 격한 환영을 받았다. 배달의민족 폰트는 간판, 로고, 유튜브 자막, 공연 포스터, 메뉴판, 시위 현장의 피켓, 프로필 이미지까지 우리 시대의 수많은 온·오프라인에 등장하는 단골 폰트로 확고히 자리 잡으며 한국의 밀레니얼과 젠지가 열렬히 소비하는 동시대 시각언어의 한 형태가 됐다. 어떤 폰트가 사회의 혈관 속으로 한번 흘러들면 빠져나갈 길이 없다는 사실을 배달의민족이 이렇게 증명한다.

https://www.woowahan.com/fonts/license

배달의민족 글꼴 라이센스 정책

배달의민족 한나체, 한나체 Air, 한나체 Pro, 주아체, 도현체, 연성체, 기랑해랑체, 을지로체, 을지로10년후체, 을지로 오래오래체, 글림체 글꼴의 지식재산권은 ㈜ 우아한형제들이 보유합니다.

배달의민족에서 무료로 배포하는 글꼴은(한나체·주아체·도현체·연성체·기랑해랑체·한나체 Air·한나체 Pro· 을지로체·배민 을지로10년후체, 을지로 오래오래체, 글림체) 자유롭게 수정·변경하여 영리적·비영리적 목적으로 개인 및 기업 사용자가 모두 사용하실 수 있습니다.

<u>다만, 글꼴 폰트 파일(otf/ttf)자체를 유상으로 판매하는 것은 금지하고 있으니 유의 부탁드립니다.</u>

- 사용 가능 범위 : 간판, 현수막, 브로슈어, 포스터, 책, 잡지, 명함, 스티커, 패키지, 제품, 웹페이지, 광고 배너, E브로슈어, 영상 자막, 영화, TV광고, 웹툰, 게임 UI, 앱 UI, 뉴스레터, 웹진, 프리젠테이션, E-book, 메신저 스티커, 로고, 마크, 신문 광고, 잡지 광고, 지면 광고, 컵홀더, 부채, 쇼핑백, 컵홀더, 포장지, 핸드폰 케이스, 노트, 가방, 신발, 옷 등 상업적·비상업적 목적의 제작물 등
- 사용 불가능 범위 : 폰트파일(otf/ttf)의 유료 판매

배민에서 무료로 배포하는 글꼴(한나체·주아체·도현체·연성체·기랑해랑체·한나체 Air·한나체 Pro· 을지로체· 배민 을지로10년후체·을지로 오래오래체·글림체)를 사용한 인쇄물, 광고물(온라인 포함)등의 이미지는 당사의 자료 수집 및 연구 목적으로 활용될 수 있습니다. 이를 원치 않는 사용자는 언제든지 당사 고객센터(1600-0987 / CS@woowahan.com)로 요청 부탁드립니다.

아래 **"지식재산권 안내 및 라이선스"** 전문을 표시하는 경우 다른 소프트웨어와 번들, 재배포 또는 판매하실 수 있습니다.

배달의민족 폰트 라이선스 정책은 위와 같다. 통 큰 나눔의 전략이 아닐 수 없다.

다섯. 꾸준히 만듭시다

2012년 처음으로 한나체가 나오고 1년 뒤 주아체가
나왔을 땐 모두가 그러려니 했다. 하지만 주아체 이후 도현체,
연성체, 기랑해랑체 그리고 가장 최근의 글림체까지 지난
10여 년간 꾸준히 폰트를 만들어 무료로 배포한 배달의민족의
행보는 납득하기 어려운 꾸준함이었다. 오죽하면 2018년
서울디자인페스티벌 배달의민족 부스의 커다란 벽면에 다음과
같은 글귀가 적혀 있었을까. "배달의민족은 디자인 회사일까.
배달의민족은 왜 해마다 폰트를 만들까. 한글 폰트 만들기는
쉬운 일일까. 배달의민족은 왜 무료로 폰트를 줄까. 폰트 만들면
뭐가 좋을까. 내년에도 만들까. (이하 생략)" 김봉진은 어떤 일을
꾸준히 하다 보면 그 일에 소명 의식을 갖게 되고, 그런 사람들이
다른 사람들에게 감동을 줄 수 있다고 했다. 맞는 말이다. 우리는
이제 배달의민족이 한글에 갖는 관심과 애정 그리고 진심을 잘
알게 되었다. 하지만 그저 세상 사람들을 감동시키기 위해 매년
수많은 예산과 인력, 시간을 쏟으며 폰트를 개발한다고? 그건 잘
모르겠다.

공식 폰트는 한나체 단 하나뿐이다. 그 외의 폰트들은
배달의민족 내부가 아닌 바깥, 길거리 곳곳에서 존재감을
발한다. 전형적인 남 좋은 일이 아닐 수 없다. 이에 대해
김봉진은 "무엇이든 하나만 있으면 그것이 아무리 좋고 가치
있다 해도 계속해서 이슈를 만들 수 없어요. 그런데 1년에 한
번씩 새로운 것을 만들어 발표하면 그것과 함께 오리지널 제품에
대한 언급도 하게 되죠."라고 답한다. 최근 먹태깡이 새롭게

등장함에 따라 소위 말해 '깡'계에서 새우깡의 입지와 명성이
더욱 높아진 것과 같은 이치다.94 한나체가 배민다움의 '나'를
정의한 브랜딩이라면 나머지 폰트들은 세상에 '나'를 꾸준히
노출하기 위한 전략, 즉 마케팅인 셈이다.

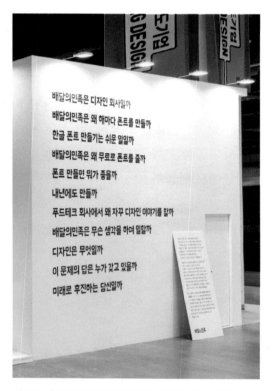

질문은 많지만 딱히 답을 듣겠다는 의지는 없는 듯한
이 글귀는 매년 폰트를 개발하는 푸드 테크 회사 구성원들의
매우 혼란스러우면서도 진솔한 목소리를 대변한다.

94　을지로체를 출시하며 마케팅을 담당했던 김상민 마케터의 '찰진' 표현이다.

여섯. 자주 노출하자

한나체를 만든 이후 배달의민족은 이 사랑스러운 한나체를 어떻게 활용할지에 대한 고민이 많았다. 이 폰트가 잘 쓰이려면 먼저 좋은 쓰임을 보여줘야 한다는 생각에 포스터를 만들기 시작했다. 그리고 잡지 광고, 옥외광고, 굿즈까지 영역을 넓혀 자주, 꾸준히, 흥미로운 방법으로 한나체를 선보였다. 못생긴 글자체라도 자주 보고 익숙해지면 어느덧 좋아하게 된다는 브랜딩의 원리를 한나체에도 적용한 것이다. 결국 이 흐름은 사용자와 함께 '노는' 배달의민족 특유의 문화를 만들어냈다. 아무렴, 계속해서 웃음을 주고 말을 거는 이들의 메시지를 어떻게 외면할 수 있나! 이렇게 한나체를 알리기 위한 노력은 사회 초년생과 대학생 들로부터 많은 공감과 호응을 이끌어냈고, 나아가 배달의민족이라는 브랜드의 속성을 알리는 행동 방식으로 자리 잡았다.

일단 노출하자

장인성 전 우아한형제들 CBO는 한나체를 알리기 위해 제작한 "헐" "씻고 자자" "청소를 안 하면 새로운 우주가 탄생한다" 같은 포스터 시리즈에서 배민다움이 총체적으로 드러난다고 설명했다. 말로는 해도 글로는 쓰지 않는 문구를 '왜 안 돼?' 마인드로 써내고야 마는 이 천연덕스러움이야말로 배민다움이다. 포스터는 대학교 동아리방, 스타트업 사무실 벽에 주로 붙었다. 박력 있는 인상으로 사람들의 시선을 끌었고, 한나체와 그 안에 담긴 배달의민족의 개성을 성공적으로 전파했다.

포스터의 글귀를 한나체로 써서 그 느낌이 200% 더 살아났다.

제2장. 배달의민족 폰트 사용법

매달 노출하자

포스터에 한나체로 위트 있게 툭 던지는 메시지는
잡지 지면 광고에서도 이어갔다. 이른바 '잡지 테러'. 시작은
2012년 월간《디자인》의 지면 광고다. "잘 먹고 한 디자인이
때깔도 좋다." 흰 배경에 한나체로 명쾌하게 적은 이 한 줄의
문구는 달랑 한 쪽짜리 광고 페이지를 '어떻게 하면 배민답게
활용할 것인가?'라는 고민의 결과다. 한나체가 있었기에 가능한
전략이었다. 이렇게 시작한 잡지 테러는 매달《시사저널》
《포춘》《더뮤지컬》《산》 같은 국내 잡지를 대상으로 각각의
콘셉트에 맞춰 연쇄적으로 진행했다. 그 기간은 무려 8년. 평소
"브랜딩은 우기는 것"이라고 말하는 창업자의 소신이 떠오르는
대목이다. 이러한 메시지들은 평소 위트와 재미를 선호하는
김봉진이 가장 값지게 여기는 브랜드 자산이기도 하다.

난
그대의
원예인

밥 좀
주유소

가군
나군
다군
마싯군

치킨이
안 나마스테

슬플땐
우럭

생면의
신비

비올라
파전먹자

배블루스
기분째즈

제2장. 배달의민족 폰트 사용법

배달의민족은 8년간 총 100개 잡지를 이런 식으로 테러했다. 내용으로나 꾸준함으로나 다소
기막힌 이 캠페인은 한국광고단체연합회에서 대한민국광고대상, 한국광고협회 선정 올해의
광고상, 한국광고주협회에서 소비자가 뽑은 좋은 광고상 등을 수상하면서 배달의민족의
크리에이티브를 보여주는 캠페인으로 길이 남았다.

온 도시에 노출하자

잡지 테러 아이디어는 옥외광고로도 이어졌다.
《여성중앙》광고에 실었던 "경희야, 넌 먹을 때가 제일 이뻐"
같은 문구를 한나체로 적어 서울 전역에 깔았다. 이 캠페인은
배달의민족과 한나체를 대중적으로 알리는 계기가 되었고,
전국의 경희를 비롯한 많은 사람이 사진을 찍어 SNS에
올리면서 큰 화제를 일으켰다. 또한 온·오프라인에서 엄청나게
많은 패러디를 양산했다. 이 흐름을 놓치지 않고 발전시킨 것이
배민신춘문예다. 음식에 관한 25자 이내의 짧은 시를 공모하는
배민신춘문예는 2015년부터 2022년까지 팬데믹 기간을 제외하고
매년 진행한 주요 행사다. 수상자에게는 소정의 서비스 이용권을
수여하고 이듬해 옥외광고에 작품을 올려 온 도시에 선보이는
영광을 안겨주기도 했다.

배민신춘문예 수상작.

먹을 때가 제일 예쁜 경희는 배달의민족 엔지니어로 일했던 실제 인물이다. '신랑이 무슨 말을 해줄 때 제일 좋으냐?'라는 질문에 대한 답변을 그대로 광고에 적용한 것이다.

온갖 물건에 노출하자

배민문방구 굿즈 역시 비즈니스보다는 한나체를 담기 위한 그릇으로 시작한 프로젝트다. "쓸데없는 거 팔아요"라고 나직이 말하면서도 일상에서 매우 요긴하게 쓰이는 각종 생활용품을 배민다운 위트와 유머로 포장해 주기적으로 쓸모와 즐거움을 선사했다. "다 때가 있다"라는 때수건, "어머, 팬이에요~"라고 고백하는 볼펜 세트, "말려줘요"라고 호소하는 비치 타월 등을 보면 평범한 물건에 선명하게 적힌 한나체가 주인공이라는 것을 알 수 있다. 이렇게 브랜드의 성격과 주관을 드러내는 데 한나체는 그 역할을 성실히 수행했고, 사고 싶은 욕망이 간절해지는 건 아니더라도 보는 것만으로도 웃음이 새어 나오게 했다. 한명수가 굿즈에 대해 "이것을 받는 순간 느끼는 독특함과 기억거리, 시간이 지나도 계속 의미가 살아 있는 그 무엇"이라고 정의한 것과 잘 맞아떨어진다. 이렇게 배민문방구는 배달의민족 특유의 감수성을 기억하게 하는 중요한 문화적 산물이 됐다.

제2장. 배달의민족 폰트 사용법

더블 미닝, 언어유희를 적극 드러낸 배민문방구 굿즈. 하지만 어떤 물건이든 한나체를 쓰면 다 배민문방구 제품으로 보인다는 게 한편으로는 안타까운 일이기도 했다. 특히 수많은 아류 중에서 부정적 내용을 담지 않는다는 배달의민족의 중요한 원칙을 깨는 제품이 유통되곤 했기 때문이다. 이에 내부 디자이너들은 꽤 속상해했지만 김봉진은 "유명해지고 있다는 반증이니 받아들이자."라고 격려했다.

날마다 다른 이야기, 다른 문장이 적힌 일력이다. 사람들을 매일매일 즐겁게 해줄 방법을 찾다가 만들어낸 것이다. 매해 주제를 고르고 그에 따른 365개의 문장을 만들어 디자인하는 일은 생각보다 무척 까다롭고 고된 작업이지만, 이제 배민에게는 꽤 많은 폰트가 있어 다채롭게 구성할 여지가 무궁무진해 보인다.

내부 편

일곱. 한글을 쓰자

모든 시작에는 '한글을 더 자주, 재미있게 많이 썼으면 좋겠다.'라는 온 우주의 바람이 있었다. 아래 소개하는 이벤트들은 그로 인해 파생된 일련의 브랜딩과 마케팅 활동이다. 한글을 사랑하고 후원하며 한글문화와 예술에 이바지하는 기업이라고 해서 소비자가 굳이 그 기업의 서비스를 찾아서 이용할 확률은 낮다. 하지만 대부분의 사람들은 그런 기업을 미워하거나 싫어하지 않는다. 마케팅 관점에선 몰라도 브랜딩 측면에선 분명한 효과가 있는 셈이다. 배달의민족은 10월 한글날 즈음에 꼭 생각나는 브랜드다.

한글을 (패션으로) 쓰자

2015년 10월 18일 일요일 저녁 8시. 제법 선선한 바람이 불던 전형적인 가을날, 동대문디자인플라자DDP에선 2016 S/S 헤라 서울패션위크가 열리고 있었다. 묘한 흥분이 감도는 분위기, 세련되고 멋진 사람들의 우아한 애티튜드, 쿵쿵 낮게 울려 퍼지는 비트 사이로 "사랑해 주셔서 감사합니다"라고 쓰인 티셔츠를 입은 모델이 등장했다. 뒤이어 "여기서부터 속도를 줄이세요"라고 쓰인 스커트를 입은 모델이 나왔고 "CCTV 작동 중 외부인 출입금지"가 적힌 티셔츠와 "김치는 드실 만큼"이라는 문구가 금박으로 박힌 스웨트셔츠를 입은 모델이 얼마간의 시간차를 두고 힘차게 걸어 나왔다. 배민의류는 단순히 상투적인 메시지의 한글이 적힌, 그래서 그 뜻을 모르는 외국인이 입었을 때 웃음이

배가되는 티셔츠를 만드는 프로젝트가 아니었다. 심플하고 웨어러블한 실루엣과 재미있는 디테일은 카이Kye 디자이너 계한희의 손길에서 탄생했다. 여기에 말 그대로 술술 읽히는 문구는 배달의민족 폰트의 근본 그대로, 거리의 글자를 채집한 결과였다. 삐뚤빼뚤 공들여서 어설프게 쓴 한나체를 '패션'으로 만들기 위해 디자인과 품질에 신경 썼고, 이를 선보인 무대 역시 런웨이로서 본분에 충실했다. 그렇다면 왜 패션인가? 이 질문에는 정정이 필요하다. 배달의민족이 선보이고자 한 것은 패션이 아니었기 때문이다. 쇼가 끝난 뒤 김봉진은 자신을 향한 카메라에 대고 사람 좋은 얼굴로 "한글을 더 자주, 재미있게, 많이 썼으면 좋겠습니다."라는 말을 남긴 채 총총 사라졌다.

"기대지 마시오"라고 적힌 상의와 "뛰지 마시오"라고 적힌 하의. 서울의 이스트 피스 마켓(aka 동대문평화시장)에서 흔히 볼 수 있는 캐주얼하면서도 웨어러블한 스타일에 파격적으로 시스루 소재를 사용해 섹시한 균형을 이뤄냈다.

한글을 (예술로) 쓰자

2016년 10월 한글 창제 570돌을 맞아 세종문화회관 중앙 계단에는 "우리가 어떤 민족입니까"라는 문장과 함께 세종대왕의 위풍당당한 모습이 펼쳐졌다. 프랑스 예술가 베르나르 프라Bernard Pras의 작품이다. 그는 주변에서 쉽게 볼 수 있는 버려진 물건, 재활용품으로 명화나 유명 인물을 형상화하는 것으로 유명하다. 멀리서 보면 분명 한글을 창제한 세종대왕이 맞지만 가까이에서 보면 온갖 잡다한 일상용품이 어지럽게 널브러진 희한한 광경이 펼쳐진다. 세종대왕의 얼굴, 그중에서도 근엄함이 두드러지는 하관에 위치한 키(쭉정이나 티끌을 골라내는 그 도구 맞다.)와 환한 이마를 표현한 요구르트병을 비롯해 국자, 효자손, 찌그러진 냄비와 고장 난 키보드까지 모두 진짜 사소한 것들이다. 사람들은 "자세히 보아야 아트다 너도 그렇다"라고 쓰인 망원경을 통해 쓸모없는 물건, 잠시 사용하다가 버리는 덧없는 물건의 실체를 하나하나 확인할 수 있었다. 그리고 "이번 작품을 통해 관람자들이 자신만의 상상의 세계의 문을 열기를 바란다."라는 베르나르 프라의 바람대로 한글과 세종대왕을 새로운 눈으로 바라보게 되었다. "동서의 많은 왕들이 전쟁을 생각할 때 백성을 위해 문자를 생각했다는 점이 흥미로웠다."라는 작가의 메시지에서 그동안 당연하게 누렸던 한글에 새삼 감사함을 느낀다.

가독성은 '얼마나 그것에 익숙한가?'에 달렸다. 얼핏 보기에 한나체와 비슷한 "우리가 어떤 민족입니까"라는 문장은 고장 난 리모컨으로 만든 것이다.

여덟. 휴머니스트가 되자

배달의민족 폰트 시리즈는 인간적 면모가 다분하다.
한나체, 주아체, 도현체에서는 오래된 간판에서 접할 수 있는
옛 장인의 손맛이 느껴지고, 연성체와 기랑해랑체는 마음과
정성을 꼭꼭 담은 손 글씨의 속성이 있다. 3년 동안 진행한
을지로체 시리즈에는 도시와 그곳 사람들이 오래 기억되길
바라는 마음을 담았으며, 글림체에는 아기자기한 캐릭터들의
몸짓을 표현해 놀기 좋아하는 인간의 원초적 욕망을 장난스럽게
드러냈다. 이렇게 배달의민족 폰트에는 어수룩한 인간미, 때로는
진중하고 사려 깊은 태도, 더없이 자유분방한 모습까지 두루
담겨 있다. 일상에서 사람 냄새 풍기는 것에 주목해 만들었기
때문인지 글귀 역시 인정으로 가득하다. 사내 곳곳에서 보이는
한나체로 쓴 메시지는 때때로 일하는 사람들의 마음을 푸근하게
하고, "너에게 밥을 보낸다" 같은 카피라이팅 또한 직접적으로
마음을 건네는 느낌을 준다. 배달의민족이 사용하는 언어에서
느껴지는 이런 휴머니티는 브랜드 지향점이 사람에게 있다는
것을 나타낸다. 세련되고 군더더기 없는 디자인이나 빠르고
정확하기만 한 서비스에서는 찾아보기 어려운 감수성이다.
거창한 식사보다는 그때그때 먹고 싶은 걸 먹는 게 일상의
풍요로움이자 행복이라는 것을 알려주는, 배달의민족 폰트가
지닌 뜨뜻한 맥락이다.

2017년 서울디자인페스티벌에서 배달의민족은 한나체, 주아체, 도현체, 연성체,
기랑해랑체를 살아 있는 인격체로 소환해 각 폰트를 소개하고 '인간 지능' 커뮤니케이션이
이뤄지는 소통의 장을 마련했다. 관객이 말을 걸면 각 폰트의 이름이 적힌 샤워 가운을 입은
스태프들이 응답하는 식이었다. 당시는 인공지능 스피커가 화두였는데, 배달의민족은
기계와의 대화가 시작된 이 무렵 '마음의 허기가 진 사람들에게 필요한 것은 사람과의
대화가 아닐까?'라는 진중한 생각을 유쾌하게 구현했다.

2021년에 배민 선물하기 서비스를 출시하며 공개한 영상. 안부와 감사, 화해와 응원의
마음을 전하는 휴먼 드라마를 TV 광고에 실어 보냈다. 가슴 한편이 찡해지는 영상이
이어지다가 말미에 국밥 한 사발을 대차게 쏘아 올리는 장면으로 배민다움을 드러냈다.
밥 먹었냐는 말로 안부를 묻는 우리네 정서와도 잘 맞는다.

우아한형제들 사무실에서는 곳곳에서 한나체가 말을 건다. 이는 격식을 걷어내고 유쾌하고 안락한 분위기에서 자율적으로 일할 수 있는 분위기를 만들어준다. 서로 존중하고 배려하는 조직 문화를 얼마나 중요하게 여기는지 알 수 있는 대목이다.

우아한형제들은 새로 입사한 직원을 이렇게 축하한다. 글림체는 이럴 때 쓰라고 있는 것
같다. 발랄함, 천진난만, 해맑음을 가득 담은 글림체의 표정 덕분에 입사의 기쁨이 더욱 크게
느껴질 것이다. 이렇게 건네는 축하, 이렇게 시작되는 사소한 잡담은 조직에서 유대감과
신뢰를 쌓는 씨앗이 된다. "일하는 과정에서 즐거움과 소소한 행복을 느끼는 기업 문화가
좋은 제품을 만드는 것만큼이나 중요합니다."라고 말한 김봉진은 이런 잡담을 커뮤니티와
팀워크를 위한 잠재력으로 중요하게 여겼다.

구성원들의 자녀 이름을 붙인 회의실. 그 이름의 주인공들이 직접 쓴 손 글씨로 만든
사이니지다. 임직원의 자녀 이름으로 폰트 이름을 짓는 문화를 회의실에도 이어갔다. 가족을
가장 중요하게 여기는 김봉진에게 임직원이 회사에서 일하면서 가족을 많이 떠올리길
바라는 마음이 있었기 때문이다. 우아한형제들의 조직 철학을 정리한 '송파구에서 일을
잘하는 법'에 가족에게 부끄러운 짓은 하지 말자는 내용을 추가한 것도 같은 맥락이다.

아홉. 전시도 해볼까?

2019년 10월 배달의민족은 을지로에 위치한 갤러리 N/A에서 〈배달의민족 을지로체-도시와 글자〉전을 열며 여덟 번째 폰트인 을지로체를 선보였다. 이전과는 달리 전시회를 통해 폰트를 공개한 까닭은 을지로체의 디자인이나 기능보다는 만드는 과정에서 발굴한 이야기들이 아주 의미 있고 특별했기 때문이다. 그리고 이 서사를 잘 전달한다면 자연스럽게 을지로체의 매력과 을지로의 가치를 모두 알릴 수 있을 것이라는 판단에서였다. 13일 동안 열린 이 전시는 3000개가 넘는 인스타그램 게시물과 후기, 감상으로 이어졌다.(286쪽에 기고한 언어학자 로버트 파우저의 감상을 참고하면 좋다.) 이후 을지로10년후체, 을지로오래오래체를 공개할 때도 을지로라는 공간과 사람, 그 속의 문화를 조명하는 다양한 전시 형태로 선보였다.

을지로체 시리즈의 시작을 알린 첫 전시 〈배달의민족 을지로체-도시와 글자〉.

〈배달의민족 을지로체-도시와 글자〉(2019)

〈배달의민족 을지로체-도시와 글자〉 포스터.

〈어이, 주물씨 왜, 목형씨〉(2020)

세종문화회관에서 열린, 을지로 장인들의 일터를 기록한 사진전. 폴 매카트니 전속
사진가로 유명한 MJ KIM(김명중)과 협업했다. VR, 영상 매체를 이용해 을지로의 생생한
현장을 실감 나게 체험할 수 있도록 했다.

사진가 MJ KIM이 기록한 을지로 장인들의 모습. 대형 필름 카메라로 찍어 질감을 잘 살렸다.

〈을지로입구 99번출구〉(2021)

을지로오래오래체를 공개하며 선보인 온라인 전시로, 8개의 문을 열고 들어가면 각기 다른 참여형 콘텐츠를 접할 수 있도록 했다.

열. 가지고 놀면 좋아요

오락실인 줄 알았는데 체험장이라고 한다. 2018 서울디자인페스티벌에서 배달의민족은 당시 새롭게 출시한 한나체 프로를 써볼 수 있는 대규모 오락실, 아니 체험장을 만들었다. '치킨'을 타이핑하는 과정 중 '칰'에서는 닭 다리가, '케이크'의 '잌'에서는 케이크가 나왔다가 사라지는 이 재미있는 폰트를 직접 경험해 보려고 사람들은 기꺼이 키보드를 두드렸다. 삼삼오오 모인 사람들 사이로 여기저기서 웃음이 터져 나왔다. 1990년대에 한컴 타자 연습 '베네치아'가 주었던 즐거움과 짜릿함이란 수십 년이 지나도 퇴색되지 않을 만큼 원초적인 것에 가까운 모양이다. 4년 뒤에는 아예 글자를 가지고 놀 수 있는 놀이터를 만들었다. 배달이친구들 캐릭터로 그림글자 글림체를 제작하고 웹사이트에 이를 써볼 수 있는 '글림체 놀이터'를 마련한 것이다. 마음에 드는 그림의 자소를 하나하나 끌어다가 조합해 원하는 글자를 만드는 이 단순한 놀이는 '어떻게 해야 고객과 잘 놀 수 있을까?'를 고민하는 배달의민족다운 결과물이었다. 한국의 신문사가 주최하는 신춘문예와 배달의민족이 주최하는 배민신춘문예의 차이를 생각하면 더 이해하기 쉽다. 이들에게 글자란 그래픽 디자이너뿐 아니라 모두가 가지고 놀기 좋은 도구다.

2018 서울디자인페스티벌.

글림체 놀이터.

열하나. 외국에서도 잘 쓰자

2019년 배달의민족이 베트남에 진출하면서 맨 먼저 전용 폰트를 만들고 이를 활용한 마케팅을 펼쳤다는 사실은 꾸준함을 넘어 집념, 광기를 보여준다. 한국인은 '배달의 민족'이니까 배달의민족이 하는 일련의 활동을 웃음과 위트로 받아들이며 신명 나게 함께 노는 소통이 가능했다. 하지만 베트남에서도 과연 이 방식이 통할까? 결론부터 말하면, 그렇다. 다만 베트남 현지에 맞춤화한 전략이 필요했다. 배달의민족 고유의 기업 문화와 한국의 브랜딩 방정식을 따르되, 이를 구현하는 방식에서는 베트남의 관습과 문화, 사회적 분위기에 대한 충분한 이해를 바탕으로 했다. 이는 길거리에서 상인들이 반미 같은 음식을 팔 때 외치는 문구를 패러디한 론칭 캠페인 "따끈하고 바삭한 배민이 왔어요!"에서 잘 드러난다. 베트남 라이더들의 유니폼, 가방에 적혀 있는 "뜨겁습니다, 지나갈게요" 같은 문구 역시 실제 식당에서 음식을 나를 때 많이 쓰는 말로, 사람들로 하여금 배민에 내적 친밀감을 갖게 하는 데 큰 역할을 했다.

본격적인 마케팅에서는 브랜드 사용자의 타깃을 분명히 한 것이 효과적이었다. 베트남에선 배달 주문을 하는 사람이 주로 2030 여성이기 때문에 이들이 재미있어하고 흥미를 가질 만한 제품에 집중한 것이다. 이에 햇빛에 노출되는 것을 극도로 꺼리는 베트남 여성들을 위해 '닌자 키트'를 제작해 오토바이를 타고 다닐 때 노출을 최소화할 수 있도록 했다. 또 가장 큰 명절인 설날에 사용하는 봉투에 "남자친구 있냐고 묻지 마"라는 문구를 적어 판매하기도 했다. 그 결과 베트남 내에서 효과적인 이미지

상승은 물론, 언제 어디서나 다니엘체만 봐도 배민임을 알게 되었다.

한편 이 모든 브랜딩·마케팅 활동에는 현지의 든든한 파트너가 있었다. 전용 폰트인 다니엘체 제작부터 거의 모든 프로젝트를 함께한 라이스 스튜디오로, 이들은 베트남 쌀을 가지고 한국의 밥맛을 기가 막히게 재현해 냈다. 실제로 배달의민족의 기업 문화를 체득하기 위해 한국을 방문해 3박 4일간 하드 트레이닝을 하며 폰트와 언어유희로 신명 나게 노는 법을 익힌 결과다.

베트남 배민문방구 제품.

베트남 전통의 3단 도시락. 각 칸마다
'밥' '아직' '먹다' 등의 단어가 적혀 있어
조합하는 방식에 따라 '밥 먹었어' '아직
안 먹은 밥' '밥 아직 안 먹었어' 등 각기
다른 의미의 문장을 만들 수 있다.

배민 라이더 유니폼. 어쩐지 입어보고 싶다.

베트남에서 진행한 배민 론칭 캠페인. 따끈하고 바삭한 '반미'가 아니라 '배민'이 왔다.

열둘. 협업을 하자

이종 브랜드의 컬래버레이션은 프로모션 비용을 절약하며
브랜드의 매력과 인지도를 높이는 좋은 마케팅 수단이다.
배달의민족 역시 다양한 브랜드와의 협업으로 화제를 불러 모았다.
현대카드, 세븐일레븐, 락앤락부터 한아조 같은 스몰 브랜드,
심지어 장기하와 얼굴들까지 협업 브랜드는 다종다양하다.
이렇게 다양한 컬래버레이션에서 일관성을 유지하는 비결은 역시
한나체! 패키지 전면에 특유의 말투를 한나체로 적어 넣은 게
전부지만 배달의민족의 인상을 확실하게 전달한다. 잘 키운 한나체
하나만으로 얼마나 존재감 있는 이벤트를 만들 수 있는지를
보여주는 대목이다.

배달의민족 × 애경 씻고자자 선물 세트.

배달의민족 X 현대카드 플레잉 카드.

배달의민족 X 롬앤 립뷰이 에디션.

배달의민족 X 미니언즈 혼밥 식기.

배달의민족 X 장기하와 얼굴들 굿즈 세트.

배달의민족 X 세븐일레븐 컵커피.

배달의민족 X SPC삼립 ㅎㅎ호빵.

배달의민족 X 락앤락 용기가 필요해.

배달의민족 X 더부스 치믈리에일.

열셋. 폰트 이름을
자식 이름처럼 귀하게 짓자

한나체, 주아체, 도현체, 연성체, 기랑해랑체의 공통점은
모두 누군가의 딸, 아들 이름이라는 것이다. 김봉진 창업자는
자신의 두 딸 한나, 주아의 이름을 따서 폰트 이름을 지은 데 이어
도현체부터는 제비뽑기로 선정한 배달의민족 구성원의 자녀
이름을 붙였다. 이처럼 '사람 냄새 물씬 나는' 방식은 구성원들에게
주인의식을 부여할 뿐 아니라, 폰트에 하나의 스토리텔링이
더해져 효과적인 마케팅으로 이어졌다. 그리고 무엇보다 6명의
어린이에게 인생에 길이 남을 커다란 선물이 되었다.

김한나(19세, 대학생)

"내 이름을 딴 글씨가 있다는 게 신기했어요. 처음 보는
형태의 낯선 느낌이 신선했고요. 나중에 동생 이름이 붙은
주아체가 나왔을 땐 어린 마음에 주아체가 더 귀엽다고
생각했죠.(웃음) 물론 저는 한나체를 가장 좋아합니다. 현재
대학에서 디자인을 공부하는데 한나체를 이용해 포스터를
만들기도 했어요. 마치 자화상을 그리는 듯한 느낌으로 작업했죠.
실제로 한나체를 계속 들여다보면 저와 닮은 것 같기도 해요.
시간이 지날수록 제가 한나체를 닮아가는 것 같달까요. 각기 다른
굵기에 자유분방하지만, 깔끔하게 정돈된 느낌도 주는 아주
매력적인 폰트라고 생각합니다."

김주아(14세, 중학생)

"초등학생 때 아버지가 알려주셔서 주아체가 있다는 걸 알게 됐어요. 폰트가 귀엽기도 하고 제 이름을 딴 폰트가 있다는 게 신기해서 친구들에게 많이 자랑했어요. 둥글둥글하고 귀여운 모습이 저를 안 닮은 것처럼 보이지만, 가끔씩은 부모님께 애교를 많이 부리거든요. 그래서 부모님이 바라보는 저를 표현한 것 같기도 하네요. 많은 시간을 들여 만든 폰트인 만큼 마음에 들고 지금까지도 잘 쓰고 있어요."

김도현(10세, 초등학생)

"내 이름이 붙은 폰트가 있고, 사람들이 그 폰트를 많이 쓴다는 것이 자랑스러워요. 친한 친구들과 선생님에게 이 사실을 말했더니 다들 놀라고 부러워했어요. 도현체는 강하고 든든한 느낌을 주는 멋진 폰트라고 생각합니다."

조연성(19세, 대학생)

"초등학교 5학년 때 연성체가 나왔어요. 당시 SNS에 이 소식을 알려서 주변에서 '와, 그렇구나!' 하는 반응이 있었지만, 사실 지금은 연성체와 저를 연결 짓는 사람이 없습니다. 그럼에도 여전히 저는 자부심을 느끼고요. 연성체는 진지한 사람이 슬쩍 던지는 위트 같다고 할까요. 항상 같이 다니는 친구에게 말장난하는 느낌으로, 편하게 사용할 수 있는 폰트여서 좋아요."

임기랑(12세, 초등학생)

"기랑해랑체를 보면 순수한 어린애가 말괄량이 행동을
하는 것 같은 느낌이 들어요. 완전 장난꾸러기처럼. 보고 있으면
괜히 제가 어려지는 것 같아요. 방송에서 기랑해랑체를 발견하면
마치 제가 유명해진 것 같고요. 제 이름으로 된 폰트가 있다는 게
너무 뿌듯해서 친구들한테 자랑하고 싶어요."

임준현(전 우아한형제들 영업지원팀 팀장, 기랑·해랑 아버지)

"해랑이가 아직 아홉 살이라 어려서 아버지인 제 생각을
대신 전합니다. 일단 다른 배달의민족 폰트와 달리 남매 이름이
모두 들어간 폰트라 더 의미 있다고 생각하는데요. (엘리베이터
안에서 '형제 이름을 모두 쓰면 어떨까요?'라는 제 사심 가득한
의견을 드렸을 때 허락해 주신 봉 대표님 감사합니다!) 기랑이와
해랑이 둘 다 워낙 개구쟁이인데 폰트 디자인에 아이들 성격이
잘 녹아든 것 같습니다. 또 최근 저의 영웅, 전 국가대표 선수
박지성이 출연한 〈맨인유럽〉이라는 프로그램 메인 타이틀에
기랑해랑체를 사용한 것을 보고는 눈물이 날 정도로 기뻤습니다.
서점, 도로, 매체 등 일상 어디서든 기랑해랑체 폰트를 보면
제 아이들이 여기저기서 튀어나오는 것 같아 흐뭇합니다.(제가
기러기 아빠라서……. TMI.)"

제2장

배달의민족 폰트 사용법

외부 편

하나. 대학생도 쓰네

배달의민족 폰트를 잘 활용한 외부 사례가 있느냐는 질문에 김봉진과 한명수, 마케터들이 공통적으로 뽑은 집단이 있다. 바로 대학생! 초기 서비스 타깃으로 삼았던 조직의 막내들에 가장 가까운 그룹이라 할 수 있다. 그래서 요즘 대학생들은 어떻게 사용하는지 직접 물었다.

간단한 자기소개 부탁드립니다.

현재 홍익대학교 시각디자인과에 재학 중인 임찬주입니다. 폰트 관련 인터뷰라니, 두근두근 설레는 마음이 앞섭니다.

배달의민족 폰트를 봤을 때 첫인상이 어땠나요?

한나체와 주아체 모두 중고등학생 시절부터 자주 접했습니다. 주로 선생님이 나눠주는 유인물, 친구들의 발표 자료, 동아리 홍보문, 각종 대회 안내문에서 봤어요. 특히 주아체는 처음엔 배달의민족 폰트라는 걸 몰랐는데 '깔끔하고, 친근하고, 눈에 띈다.'라는 인상을 받았습니다. 수행평가 발표 자료를 만들 때, 어렵거나 딱딱한 내용에 주아체를 쓰면 마법처럼 친근하게 바뀌던 순간을 아직도 기억합니다. 예를 들어 『헌법의 이해』를 일반 명조체로 작성하는 것과 주아체로 작성하는 것의 차이를 생각하면 이해하기 쉬울 것 같아요. 바탕체로 작성한 『헌법의

이해』라……. 발표 도입부부터 친구들이 어려워하는 표정이
상상됩니다. 엄숙하고, 진지하고, 어렵고, 무표정이고, 무채색이죠.
하지만 이를 주아체로 바꾼다면 글자에서부터 활기가 느껴진다고
할까요. 색으로 비유하자면 비비드에 흰색을 10% 정도 추가한
브라이트 톤같이 친근한 인상을 자아냅니다.

배달의민족 폰트를 직접 사용한 경험이 있다면 소개해 주세요.
1학년 때 컴퓨터 그래픽스 입문 수업에서 간단한 소과제로
카드 뉴스 형식의 안내문을 만들어야 했는데, 거기에 주아체를
썼습니다. '초등학생을 대상으로 한 상담 교실 안내문'이었기
때문에 알록달록한 색, 둥글고 귀여운 모양과 주아체가 잘
어울린다고 생각했어요. 정보 전달 기능에 충실하기보다는
하나의 동그란 스티커 같은 이미지를 자아내길 바랐는데요.
교수님으로부터 전달하고자 하는 목적과 이미지가 잘 어울린다는
평을 들었고 만점을 받았습니다. 소과제였기에 채점 방식이
엄격한 편은 아니었지만요.

사용한 폰트에 대한 교수님의 피드백은 없었나요?
기본적인 툴 사용법을 익히는 과제였기 때문에 폰트에 대한
직접적인 언급은 없었습니다. 그러나 타이포그래피 과목을
가르치는 교수님들은 대체로 배달의민족 폰트를 선호하지 않는
편입니다. 서체의 조형적 완성도를 이유로 들기도 하고, 폰트
자체의 인상이 매우 강하기 때문에 작업물과 어울리기 힘들다는
피드백을 하는 분도 있습니다. 그러나 또 다른 교수님께서는
'이런 관념을 깨는 순간을 경험해 보길 바란다.'라고 덧붙이기도
했습니다.

같은 과 친구들도 배달의민족 폰트를 자주 사용하나요?

같은 과 동기들도 배달의민족 폰트에 관심이 아주 많습니다. 이번 타이포잔치 2023에도 다 같이 가서 배민의 〈백수백복도〉 전시를 보고 '만복' 부적도 받았어요! 서울국제도서전에서도 전시가 열렸는데, 한글이 있는 곳이면 어디에나 있는 것 같아서 '아, 진짜 진심이구나.' 하고 놀랐던 기억이 있습니다. 폰트 인상 자체가 워낙 강하기 때문에 저나 친구들 모두 개인 작업을 할 때는 잘 사용하지 않지만 대중적인 작업을 할 때는 애용합니다. 특히 안내문, 어린이·청소년 분야 홍보물같이 친근하게 다가가야 할 때 많이 씁니다. 워낙 널리 알려진 폰트이다 보니 심혈을 기울여 색다른 폰트를 찾다가도 결국 대중성을 고려해 배달의민족 폰트를 선택하는 경우가 많은 것 같아요.

개인적으로 배달의민족 폰트 중에서 가장 좋아하는 게 있다면 무엇인가요?

타이포잔치 때 본 글림체입니다. 아직 제대로 사용해 보지도 않았는데 어떻게 좋아하게 됐는지 설명해 드리겠습니다. 전공 과목 중 타이포그래피 수업에서 레터링 과제가 있었는데 교수님께서 '직접적인 형태를 활용한 레터링은 피하라.'라고 말씀하셨어요. 예를 들면 '사람'이라는 글자를 레터링할 때, 사람의 형태를 직접 드러내는 것보다 자연스럽게 연상되도록 만드는 것이 더 나은 방향이라는 거죠. 저 역시 동의하며 최대한 그 가르침을 따르기 위해 애썼는데, 글림체를 보는 순간 생각이 바뀌었습니다. 형태를 직접적으로 나타내면서도 이렇게 다채롭고 재미있게, 또 아름답게 글자를 표현할 수 있다니! '좋은 디자인'에 대한 기준이 전복되는 충격적인 순간이었습니다. 그동안 타이포그래피 과제를 하면서 정제와 예민함과 단순화에 목을 맸는데 글림체를 보는 순간 모든 긴장이 탁 풀리면서 '와! 글자가 이렇게 재밌는 것이었구나.' '맞아, 레터링은 나한테 원래 이런 느낌이었지.'라는 생각이 들었습니다. 어릴 적에 한글을 크게 쓴 다음 표정을 그려 넣고 동물도 그리며 자유롭게 가지고 놀던 때가 떠올랐어요.

배달의민족 폰트에 관해 하고 싶은 말이 있다면 자유롭게 해보세요.
배달의민족이 한글에 진심인 것을 언제나 느낍니다. 특히 무료로 배포해 더 많은 사람이 쉽고 재미있게 타이포그래피를 즐길 수 있게 해줘서 늘 감사합니다. 굳이 폰트를 전문적으로 알지 못해도, 말 그대로 할머니부터 아이까지 모두가 사용할 수 있는 폰트라는 점이 저는 정말 좋아요. (인터뷰라서 좋게 말하는 것이 아니라, 제가 하는 말 모두 진심이에요. 진짜로요!) 다만 배달의민족 하면 떠오르는 것이 주문 배달 앱인데, 왜 배달의민족이 폰트 디자인을 하는지에 대한 이유도 더욱 널리 알려졌으면 좋겠습니다.

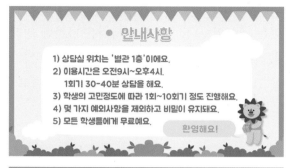

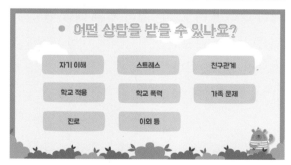

시각 디자인을 전공하는 임찬주 대학생의 과제. 1학년 컴퓨터
그래픽스 입문 수업을 듣던 당시 주아체를 적용해 만들었다.

둘. 작은 기업도 쓰네

  배달의민족 폰트는 영리적이든 비영리적이든 목적에
관계없이 개인과 기업 모두 자유롭게 변형해 사용할 수 있다.
따라서 한 기업의 시각적 정체성을 나타내는 아이덴티티로도
활용 가능하다. 어린왕자의작은별여행사(이하 작은별여행사)
BI에 한나체를 쓴 것 역시 놀라운 일은 아니다. 앱솔루트
보드카가 로고에 푸투라를 쓰고 꼼데가르송이 헬베티카를
쓴 것과 같은 이치랄까. 한마디로 쓸 만하니까, 브랜드와
잘 어울리니까 썼을 거란 얘기다. 그럼에도 작은별여행사
웹사이트에서 '어른들의 우아한 여행'이라는 브랜드 슬로건을
발견하는 순간, 우아한형제들과 어떤 연관성이 있는 것은 아닐까
하는 강렬한 의구심에 사로잡혔다. 일단 브랜드 아이덴티티에
한나체를 사용한 배경부터 알아보기로 하고 작은별여행사의
대표 계정으로 메일을 보냈다.

[배달의민족 폰트 단행본] 취재 문의드립니다.

2023년 10월 5일(목) 오후 3:06

보낸 사람 밥 벌어주는 폰트 에디터
받는 사람 작은별여행사

안녕하세요?
저는 배달의민족의 폰트 단행본을 제작하고 있는 OOO라고 합니다.

현재 배달의민족에서는 2012년 한나체부터 2022년 글림체까지
배달의민족이 개발한 모든 폰트를 총망라하는 단행본을 기획하고 있습니다.
배달의민족이 무료 배포한 모든 폰트의 개발 과정부터 이를 통한 브랜드
아이덴티티 확립, 브랜딩과 마케팅으로의 확장까지 지난 10년간의 여정을
한 권의 책으로 펴낼 예정입니다. 단순한 기업 전용 폰트를 넘어 브랜드
특유의 감수성과 시각 문화를 만들어내고, 이를 소비자에게 각광받는
하나의 문화 현상으로 승화시킨 배달의민족 폰트가 갖는 의미와 의의를 담은
책이라고 할 수 있습니다.

이에 배달의민족 폰트를 사용한 외부 사례로 작은별여행사를 소개하고
싶어 이렇게 연락드립니다. 가능하다면 작은별여행사의 로고와 홈페이지에
배달의민족 폰트를 사용한 배경과 효과 등에 대한 이야기를 들어보고
싶은데요. 대표님 혹은 홍보 담당자를 직접 만나뵙거나 서면을 통해 진행해도
좋으니 검토해보시고 연락 주시기 바랍니다.

그럼 확인 부탁드리겠습니다.
감사합니다.

OOO 드림

RE: [배달의민족 폰트 단행본] 취재 문의드립니다.

2023년 10월 5일(목) 오후 6:38

보낸 사람 작은별여행사
받는 사람 밥 벌어주는 폰트 에디터

안녕하세요? ○○○님.
작은별여행사 대표 한동철입니다.

배달의민족 폰트에 관한 이야기를 책으로 낸다니 기대가 됩니다.
저희 같은 작은 기업의 이야기도 듣고자 연락해주셔서 감사합니다.
2012년 여행사 창업을 준비하던 중에 상호를 가지고 몇 달을 고민하고, 저희
회사 이름에 맞는 폰트를 찾다가 배달의민족의 한나체를 발견했습니다.
배달의민족 대표의 큰딸 이름을 따서 만들었다는 폰트 스토리에 일단 호감이
갔고, 무엇보다 무료로 이용할 수 있어 주저 없이 사용했습니다.
아울러 저희 여행사 타깃층인 어른들(노년층)이 어릴 적 친숙하게 봤을
복고풍·레트로 감성이 담겨 있고 브랜드의 캐릭터인 어린 왕자와도 잘
어울린다고 생각했습니다. 그게 벌써 10년이 넘었고 그사이 많은 폰트가
시장에 나왔지만 아직도 저희 이름과 가장 잘 어울리는 폰트라고 생각합니다.
저희는 로고 외에도 여러 곳에 주아체, 도현체, 을지로체 등을 사용합니다.
배달의민족 폰트는 옛 감성을 떠오르게 하고, 여행이 가져다주는 상상과
설렘을 글씨에 담을 수 있다는 점에서 좋은 선택이었다고 생각합니다.

세월이 흐르다 보니 이렇게 배민으로부터 연락도 받아보네요.
근데 저희 여행사는 어떻게 아시고 연락을 주셨을까요?
저는 이게 궁금합니다.^^

아무튼 배달의민족 폰트에 관한 이야기를 책자로 낸다니
그간 쌓인 스토리가 잘 담겨 나오길 바라며 유의미한 성과가 있길
기원합니다.
연락 주셔서 감사합니다.

작은별여행사 대표
한동철 올림

RE: RE: [배달의민족 폰트 단행본] 취재 문의드립니다.

2023년 10월 6일(금) 오후 12:21

보낸 사람   밥 벌어주는 폰트 에디터
받는 사람   작은별여행사

대표님 안녕하세요?
반가운 메일 잘 받았습니다. 여러모로 바쁘실 텐데 답장 주셔서 감사합니다.
작은별여행사는 배달의민족에서 배포한 폰트를 사용한 외부 사례를 꾸준히
모으다가 알게 되었습니다.
배달의민족에서 추천한 사례라고 생각해주시면 좋겠습니다.
답장 주신 내용 외에 몇 가지 더 질문을 드리고 싶은데요.
편하신 시간을 말씀해주시면 맞춰서 찾아뵙겠습니다.

감사합니다.
OOO 드림

RE: RE: RE: [배달의민족 폰트 단행본] 취재 문의드립니다.

2023년 10월 6일(목) 오후 10:23

보낸 사람   작은별여행사
받는 사람   밥 벌어주는 폰트 에디터

내일 사무실 이사하는 문제로 바빠서 이제야 메일을 보았습니다.
폰으로 메일을 드리는 점 양해 바랍니다.
12일 오전 또는 13일에 가능합니다.
찾아오시는 길은 역삼동 OOO-OO, 1층 작은별여행사입니다.
회신해주시면 일정 잡아놓겠습니다
감사합니다.

한동철 올림

2023년 10월 12일 목요일 오전 한동철 대표를 만나 약 30분간 이야기를 나누었다. 결론적으로 작은별여행사는 우아한형제들과는 아무런 관련이 없는 것으로 밝혀졌다. 심지어 '어른들을 위한 우아한 여행'이라는 슬로건은 《어린 왕자》에서 모티프를 얻은 것이라고 한다. 하지만 작은별여행사가 배달의민족 폰트를 사용하는 방식은 정석 그 자체였다. 상황이 여의치 않은 소규모 창업자들이 비용에 대한 부담 없이 자유롭게 폰트를 썼으면 좋겠다는 김봉진 창업자의 바람대로 사용한 맞춤 사례와도 같다. 로고에는 한나체를 썼지만, 부드러운 감성적 소통이 필요할 땐 주아체를, 정보 전달이 중요할 땐 도현체를 사용하며 나름의 분류와 체계도 갖추었다. 무엇보다 이 모든 디자인은 디자인 전공자가 아닌 한동철 대표의 머리와 손에서 시작되었다는 점에서 폰트의 뿌리가 된 버내큘러 디자인의 속성도 발견할 수 있었다.

한나체를 적용한
어린왕자의작은별여행사 로고.

셋. 책에도 쓰네

에릭 와이너Eric Weiner의 『행복의 지도』를 소개하는 여러 문구 중 가장 적합한 표현은 "어처구니없는 유머"가 아닐까 싶다. 이 책의 주인공이자 저자인 에릭 와이너는 《뉴욕 타임스》 기자 출신으로 '지상에서 가장 행복한 곳'을 찾겠다며 세계 여러 도시를 방랑한다. 행복을 찾는 내내 투덜거리며 온갖 불평불만을 늘어놓는 그의 여정을 따라가다 보면 차라리 불행을 택하고 싶은 마음이 간절해지지만 결국 우리 모두는 깨닫고 만다. 행복에 이르는 길은 하나가 아니라는 것을!

이 책의 표지에는 마치 평행 이론처럼 배달의민족 폰트 중 가장 '어처구니없는 디자인'으로 손꼽히는 기랑해랑체를 썼다. 책 내용과 폰트가 마치 하나의 운명을 지닌 듯 소름 돋게 일치하는 패턴으로 전개된 것이다. 또박또박 잘 쓰고 싶었지만 걷잡을 수 없이 커져버린 이응으로 망했다고 느끼는 순간 새로운 우주가 탄생한 것처럼, 책 속의 행복 역시 불행의 한가운데서 느닷없이 고개를 내민다. 물론 이 책을 디자인한 양진규 디자이너가 이러한 상관관계까지 염두에 둔 것은 아니었다. 그는 표지에 기랑해랑체를 사용한 가장 큰 이유로 폰트 형태에서 느껴지는 자유로움을 꼽았다. 또 다른 후보였던 Rix랄라핸드, 산돌호요요 같은 폰트를 제치고 기랑해랑체를 선택한 데는 직접적이고 노골적인 자유로움이 가장 중요하게 작용한 셈이다. 행복을 '완벽함에서 오는 권태'라고 할 때 불행은 '불완전함에서 오는 짜릿함'으로 정의할 수 있지 않을까. 몇몇 디자이너는 디자인의 '맛'을 살리기 위해 기꺼이 이 불행을 택한다.

　　"주인공의 여정을 그린 표지의 일러스트레이션(에토프의 그림)과 잘 어울리는 폰트를 찾는 데 집중했습니다. 세리프나 산세리프의 정확하고 반듯한 느낌의 폰트보다는 자유분방하지만 가독성을 해치지 않는 폰트가 좋을 것 같았죠. 획 두께와 형태의 자유로움이 독보적인 기랑해랑체가 가장 적합할 것 같아서 살짝 변형해 사용했어요. 삐뚤빼뚤한 글자와 큰 이응의 특징이 책의 위트 있는 분위기, 통통 튀는 재미있는 내용과도 잘 어울린다고 생각합니다." 양진규 디자인[★]규 대표의 말이다.

에릭 와이너의 『행복의 지도』 표지.

우리는 삐뚤빼뚤하고 어설픈 형태의 한나체를 자기 계발서나 학습서의 표지 제목으로
쓰는 현상에 주목할 필요가 있다. 보다시피 경제서, 토익 이론서, 띄어쓰기와 맞춤법
같은 전문가 영역의 각종 서적에 한나체가 보란 듯이 자리해 있다. 이는 공부하기도,
책을 펴기도 싫은 독자들을 위한 출판사의 배려이자 이 책과 함께라면 쉽고 재미있게
공부할 수 있으리라는 희망을 주기 위한 미끼다. 한편 지콜론북에서 펴낸 진선태의
『일상의 디자인』은 얼핏 봤을 때 우아한형제들에서 나온 책으로 착각할 만큼
배달의민족의 룩 앤드 필을 완벽히 재현했다. 이는 책 내용에서 비롯한 형식으로
제목과 같이 '일상의 디자인'을 나타내는 데 배달의민족의 이미지가 대표성을 갖고
있음을 방증한다. 실제로 이 책은 배달의민족 폰트의 바탕이 된 버내큘러 디자인을
다루기도 한다.

넷. 아니, 여기에도 쓴다고?

세상에 무료로 뿌려진 배달의민족 폰트들은 삶을 위한 디자인, 자생하는 생태계적 디자인 영역의 구석구석을 휘젓고 다니며 활개 쳤다. 이 폰트들이 어디로 어떻게 흘러가서 무엇에 쓰일지는 폰트를 직접 만든 디자이너조차 알 수 없는 일이었다. 이에 한명수는 최악의 상황에 대비한 모의 훈련을 실시하며 디자이너들의 멘털 관리에 특별히 신경 썼다. 대부분의 훈련은 완성된 폰트 샘플을 만들 때 이루어졌다. 예를 들어 기랑해랑체가 완성됐을 때 디자이너들에게 이 폰트를 사용해 크게 빨간색으로 "OOO 시장은 물러가라!" "재건축 시행하라!"라고 써보길 주문했다. 분명히 어느 낡은 아파트 담벼락에서 기랑해랑체와 조우하는 순간이 올 것을 예상하고 실시한 훈련이었다. 이처럼 배달의민족 디자이너들(특히 폰트 제작에 참여했던)은 언제 어디서 어떻게 마주칠지 모르는 '내 새끼들'의 다양한 얼굴을 각오해야 한다. 대부 업체 광고에선 야비한 얼굴을, 포르노 사이트에선 낯부끄러운 얼굴을, 정당의 선전에선 뻔뻔한 얼굴을 하고 있을지도 모를 일이다. 물론 이런 최악의 상황보다는 기분 좋은 의외성, 정말 낯선 곳에서 만났을 때 반가움을 느끼는 경우가 훨씬 더 많다. 예를 들면 이미 고유한 전용 폰트가 있는 대기업이나 같은 배달 앱 서비스를 하는 경쟁사에서 썼을 때, 그리고 주님이 곧 오신다는 성스러운 메시지를 전할 때다.

경쟁사의 도발이었다. 하지만 류승룡 배우가 "경희야, 넌 먹을 때가 제일 이뻐"라고 말할 때, 마동석 배우가 "경희야, 그래서 넌 배달통이 답이거든"으로 화답하는 이 환상의 티키타카는 경쟁을 넘어선 화합을 이루었다. 실제로 배달통 광고는 소비자가 배달의민족 광고에 다시 주목하게 하는 효과를 발휘했다.

묘비명을 코믹 산스로 쓰면 이런 느낌일까?

다섯. 활동가도 쓰네

기랑해랑체는 에코, 비건, 생태에 관련된 키워드의
작업물에서 자주 발견된다. 불규칙한 조형이 유독 사랑스럽고,
손으로 정성껏 쓴 글자체의 느낌이 순박한 인상을 자아낸다는
이유에서일까. 'EDE 생태 전환을 위한 삶 디자인 교육 포스터'가
이런 특징을 잘 보여준다. 이는 전 세계 생태 마을 설립자들이
개발한 교육 프로그램으로 세계생태마을네트워크GEN와 가이아
에듀케이션Gaia Education, 그리고 유네스코가 공인한 수료 코스다.
그래픽 디자이너 김평강은 이 프로그램에 참여했던 기억을
바탕으로 포스터를 디자인했다. 참가자들과 나무 아래에서 춤춘
기억, 함께 작은 텃밭을 가꾼 기억, 빡빡한 공부 일정 속에서도
서로를 따뜻하게 챙기는 공동체를 경험한 기억, 그 숲에 원래
살고 있던 생명체까지 한 화면에 아기자기하게 담아냈다.

"기랑해랑체는 한글 자음과 모음의 모양이 자유로우면서
유기적으로 구성되었고, 마치 색종이를 가위로 잘라 만든 듯
친근하고 따뜻한 이미지를 줍니다. 시민 단체에서는 활동가와
기획자 들이 직접 홍보물을 디자인해야 하는 경우가 많아요.
이때 기랑해랑체의 시각적 특징과 무료 배포 폰트라는 장점
덕분에 환경, 생태 같은 사회운동 영역에서 선호하는 것
같습니다." 김평강 그래픽 디자이너의 말이다.

EDE 생태 전환을 위한 삶 디자인 교육 포스터.

여섯. 유튜버도 쓰네

굵직하고 개성 있는 배달의민족 폰트는 각종 카드 뉴스나 유튜브 영상의 섬네일, 자막, 로고타이프에 자주 사용한다. 콘텐츠 시대, 디스플레이 속 간판 글씨 같은 역할이랄까? 그중 눈에 띄는 것은 이영지, 안유진, 미미, 이은지가 출연하는 버라이어티 예능 프로그램 〈뿅뿅 지구오락실〉의 섬네일이다. 두 프로그램 모두 클립당 평균 100만 회가 넘는 높은 조회 수를 자랑하는데, 이러한 인기 프로그램에 배달의민족 폰트를 사용한 점은 꽤 고무적인 현상이 아닐 수 없다!

tvN에서 방영한 예능 프로그램 〈뿅뿅 지구오락실〉의 섬네일.
도현체가 화면의 약 50%를 차지한다. 기존 도현체를 세로로
늘이고 기울임과 외곽선 효과를 더했지만 배달의민족 키 컬러와
사뭇 비슷한 색 조합 때문인지 배달의민족이 연상되는 것을 막지
못했다.

일곱. 구성원도 쓰네

배달의민족 폰트에 대한 구성원들의 애정은 이미 유명하다. 김규림은 "입사 전부터 배달의민족 폰트에 애정이 많았어요. 당시에는 자유롭게 사용할 수 있는 무료 폰트가 많지 않아서 굉장히 기뻤죠. 플리마켓에 나가기 위해 취미로 했던 프로젝트나 각종 지원서, PPT, 영상 자막 등에 자주 사용했어요."라며 자신의 블로그에 남긴 코멘트를 보여주기도 했다. "김봉진 대표님, 배달의민족 한나체 너무 잘 쓰고 있어요."(그의 블로그 이미지 역시 한나체로 적은 '꿀로그'다.) 우아한형제들 마케터로 근무한 이승희는 2014년부터 퇴사한 지금까지도 주아체로 만든 인스타그램 프로필을 올려두고 있다. "주아체가 처음 나왔을 때 테스트 삼아 만들어본 프로필이었는데, 반응이 워낙 좋아서 그대로 두었어요. 다시 바꾸려고 한 적도 있었지만 '슝'이라는 글자가 주아체와 잘 어울리고 명시성이 강해 마음에 들더라고요. 주변 반응도 좋아서 2016년 연성체를 공개하던 당시, 한글날 이벤트로 사람들이 자신의 이름을 연성체로 적은 프로필 이미지를 만들 수 있도록 했어요." 이 이벤트는 이후 새로운 폰트를 출시할 때마다, 사람들이 자신의 SNS 프로필을 만들 수 있게끔 꾸준히 진행했다. 실제로 많은 사용자가 참여해 SNS 프로필을 업데이트했고, 당시 우아한형제들에 근무하던 구성원들의 참여율 또한 매우 높았다.

우아한형제들 출신 구성원들의 인스타그램 프로필
이미지. 재직, 퇴직에 상관없이 프로필 이미지를
유지하고 있다는 점이 꽤 흥미롭다.

김규림의 블로그 커버에 활용한 한나체.

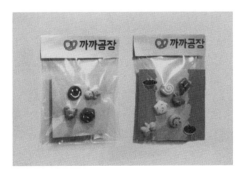

김규림이 대학생 시절 한나체를 활용해 만든
액세서리 브랜드 '까까공장' 로고.

여덟. 이모티콘에도 쓰네

밈과 이모티콘은 대중성과 동시대성을 가장 잘 반영하는 커뮤니케이션 도구다. 따라서 어떤 표현이나 이미지가 밈 또는 이모티콘으로 복제되거나 재생산되었다면 그건 '떴다'고 볼 수 있다. 특히 이모티콘으로 승화된 타이포그래피는 언어의 또 다른 형태다. 이런 표현 도구에 배달의민족 폰트를 사용한다는 것은 동시대 시각 문화에 자연스럽게 침투했다는 의미로 해석할 수 있다. 예컨대 평화와 안녕을 기원하는 어르신들의 비밀스럽고도 의미심장한 '짤'('한국의 산 정상에서 소리치자')이 더 이상 그들만의 전유물이 아니게 된 데는 을지로체가 그 중간 역할을 했기 때문이고, 골목 어귀에 붙어 있을 법한 전단지('뿌리면 톡이 되는 다용도 쩐단지')가 채팅방에 자연스럽게 등장하게 된 까닭은 길거리 글자를 모티프로 한 배달의민족 폰트의 속성 때문일 것이다. 각종 효과와 보정으로 눈길을 사로잡는 데 열중한 이모티콘('타올라라! 지나치게 열정적인 메시지')의 경우 이미 박력 있는 인상의 한나체를 사용해 지나치게 열정적으로 보이기도 한다. 그런가 하면 구술 언어를 문자로 다시 쓰고 모션과 타이포그래피로 승화시킨 이모티콘('시끄러운 대답')은 이미지가 언어를 대체할 것이라는 현대인들의 막연한 믿음을 깨고, 우리는 별수 없이 언어 안에 물들어 있음을 상기한다.

한국의 산 정상에서 소리치자
—나무스

뿌리면 톡이 되는 다용도 쩐단지
—유닠콘

타올라라! 지나치게 열정적인 메시지
—트리거즈

�어떡해☆   웅성☄☄☄☄
너무🌷귀여워🌷   ☄☄☄뭐야...☄☄
🍵❤어떡해❤❤   ☄☄☄☄☄웅성☄
너무귀여워🌷   ☄☄☄뭐야...☄☄
어떡해☆너무🌷   웅성☄☄웅성☄

제발🌸그만해애   어머어머
나..나 무서워허   ㅋㅋ 어떡해!
이러다가는🙇🙇   어머어머어머
다아아✨➡죽어   ㅋㅋ 어떡해!
다...죽는단말야   어머어머ㅋㅋㅋ

어딜🌸뺏겨!?✋   싸늘하다••••
절ㅋ대!안뺏겨!!   가슴에🗡비수가
어딜🌸뺏겨!✋   날아와 꽂힌다
절ㅋ대!안뺏겨!!   걱정마라🤚손은
어딜🌸뺏겨!?✋   눈보다 빠르니까

시끄러운 대답
—없찡

아홉. 아티스트도 쓰네

기랑해랑체의 자유분방함은 아티스트의 작품에서도 드러난다. 만화를 그리는 김비키는 기랑해랑체를 이용해 '읽을 수 있는 옷'을 만들었다. 그의 옷에서는 만화책의 한 장면이 드라마틱하게 펼쳐진다. '덜컹' '쾅' '구우우우' '살랑' '지지지직' 등 다양한 의성어, 의태어를 늘이거나 찌그러뜨려 더욱 생동감 있게 만들어내는데, 옷과 문자가 잘 어우러져 매우 그럴싸하다. 김비키는 기랑해랑체를 사용한 이유에 대해 "기랑해랑체의 강한 개성이 감정을 표현하는 글자를 적기에 적합합니다."라며 정형적이지 않고 어딘가 어그러진 디자인의 매력에 대해 설명했다. "또한 배달의민족이 이렇게 폰트를 만들어 자유롭게 쓰도록 배포하거나, 인디 뮤지션과 협업한다거나 사생 대회를 여는 등 다른 영역의 활동을 이어가고 확장하는 것을 보고 창작자로서 본받아야겠단 생각을 했습니다."라고 덧붙였다. 아티스트에게 영감을 주는 폰트라니. 호미곶 해맞이광장의 출처 불분명한 글씨가 폰트가 되고, 누군가의 옷 위에 다시금 펼쳐져 도시를 활보하는 이 여정이 흥미롭지 않은가?

"처음에는 인스타그램에 연재하는 만화에 넣을 폰트로 기랑해랑체를 사용했어요. 손으로 그린 느낌이 많이 나고 어떤 부분에서는 일부러 일그러뜨리기도 한 제 그림과 잘 어울리는 폰트를 찾다가 배달의민족 폰트를 알게 됐죠. 기랑해랑체의 자유분방한 조형이 만화와 잘 어울리더라고요. 이후에 '읽을 수 있는 옷' 프로젝트를 진행했는데 만화의 소리 표현을 옷에 얹어보는 시도였어요. 기랑해랑체의 비정형적 특징 덕분에 글자 모양과 소리의 느낌에 따라 글자체를 변형하기에 적합했어요."
김비키 작가의 말이다.

열. 간판에도 쓰네

　　폰트에 대한 사람들의 반응은 원래 종잡을 수 없지만 그
쓰임은 더더욱 예상치 못한 방법으로 일어난다. 그것이 폰트의
묘미이자 가능성, 어쩌면 본질이라고 할 수 있다. 배달의민족
폰트를 적용한 간판은 2013년 한나체를 무료 배포한 그해를
기점으로 슬그머니 하나둘 등장하기 시작했다. 10년 사이
배달의민족 폰트 간판은 번화가를 조금만 걸어보면 그 폰트의
묘미를 느낄 수 있을 정도로 꽤 많이 분포했다. 낡아서 벌써
연륜이 묻어나는 간판도 있고, 이제 막 생겨나 반짝반짝 윤기가
도는 간판도 있다. 간판 글자는 도시를 이루는 풍경이면서도
어느 개인의 생업과 삶을 통틀어 볼 수 있는 의미심장한 표식이다.
그래서 고깃집이건 피트니스 센터건 찹쌀 도넛을 파는 트럭이건,
오밀조밀하게 모인 간판을 살피다 보면 문득 가슴 한구석이
아련해진다. 세련되고 빈틈없이 설계한, 소위 잘나가는 브랜드와는
대척점에 있다는 게 이 간판들의 공통점이다. 오히려 자의식을
툭 내려놓고 본질에 집중한 여유로운 자세랄까. "나는 완벽하지
않은 활자체에 정말 관심이 많습니다. 그것이야말로 불완전한
존재가 사는 불완전한 세상에 불완전한 언어를 훨씬 진실하게
반영하는 글꼴이니까요." 완벽한 것에서 일탈하는 디자인을
추구했던, 아비트러리 산스Arbitrary Sans를 디자인한 베리 덱Berry
Deck의 말처럼.

제2장. 배달의민족 폰트 사용법

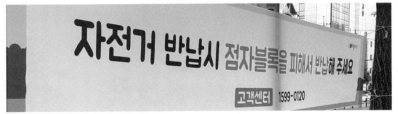

구성원들이 십시일반 모은 배달의민족 폰트를 사용한 간판들. 전국 각지의 간판에서는 현실감 있는 우리의 일상적 면모가 잘 드러난다. 인스타그램에는 없고 우리 도시에는 분명히 있는 사실적인 풍경이다.

제3장

주요 등장인물 인터뷰

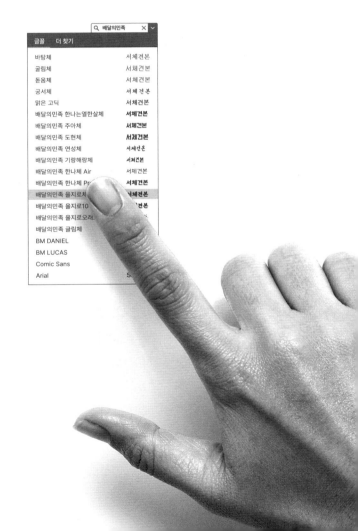

김봉진 우아한형제들 창업자, 경영하는 디자이너

"브랜딩은 믿음의 영역이다."

2000년대 이후 CI, BI로 대두되던 기업 아이덴티티는 '브랜딩'이라는 새로운 해법에 자리를 내주었다. 이제 기업들은 단순히 외형을 관리하는 것을 넘어 발화하는 주체로서 소비자와 적극적으로 소통한다. 고유의 목소리, 자신만의 말투와 화법으로 본연의 기질과 버릇을 내비친다. 자신이 어떤 존재인지 알리기 위해 끊임없이 말을 걸고, 매력을 어필하기 위해 특별한 행동을 한다. 그 결과 마침내 소비자는 브랜드를 사람처럼 인식하게 된다. 브랜드 페르소나가 만들어진 것이다. 2010년 우아한형제들을 시작한 김봉진은 바로 이 브랜딩에 주목했다. 각종 음식점 전단을 모아 작은 앱에 담은 배달의민족 서비스는 아주 기발한 아이디어도, 새로운 기술의 드라마틱한 구현도 아니었다. 심지어 이미 비슷한 콘셉트와 기능의 배달 앱 서비스도 몇몇 존재하고 있었다. 하지만 놀랍게도 브랜드를 하나의 정체성이 있는 '존재'로 만들고 꾸준히 지켜내 새로운 가치를 만들었다. 그렇다면 브랜딩이란 마법의 가루와도 같은 것일까? 물론 아니다. 김봉진 역시 '브랜딩은 철학이며, 철학인 만큼 꾸준히 연마하고 쌓아 올리는 것이 중요하다.'라고 말한다. 기업이 자신의 목소리를 부단히 같은 방식으로 들려줄 때 사람들에게 각인되고 그 매력 또한 인지된다는 것이다.

배달의민족 폰트는 바로 이 브랜딩의 꾸준함을 담당하는 가장
중요한 축이다. 김봉진은 2012년 전용 폰트인 한나체를 개발해
고유의 목소리를 만들었다. 이 목소리는 메시지를 전하는 용도이기
때문에 (여느 시각적 이미지와 달리) 유행과 무관하게 사용할 수
있으며, 어느 매체에서든 동일하게 무한한 발화를 생성할 수 있다.
또한 목소리 특유의 개성, 말투와 말씨가 내용에 영향을 미침으로써
일정한 톤 앤드 매너를 형성한다. 강렬한 개성에 유머와 위트를
담고 있으며 유행에 관계없이 꾸준히 사용할 수 있는 한나체의
가치는 브랜딩에서 실로 어마어마한 셈이다.
2012년 한나체를 시작으로 10여 년에 걸쳐 꾸준히 폰트를 개발한
배달의민족은 이제 '한글이 있는 곳이면 배달의민족이 있다.'라고
인식될 만큼 배달 서비스와는 무관한 또 다른 정체성을 갖게 되었다.
더욱이 이들 폰트는 모두 거리의 간판 글자에서 영감받은 것으로,
제도화된 디자인에서 벗어난 허술함, 소박함, 자유로운 수공예적
특성으로 새로운 시각 문화를 형성하는 데 결정적 역할을 했다.
전용 폰트의 사용 효과를 넘어 한글, 폰트, 디자인 이 세 가지를
브랜드 DNA에 주입한 디자이너 출신 경영자가 창조한 기업 문화라
할 수 있다. 디자이너로서 자신의 대표작은 한나체, 주아체라고 밝힌
김봉진의 말대로 그가 좋아하고 재미있어하는 것, 디자이너로서의
창조적 욕망까지 모두 배달의민족 폰트 한 글자 한 글자에 꾹꾹
눌러 담아 완성한 결과다.

한글 폰트 만들기

요즘도 지방에 가거나 여행을 하면서 간판을 유심히 보나요? 간판의 손 글씨 같은 버내큘러 디자인에 관심을 가진 계기가 궁금합니다.

대학원에서 시각 디자인을 전공하며 타이포그래피를 공부하다가 의구심이 생겼어요. 디자이너들은 왜 폰트를 비롯해 예쁘고 세련된 디자인만 추구할까? 저는 오히려 디자인을 배우지 않은 사람들이 자신만의 미감으로 무언가를 만들거나 디자인하는 게 흥미롭고 재미있었거든요. 특히 길거리 간판을 보면 어떤 재료와 도구를 사용하느냐에 따라 폰트의 생김새가 달라지는 것이 무척 흥미로웠죠. 서양의 경우 두꺼운 닙펜으로 글씨를 쓰면 가로획이 두꺼워지고 세로획은 가늘어지잖아요. 동양에서 붓으로 글씨를 쓸 땐 필압으로 인해 획이 두꺼워졌다 가늘어졌다 하고요. 거리의 간판에선 아크릴판을 잘라 만든 글자부터 시트지를 칼로 오려내 만든 글자, 롤러를 사용해 스텐실 기법으로 구현한 글자 등 다양한 형식을 볼 수 있어서 좋았어요. 버내큘러 디자인, B급 정서에 관심을 갖게 된 이유는, 실은 생존형에 가까웠던 것 같아요. 미술 공부를 늦게 시작해서 소위 말하는 어느 대학 출신이라는 디자인 주류에는 낄 수 없었고, 그 벽이 얼마나 대단한지도 몸소 체험했기 때문에 그들이 만들어놓은 조형성을 따라가는 것으로는 경쟁력이 없겠다 싶었어요. 다른 것을 해야겠다고 생각했죠. 이전 작업을 살펴보면 제 스타일이 원래 버내큘러하지는 않았다는 것을 알 수 있어요.

제3장. 주요 등장인물 인터뷰

디자인의 전형성에서 탈피한 비전문가의 디자인에 더 관심이 많았군요.

네. 하지만 당시에는 그런 소박함이나 수공업적 특성은 디자인의 한 장르로 취급받지 못했어요. 그나마 1990년대에 국내 잡화 브랜드 쌈지가 비슷한 느낌의 디자인을 했습니다. '딸기'를 비롯해 '똥치미'같이 못생겼지만 귀여운 캐릭터들이 사랑받는 것을 보고 '사람들이 이런 것도 좋아하는구나.' '대중적으로 인기를 끌 수 있겠다.'라고 생각했죠. 디자인의 상품성은 단순히 비싸고 세련되게 만든다고 높아지는 게 아니라 사람들이 좋아하는 것을 만드는 데서 비롯된다는 걸 알게 됐어요. 배달의민족이라는 이름도, 유머와 키치를 내세운 B급 문화 콘셉트도 모두 그런 차원에서 나온 아이디어였습니다. 배달 서비스를 주로 사용하는 타깃, 20~30대 초반의 사회 초년생이 좋아할 만한 문화 코드를 담아보기로 한 거예요.

그렇게 사용자에게 어필할 수 있는 브랜드 이미지를 만드는 데 한나체의 역할이 컸습니다. 우아한형제들 창업과 함께 전용 폰트를 만든 배경을 들려주세요.

기업 본연의 아이덴티티, 페르소나를 확실히 드러낼 수 있는 도구니까요. 한나체가 좀 남다르게 생겨서 그렇지, 전용 폰트를 만든 배경과 그 기조는 여느 기업과 다르지 않습니다. 애플이나 현대카드가 기업의 아이덴티티 시스템을 구축하고 소비자와 일관되게, 효과적으로 소통하기 위해 전용 폰트를 개발한 것과 같아요. 우리에게도 전용 폰트가 있으면 좋겠다는 마음이 컸죠. 2010년에 출시한 초기 앱에는 쌈지농부이진경체를 사용했는데, 쌈지 느낌이 워낙 강하다 보니 배달의민족 아이덴티티로 삼기엔 여러모로 아쉬운 점이 많았어요. 차라리 우리만의 폰트를 만들어야겠다고 생각했죠. 또 당시 한글 폰트는 기본적인 명조, 고딕 외에 캘리그래피 스타일 정도만 있었기 때문에 한글문화의 다양성 측면에서도 새로운 시장을 열 수 있으리라 기대했고요.

단순한 전용 폰트의 개발이 아닌 한글의 다양성까지 고려한 선택이었네요.

한글 폰트를 만드는 것 자체가 굉장히 진지한 태도를 필요로 하는 어려운 작업이잖아요. 장인 정신을 갖고, 더 나아가 우리 민족의 정신과 혼까지 담아내야 하는 엄숙하고 경건한 일이죠. 그런데 저는 그런 틀에서 벗어나 한글을 좀 더 재미있고 다채롭게 다루고 싶었어요. 2002년 월드컵 때 태극기를 몸에 두르고 옷으로도 만들어 입은 것처럼 한글도 엄숙함에서 탈피할 수 있는 새로운 시도가 필요하다고 생각했습니다. 한글로 장난을 좀 쳐보고 싶었달까요. 정장에 넥타이를 매고 매사 너무 진지한 태도인 사람을 보면 옆에 가서 살짝 뭐라도 묻혀보고 싶잖아요.(웃음) 한글을 좀 편하고 가볍게 대할 수 있게 만들고 싶었죠.

그래도 배달 앱 서비스를 제공하는 회사에서 전용 폰트를 만든다는 건 결코 쉬운 일이 아니었을 것 같은데요.

생각보다 그렇게 진지하게 접근한 것이 아니었기 때문에 만드는 데는 몇 달 안 걸렸어요. 당시 인턴이었던 태주희 디자이너와 인터넷으로 '폰트 만드는 법'을 검색해 가며 하나하나 더듬더듬

그려갔습니다. 저희 둘 다 전문적인 폰트 디자인 및 제작 교육을
받은 게 아니었기 때문에 사진 속 간판 글자를 폰트로 만드는 데
당연히 한계가 있었어요. 하다 보면 막히고, 겨우 어떻게 해내면
또 다른 벽이 생기고 그랬습니다. 그래서 우선 배달의민족
서비스에서 자주 사용하는 글자 위주로 몇 개만 만들어보자고
했어요. 그걸 바탕으로 나머지 글자는 전문 폰트 디자이너에게
의뢰했습니다. 당시 윤디자인그룹에서 폰트 디자인을 하던
친구가 아르바이트로 한나체를 만든 거예요.(웃음) 아무튼
처음에는 정말 우여곡절이 많았습니다. 일러스트레이터에서
'컨트롤 Y'를 누르면 윤곽선이 다 보이는데, 주희 님이 인턴이라
그것조차 정리가 안 되어 있었거든요. 당시 디자인 실장이었던
네이버 출신의 금재현 님은 그걸 보더니 못 견뎌 하더라고요.
계속 라인을 정리하길래 제가 손대지 말라고 했습니다. 그러면
한나체의 어설픈 날것 그대로의 매력이 사라지니까 경력 많은
디자이너들은 관여하지 못하게 하고 계속 인턴들에게만 맡겼죠.

한나체를 발표했을 때 사내 반응은 어땠나요?

정말 뜨거웠습니다.(웃음) 당시 디자이너 중에는 네이버에서
나눔고딕을 만들었던 분들이 있었기 때문에 엄청난 시각적
충격이자 공포 그 자체였어요. 차라리 궁서체가 낫겠다며 쓰기
싫어했죠. 그래도 강제로 쓰게 했습니다. 사실 사내 반응보다
더 심각했던 건 제휴를 맺기로 한 프랜차이즈 업체들의
반발이었어요. 마케팅을 할 땐 무조건 한나체만 써야 하는데
브랜드 담당자들이 이게 무슨 폰트냐며 자기네는 못 쓰겠다고,
안 쓰겠다 하더라고요. 그래서 결국 제휴를 맺지 않은 곳도

있었고요. 당시엔 무조건 한나체를 써야 한다고 생각했기 때문에 거부하는 곳은 과감히 제외했습니다. 그만큼 고집스럽게 사용했어요.

그렇게 반응이 안 좋았으면 직접 기획하고 만든 제작자로서 무척 속상했을 것 같은데요.

저는 오히려 통쾌했어요. 새로운 장르를 만든 것 같아서 기분이 좋았죠. 한나체의 이미지가 워낙 강하다 보니 한번 보면 쉽게 잊히지 않아요. 못생겨도 웬만큼 정도가 있어야 하는데 너무 못생겼잖아요.(웃음) 그런데 신기한 게 두 번째 보면 그렇게 끔찍하지 않거든요. 자꾸 보면 정이 가고요. 사람들도 이런 매력을 좀 희한하게 생각했던 것 같아요.

한나체의 매력을 알게 하기 위해서는 사람들 눈에 자주, 더 많이 띄게 하는 전략이 필요했겠군요.

그래서 포스터를 만들었습니다. 내부 구성원들은 물론 외부 협력사에도 이 폰트는 브랜딩 차원에서 만든 것이기 때문에 특별한 사용법이 있다는 걸 알려주기 위해서 만든 것이었어요. 오롯이 흰 바탕에 한나체로 "청소를 안 하면 새로운 우주가 탄생한다" "오늘 먹을 치킨을 내일로 미루지 말자" "낮말은 새가 듣고 밤말은 쥐가 듣는데 내 말은 아무도 안 들어줘" 같은 문구를 썼습니다. 단순히 한나체만 내세운 게 아니라 언어유희, 말장난을 더해 우리 브랜드의 톤 앤 매너를 보여주는 게 핵심이었어요. 그때는 '아재 개그'라는 개념이 없었기 때문에

우리끼리 무척 재치 있고 세련됐다고 생각하며 만든
문구였어요.(웃음) 실제로 반응도 좋았습니다.

월간 《디자인》이 주최한 2013 코리아 디자인 어워드에서는 한나체를
활용한 브랜드 경험 디자인으로 아이덴티티 부문에서 수상했습니다.
로고 없이 전용 폰트로 쓴 포스터와 제품만으로 배달의민족이라는
브랜드를 경험케 한 명민한 디자인으로 높은 평가를 받았어요.

디자이너들 역시 '매끈하게 잘 만든 디자인'이 아닌 새로운
무언가에 대한 갈증이 있었던 것 같아요. 항상 무게를 잡고
전문가의 관점과 손길로 완벽한 결과물을 만들던 사람들에게
그런 강박에서 벗어나 힘을 빼고도 뭔가를 할 수 있다는 걸
보여준 거죠. 한나체를 적용한 포스터뿐 아니라 굿즈 역시
인기가 좋았습니다. 머그컵에는 "스타벅스 맛이 나는 맥심
커피", 지우개에는 "내 번호 지우지 마" 같은 문구를 적어
다양한 브랜드 제품을 제작했죠. 다만 그걸 만드는 배달의민족
디자이너들은 고생을 좀 많이 했어요. 폰트 자체가 삐뚤빼뚤하고
조형성이 떨어지기 때문에 이를 적용하는 제품의 품질은 반드시
좋아야 한다고 제가 늘 강조했거든요. USB부터 양말, 담요 등
품질을 최상급으로 하고 인쇄, 패키지의 디테일도 세세히 신경
썼습니다. 제품의 품질이 조금이라도 떨어지거나 포장 상태가
약간만 미흡해도 배달의민족은 정말 B급을 만든다고 생각할 수
있으니까요. 한나체는 우리가 일부러 못 만든, 어설프게 만들기
위해 심혈을 기울인 디자인이라는 걸 알리기 위해선 폰트 외의
부분은 완성도가 높아야 했어요.

한나체를 실제로 적용하는 데 애로 사항이 많았네요.

그래서 한나체가 디자이너들이 사용하기에 결코 쉽지 않은, 까다로운 폰트라는 겁니다. 예를 들어 배달의민족 명함은 세로쓰기를 하기 때문에 한나체를 그대로 사용해 이름을 쓰면 뭉치거나 비어 있는 곳이 생겨 보기에 좋지 않아요. 디자이너들이 글자의 자소를 모두 분해해 미세하게 조정하고 다듬으면서 일일이 균형을 맞춥니다. 명함뿐 아니라 모든 매체에서 사용할 때마다 이런 노력이 필요하죠.

한나체부터 글림체까지, 배달의민족 폰트 제작기

각 폰트의 원형이 된 간판 글씨도 궁금한데요. 실제 간판 글씨와 폰트가 얼마나 비슷한가요?

(스마트폰에 저장해 둔 문화부동산중개인사무소 간판 사진을 보여주며) 이건 이태원 우사단길 쪽에 있던 부동산 간판인데, 도현체의 모티프가 됐어요. 아크릴판을 잘라 만든 거라 이응 같은 곡선은 만들기 무척 힘들었을 거예요. 더 재미있는 점은 어떤 글자에선 중성의 모음과 종성의 자음이 붙어 있는데, 또 어떤 글자에선 떨어져 있다는 거예요. 같은 시옷이지만 '산'과 '소'에서 각각 생김새가 달라지는데, 한마디로 규칙이 없는 거죠. 그런데도 얼핏 보면 통일된 한 벌의 글자처럼 보인다는 게 정말 신기하죠. 산돌에 의뢰할 때도 이 특징을 그대로 적용해 달라고 했어요. 이를 위해 오픈타입 피처라는 폰트 제작 기술을 사용해 국내 최초로 '자동 글리프'를 구현했습니다. 폰트를 완성하고 나서 "우리가 이런 걸 해내다니!"라며 엄청 기뻐했던 기억이 나요. (또 다른 사진을 보여주며) 이건 기랑해랑체의 모티프가 된 글자체예요. 포항의 호미곶 해맞이광장인데, 이 푯말 아래서 할머니가 채소 좌판을 벌이고 계셨어요. 지나가는 관광객들이 화장실이 어디 있냐고 하도 물어보니까 할머니가 이렇게 예쁜 글씨로 "화장실은 광장 손 동상 좌측에 있습니다"라고 쓴 것 같아요.

(스타벅스 주차 금지 사진을 보여주며) 이것도 정말 재미있어서 찍은 건데, 스타벅스 주차장에 있는 주차 금지 푯말이에요. 주차 담당자가 이렇게밖에 할 수 없었던 애환이 느껴지지 않나요?(웃음) 스타벅스의 녹색 컬러로 글씨를 써서 어떻게든 룩 앤드 필을 맞추려고 최선의 노력을 한 결과잖아요. 저는 이런 디자인이 정말 좋아요.

(해수 사우나 찜질방 사이니지를 보여주며) 여기는 제주도인데, 잦은 태풍과 비바람으로 몇 글자는 떨어지고 흔적만 남아 있어요. 그런데 그 흔적만으로도 글자를 읽을 수 있잖아요. 을지로오래오래체의 모티프가 된 것이기도 한데, 이렇게 폰트 자체는 사라지고 흔적만 남은 모습을 사진으로 찍어서 언젠가 전시회를 열고 싶어요. 오래돼서 지워지거나 햇볕에 바래거나 아예 떨어져 나간, 세월의 흔적을 고스란히 품고 있는 간판만 모으는 거죠. 여기에는 최소 몇십 년의 시간과 그 시간을 산 사람들의 이야기가 고스란히 담겨 있을 테니까요. 사실 간판이라는 것은 '나는 생계를 잇기 위해 이런 일을 하겠다.'라며 세상에 알리는 첫 번째 디자인 작업이라고 할 수 있어요. 업종을 알리는 것 이상의 의미가 담겼죠.

폰트 디자인만큼 재미있는 것이 폰트 이름입니다. 을지로체 이전까지는 모두 구성원의 자녀 이름을 따서 붙였다고요.

한나체, 주아체는 제 두 딸의 이름을 따서 붙였습니다. 스티브 잡스가 새로운 컴퓨터에 '리사'라는 이름을 붙인 것처럼요. 물론 저는 딸을 버린 적이 없습니다.(웃음) 배달의민족이 베트남에 진출하며 만든 다니엘체의 '다니엘' 역시 제 막내아들 이름이고요.

안상수체로 유명한 안상수 선생님이 자신의 두 아들 이름을
따서 미르체, 마노체를 만든 걸 보고 오마주했어요. 도현체부터
구성원의 자녀 이름을 붙였는데 연말에 열리는 전 직원 행사에서
제비뽑기로 추첨했습니다. 행사의 하이라이트로, 선정되면
다들 엄청나게 기뻐했죠. 그렇게 도현체, 연성체, 기랑해랑체가
탄생했고 을지로체부터는 지역명을 폰트 이름으로 붙이면서
새로운 시도를 이어갔어요.

을지로체 시리즈는 기존 프로젝트와 어떤 차이가 있는지 궁금합니다.

폰트를 기반으로 새로운 문화예술 비전을 담은 프로젝트를
해보고 싶었어요. 우선 배달의민족 폰트의 모토가 되는 버내큘러
디자인을 가장 자주 볼 수 있는 곳이 어디일까 생각해 봤습니다.
그곳이 배달의민족과 가장 잘 어울리는 곳일 테니까요. 단연
을지로였습니다. 그곳의 글자를 시작으로 지역, 문화, 사람으로
점차 범위를 넓혀가며 이야기를 만들어갔어요. 〈도시와
글자〉라는 을지로체 전시를 열고, 을지로10년후체 전시인 〈어이,
주물씨 왜, 목형씨〉도 열었어요. 을지로라는 공간에서 사람으로
자연스레 주제가 확대된 거예요. 그렇게 도시의 오래된 골목과
그곳에서 형성된 문화예술을 바탕으로 비엔날레를 개최해 보면
어떨까 하는 커다란 포부까지 품었지만 여러 가지 사정으로
중단했습니다. 한 기업이 도심의 낙후된 지역, 비주류 문화를
다루는 것을 순수하게만 바라보지 않으니까요. 저희가 원한 건
그저 을지로의 한 블록을 지정해 원주민의 삶의 터전을 보존하는
동시에 이곳에서 형성된 문화예술을 인큐베이팅하고 널리
알리는 것이었는데 생각만큼 쉽지 않았어요.

폰트가 이렇게 많은데도 배달의민족 공식 전용 폰트는 한나체뿐입니다.
대내외 모든 커뮤니케이션에 오로지 한나체만 사용하고요.

아이덴티티가 여러 개일 수는 없으니까요. 우선 사람들이
무언가를 인지할 때 시각적으로 정보가 너무 많으면 기억하기
쉽지 않아요. 나머지 폰트들의 개성이 모두 강하기 때문에
한나체의 강렬함이 상쇄될 수 있고요. 아이덴티티의 고유성을
지니려면 하나만 적극적으로, 꾸준히 대중에게 노출해야 합니다.
그래서 무조건 한나체만 쓰게 했는데 구성원 중에는 주아체,
도현체 등 다른 폰트가 나올 때마다 예쁘다며 그걸 쓰는 사람도
있었어요.(웃음) 안 된다고, 한나체만 쓰라고 하니까 각종 문서
작업을 비롯해 본문에도 한나체를 써서 결국 본문용 폰트인
한나체 에어를 개발하게 됐습니다.

한나체만 사용하면서 나머지 폰트를 만든 이유는 무엇인가요?
10여 년간 매년 폰트를 개발한 이유가 궁금해질 수밖에 없습니다.

우선 개인적으로 폰트를 좀 더 많이 만들어보고 싶은 욕심이
있었고요. 두 번째는 마케팅을 위해서였습니다. 배달의민족의
아이덴티티인 한나체를 대중에게 끊임없이 각인시키려면
이슈를 만들어야 했어요. 아무리 대단하고 좋은 것이라도 계속
노출하거나 새로운 이슈를 만들지 않으면 사람들은 기억하지
못하니까요. 1년에 한 번씩 새로운 폰트를 만든다면 자연스럽게
그 시작이 된 한나체를 언급하게 되잖아요. 즉 한나체를
대중에게 주기적으로 알리는 전략이었던 셈입니다.

기업 문화가 인재를 만든다

한나체를 사용할 때 꼭 지켜야 할 디자인 원칙, 내부 가이드라인이 있나요?

디자인의 원리 원칙은 아니지만 메시지에 대한 가이드라인은 있습니다. 말하자면 브랜드 가이드라 할 수 있는데요. '풋!' 하고 웃거나 '아~' 할 수 있어야 합니다. 말과 글은 따로 떼어놓고 생각할 수 없잖아요. 사람의 말, 즉 말투와 목소리 뉘앙스까지 모두 나타내는 것이 글자체니까요. 한나체를 사용할 땐 중의적 의미를 강조하는 말장난, 언어유희를 꼭 더하는 이유입니다. 다만 유희에 집중한 나머지 욕설, 비속어를 쓰거나 누군가를 비하, 비난하지 않도록 특별히 주의를 기울여야 해요. 실제로 배달의민족 마케팅, 광고 방식을 따라 했던 경쟁사들이 좋지 않은 예를 많이 만들었기 때문에 저희 내부에서는 무조건 긍정적인 내용, 기분 좋은 뉘앙스의 메시지만 전달하도록 했습니다.

말장난, 언어유희는 단순한 마케팅 전략이 아니라 꾸준하고 지속적인 브랜딩의 중심축이군요.

가장 큰 브랜드 자산은 배민다운 카피라고 생각해요. 딱 봤을 때 '이거 배달의민족 광고 같은데!' 하고 알아챌 수 있는, 언어유희를 적용한 위트 있는 문구요. 한나체는 그걸 표현할 수 있는 시각적 자산이고요. 덕분에 배달의민족 하면 떠오르는 이미지가 생긴 겁니다. 또 한글 역시 우리의 중요한 시각적 자산이기 때문에 카피를 만들 땐 우리말과 글의 '맛'을 느끼게 하는 것이 중요했어요. "고기 맛이 고기서 고기지" 같은 문구가 좋은 예입니다. "경희야, 넌 먹을 때가 제일 이뻐"나 "치킨은 살 안 쪄요, 살은 내가 쪄요" 같은 문구도 마찬가지예요. 영어로 번역하면 그 말의 맛이 잘 안 살죠. 예전에는 문법도 맞지 않고 별 의미 없는 영어 문구를 잡지 광고를 비롯해 브랜드 디자인에 많이 썼잖아요. 멋지고 쿨한 것으로 여겼죠. 한글로 그 판도를 바꾸고 싶었습니다.

모든 폰트를 무료로 배포하고 있습니다. 쉬운 결정이 아니었을 것 같은데요. 부정적인 상황에서 쓸 경우 오히려 브랜드 이미지가 나빠질 위험도 있고요.

처음부터 무료 배포할 생각은 아니었습니다. 한나체를 만든 지 얼마 안 됐을 때 구글로부터 폰트 제공을 요청받으며 결정한 일이었죠. 당시만 해도 한글 폰트가 워낙 부족했기 때문에 구글이 지원하는 무료 폰트를 수급하는 와중에 저희에게도 연락한 것 같았어요. 그 결정 이후 나머지 폰트들도 자연스럽게 무료 배포하게 됐습니다. 폰트 디자이너와 폰트 디자인 전문 회사 입장에선 이러한 결정을 민감하게 받아들일 수 있어요. 하지만 저는 더 많은 사람이 한글 폰트에 관심을 갖게 하고 폰트 시장의 건강한 생태계를 조성하기 위해서는 이런저런 사례가 많아야 한다고 생각합니다. 무엇보다 배달의민족은 폰트를 제작해서 돈을 버는 회사가 아니기 때문에 오히려 부담 없이, 더 가벼운 마음으로 결정할 수 있었어요. 물론 부정적인 상황에 쓰일 위험도 많습니다. 실제로 경쟁 업계 라이더들이 파업 시위를 할 때 우리 폰트를 사용하는 걸 보고 마음이 안 좋긴 했어요.

하지만 결과적으로 봤을 땐 폰트를 무료 배포함으로써 얻는
이익이 훨씬 많습니다.

**그렇다면 배달의민족 폰트를 정말 잘 사용했다고 생각하는 외부
사례가 있나요?**

지금은 서비스를 종료한 배달통에서 우리 폰트를 사용해
광고했을 때 기분이 정말 좋았어요. 경쟁 업체에서 마케팅 비용을
들여 홍보를 대신 해주는 것 같았달까요? 너무 유명해지면 짝퉁이
생기기도 하니까 이래저래 좋은 사인이라고 생각했습니다. 또
한번은 한 대기업에서 사내 조직 문화 관련한 글을 우리 폰트로
써서 붙인 것을 보고 뿌듯했고요. 대학생들이 리포트 쓸 때
사용하는 것도 보기에 즐거웠어요.

**반대로 한나체를 활용한 내부 마케팅 중 가장 기억에 남는 사례가
있다면요?**

'잡지 테러'를 꽤 오랫동안 재미있게 했죠. 처음 한나체를 만들고
가장 막막했던 게 아무도 한나체를 쓰지 않는다는 것이었어요.
한마디로 폰트와 소비자가 만날 수 있는 접점이 없었죠. 우리가
어떤 폰트에 대한 판단을 하려면 그 폰트를 적용한 결과물이
있어야 하잖아요. 영수증, 책, 간판, 무엇이라도 있어야 그 폰트가
예쁘다, 이상하다, 좋다, 싫다 등의 평을 할 수 있는데 한나체에는
그런 사례가 없었어요. 물론 포스터를 만들긴 했지만 포스터가
붙은 우리 사무실을 방문하지 않는 이상 일반 사람들은 볼 수
없으니까요. 그래서 흰 바탕에 배달의민족만의 감성을 보여줄

제3장. 주요 등장인물 인터뷰

수 있는 문구를 적어 잡지 광고를 시작했습니다. 폰트 형태와
언어유희를 담은 메시지만으로 오롯이 브랜드의 감수성을
전할 수 있는 광고를 한 거죠. 디자인 전문지에는 "잘 먹고
한 디자인이 때깔도 좋다."라는 카피를, 비즈니스 전문지에는
"보이지 않는 손 짜장" 같은 카피를 썼어요.

**모든 광고가 하나도 빠짐없이 재미있었던 걸로 기억합니다. 흰 바탕에
검은 글씨만으로 배달의민족 광고라는 걸 알 수 있었어요.**

저는 가장 중요한 포인트가 바로 '흰 바탕에 검은 글씨'였다고
생각해요. 당시는 한국의 시각 디자인이 그야말로 폭발하던
시기였어요. 기술적으로는 포토샵, 3D 모델링으로 현란한
그래픽을 구현할 수 있었고 디자이너들은 다양한 스타일을
선보였습니다. 그런데 우리는 트렌드와 완전히 정반대 길을
택한 거예요. 이 역시 제도화된 디자인에서 탈피하고자 했던
욕구라 할 수 있죠. 카피 작업 역시 재미있게 했습니다. 잡지에는
마감이 있으니까 그 전까지 문구가 나와야 하잖아요. 마케터,
디자이너를 비롯해 구성원들이 하나둘 아이디어를 냈어요.
그리고 그 과정을 통해 '배민다움'이라는 정체성을 만들어갈
수 있었습니다. 구성원들이 함께 고민하고 의논하며 완성하는
과정에서 온전히 브랜드 정체성을 체화한 거예요.

이 회사에 입사하기 위해선 유머와 재치가 스펙처럼 필요하겠다는
생각이 들 정도였어요.

제가 서울예전 개그 동아리 멤버였어요.(웃음) 연극과에서 만든
모임이긴 한데, 대학의 공식 동아리로 인정받으려면 타과 학생도
몇 명 포함돼야 했거든요. 거기에 선발된 거였습니다. 비록 제일
안 웃기는 학생이었지만 지금 경영인 중에선 제가 제일 웃기지
않을까요? 돌이켜 보면 배달의민족 브랜딩에 이런 제 성향이
반영된 건 아닐까 싶네요. 실제로 '회사가 이런 말도 안 되는
유머를 한다고?'라는 반응을 이끌어냈으니까 성공했다고 봅니다.

구성원들을 보면 여러모로 브랜드와 닮은 것 같습니다. 내부
브랜딩이 성공적으로 작용한 것일까요?

브랜드 페르소나를 외부에 많이 노출함으로써 그런 성향과
잘 맞는 사람들이 회사에 더 많이 지원한 까닭도 있죠. 그래서
요즘엔 기업이 좋은 인재를 채용하기 위해서라도 내부 브랜딩에
많이 투자하는 거겠죠. 얼마 전 '2023 현대카드 다빈치모텔'에서
정태영 현대카드 부회장님과 비슷한 이야기를 나눈 적이 있어요.
전용 폰트를 사용하는 방식에서의 비유이긴 했지만, 현대카드가
애플과 비슷한 접근을 한다면 배달의민족은 구글에 가깝다고요.
저는 이렇게 기업이 페르소나라 불리는 브랜드의 성격을 분명히
하는 게 중요하다고 생각합니다. 연봉이나 처우 등 모든 것이
비슷한 조건일 때, 구글에 갈지 애플에 갈지를 결정하는 기준은
그 회사의 페르소나일 테니까요. 자신의 성향에 잘 맞는 회사를
선택한다면 그곳에서의 퍼포먼스 역시 성공할 가능성이 크죠.
반대로 개인이 어떤 회사에 다니느냐 역시 퍼스널 브랜딩의

일환에서 중요하고요.

창업 초기부터 구성원들이 일하는 문화나 정책에도 많은 관심을 기울인 것으로 알려져 있습니다. 기업이 내세우는 가치와 구성원들이 회사에서 경험하는 가치가 일치할 때 진정한 브랜드의 내재화가 이루어질 텐데요.

가장 최근에는 회의실에 구성원들의 자녀 이름을 붙였어요. 이 역시 추첨을 통해 선발한 것으로 당첨된 어린이들이 직접 손 글씨로 '서은 회의실' '유나 회의실' 등의 글자를 쓰게 했어요. 폰트 이름 짓기 이후에도 회사 곳곳에 구성원의 자녀 이름을 사용함으로써 일종의 사내 문화 형식을 남긴 거예요. 저는 회사에 있을 때도 가족의 존재를 상기하는 게 중요하다고 생각해요. 모두가 열심히 일하는 목적에는 가족과 함께하는 행복이 있을 테니까요. 또 한 가지 제가 주목한 점은 배달의민족 구성원들이 우리의 주요 서비스와 상관없는, 문화예술 프로젝트를 하는 데 굉장히 자부심을 느낀다는 거예요. 식재료를 탐구하는 매거진 〈F〉를 발행하고 배민라이브를 통해 인디 밴드 음악가들의 영상을 제작하는 것 모두가 그 일환입니다. 폰트 프로젝트와 마찬가지로 얼핏 보기에 왜 하는지 알 수 없는, 회사의 수익과 직접적인 연관이 없는 일이지만 구성원들이 재미있고 즐겁게 하는 일이죠. 저는 이런 프로젝트가 외부는 물론 내부 브랜딩에도 중요하게 작용한다고 생각해요. 현재의 구성원은 물론이고 미래의 인재들에게 '이 회사는 굉장히 특이하고 재미있다.'라는 인상을 주고, 더 나아가 어쩐지 나를 이해할 것 같은 느낌, 친밀감을 주는 데도 효과적이죠.

한명수 CCO를 영입하면서 디자인뿐 아니라 크리에이티브, 컬처, 커뮤니케이션 세 가지를 부탁했다고요. 그의 어떤 면이 우아한형제들과 잘 맞을 것이라 여겼나요?

명수 님은 디자이너들 사이에서도 디자인 잘하기로 유명한 분이었고 웹 에이전시 FID에서 보여준 스타일은 오랫동안 회자될 정도였죠. 클라이언트들이 줄을 설 정도로 정제되고 완결성 높은 디자인을 선보였고요. 어느 날 명수 님이 SNS에 올린 글을 봤어요. 전에 다니던 직장에서 책상 위에 올라가서 팀원들에게 상장을 주는데, 일을 잘해서가 아니라 다양한 이유의 칭찬거리를 만들어서 시상하더라고요. 그때 감각적이고 세련된 디자인과 달리 인간적인 커뮤니케이션에 능한 사람이라는 생각이 들었습니다. 그런 측면이 우아한형제들에서 극대화된 것 같아요. 나중에 직접 만나게 되었을 때 계속 인하우스에서만 일하고 자신의 이름을 건 회사를 차리지 않는 점이 궁금해서 물었더니 '내 사업을 하는 것보다는 다른 사람들을 돕는 게 훨씬 즐겁다.'라고 하더군요. 그 얘기를 듣고 명수 님에 대해 다시 생각하게 됐죠. 함께 일하자는 제안을 하니, 처음에는 CEO가 디자이너 출신인데 할 일이 있겠냐고 묻길래 디자인에 더해 '크리에이티브, 컬처, 커뮤니케이션' 세 가지를 맡아달라고 부탁했어요. 물론 저도 우려가 전혀 없었던 것은 아니어서 초반에는 '디자인 잘하는 사람이 디자인한 느낌'을 내지 못하게 막았습니다.(웃음) 우아한형제들의 전반적인 디자인을 맡아 잘 이끌어주었고, 기업 문화를 만들어가는 일에 대해 서로 얘기를 많이 나눴죠.

혹시 디자이너로서 역할이 줄어든 것에 대한 아쉬움은 없었나요?

배달의민족이 브랜딩에 집착한 이유는 제가 디자이너였기
때문이에요. 창업자의 생각이 회사에 영향을 미치는 것은 어쩔
수 없는, 아주 중요한 부분입니다. 저는 '경영하는 디자이너'예요.
스스로 정한 정체성입니다. 경영인이라고 해서 디자이너가
아닌 것은 아니라고 생각해요. 디자인의 개념 자체가 확장되고
있기 때문에 더 이상 디자인이라는 용어를 디자이너에게만
국한해서는 안 된다고 봅니다. 이제 디자인은 단순히 조형적인
것만을 의미하는 것이 아니라 하나의 전략이자 개념이
되었잖아요. 마스다 무네아키가 쓰타야 서점을 통해 책 읽는
문화를 새롭게 디자인한 것처럼요. 그럼에도 불구하고
디자이너가 오히려 디자인의 영역을 제한하는 것은 아닐까요?
전문성을 높인다는 명목으로 시각, 공간, 도예, 영상, 제품 등
디자인의 영역을 분리하면서 영역 간에 벽이 생긴 것은 아닐까요?
오히려 고대에는 통합적 사고를 했죠. 르네상스 맨이라 불리는
레오나르도 다빈치를 지금의 눈으로 보니까 무기 제조자이자
화가이지 당시에도 그렇게 평가했을까 싶네요. 한번 생각해 볼
문제예요. 디자이너보다 디자인이라는 개념이 더 넓습니다.
디자인은 디자이너로부터 좀 더 자유로워져야 합니다. 부모가
자식을 놓아줘야 더 잘되는 것처럼, 디자이너는 디자인이
자유로워지도록 놓아줄 필요가 있어요.

그렇다면 우아한형제들은 어떤 디자이너를 양성하고자 했나요?

올라운더all-rounder 디자이너 양성이 목표였어요. 분야나 영역에
관계없이 디자이너들이 함께 일하죠. 고등학교 졸업자부터
유학파까지 출신과 배경이 다양한데, 일부러 의도한 것은 아니고
전공이나 학벌 자체를 따지지 않다 보니 그렇게 됐습니다.

**한나체를 시작으로 새로운 폰트를 선보일 때마다 빅터 파파넥의
『인간을 위한 디자인』, 노먼 포터의 『디자이너란 무엇인가』 같은
디자인 고전부터 마스다 무네아키의 『지적 자본론』까지 디자인의
개념을 새롭게 일깨우는 책에서 발췌한 문구를 이용한 포스터를
선보였습니다.**

제가 첫 번째로 고른 책이 빅터 파파넥의 『인간을 위한
디자인』이었어요. 인간에게 주어진 가장 강력한 힘 중 하나가
디자인입니다. 그래서 디자인으로 세상을 더 좋게 만들 수도
있지만 망칠 수도 있겠죠. 디자이너는 사회적, 도덕적 책임을
져야 한다는 메시지가 담겨 있어서 감명 깊게 읽었어요. 초반에는
제가 직접 책과 문구를 고르다가 나중에는 디자이너들과 함께
책을 읽고 토론하면서 선정했어요. 구성원들이 개별적으로 찾은
디자인 아포리즘을 엮어서 만들기도 했고요. 이 과정 자체가
일종의 디자인 교육이었던 셈이죠.

전용 폰트로
기업 매출을 올리는 법

평소에 좋아하는 폰트가 있나요? 더불어 배달의민족 폰트를
개발하는 데 영향을 받은 프로젝트가 있다면요?

저는 헬베티카를 좋아하고, 현대카드 전용 폰트인 Youandi도
좋아합니다. 기업의 본질을 담아낸 디자인으로 아이덴티티
역할을 한다는 점에서 한나체 개발에도 영향을 미쳤어요.
하지만 Youandi는 현대카드에서만 사용할 수 있도록 엄격하게
관리하는 폰트로 외부 유출이 불가능합니다. 국내 기업의 전용
폰트 개발에서 또 다른 주요 사례인 네이버의 나눔고딕과는
여러모로 반대되는 점이죠. 나눔고딕은 네이버 브랜딩에
활용하기보다는 콘텐츠 확산을 위해 무료로 배포하는 양질의
한글 폰트니까요. 배달의민족 전용 폰트는 이 두 가지 사례
모두에서 영향을 받았다고 할 수 있습니다.

배달의민족 폰트 중에서도 특히 더 애착이 가는 폰트가 있나요?

당연히 첫 시작인 한나체죠. 그리고 을지로체를 들 수 있겠네요.
을지로체의 경우 실제로 거리 간판에 많이 활용한다는 점에서
배달의민족이 추구하는 디자인을 대표합니다. 한나체가
배달의민족의 정체성을 나타낸다면 을지로체는 배달의민족
폰트의 바탕이 된 '버내큘러 디자인'의 개념, 즉 한국의 토착 시각
문화를 가장 잘 보여줍니다. 아쉽게도 을지로체의 모티프가 된

삼원정밀공업사 간판은 이제 사라지고 없습니다. 글자를 쓴 장인을 수소문해서 찾으려 했으나 못 찾았고요. 당시 이 공업사는 간판 글자를 쓰는 장인이 자전거에 페인트 통을 싣고 와서 함석판에 가게 이름을 쓴 간판을 내거는 날부터 영업을 시작했다고 해요. 일종의 삶의 의식이었던 셈이죠. 글자에 삶과 사람, 세월을 관통하는 이야기가 모두 담겨 있다는 점에서 버내큘러 디자인을 잘 보여주는 사례가 아닐까 싶어요.

여전히 새롭게 만들고 싶은 폰트가 있나요?

저는 아직도 만들고 싶은 폰트가 많아요. 도로 바닥에서 흔히 볼 수 있는 '일방통행' 글자 같은 건 롤러로 쓰는 방식인데 그렇게도 해보고 싶고, 간판을 비롯해 거리에서 흔히 볼 수 있는 글자만 가지고도 앞으로 20~30년은 더 새로운 폰트를 만들 수 있을 것 같거든요.(웃음) 반면에 디자이너들은 가장 최근에 나온 글림체처럼 좀 더 새로운 것을 해보고 싶어 하는 것 같고요. 이제는 배달의민족 폰트 프로젝트가 디자이너들의 창조적 욕망을 발산하는 장이 되었더라고요. 사실 저는 무엇이든 상관없다는 입장인데요. 한나체가 유명해졌기 때문에 이미 폰트 프로젝트의 목표는 이룬 셈입니다. 다만 우리가 진심으로 꾸준히 폰트를 만들고 있다는 걸 보여주는 것 자체가 중요했기 때문에 지난 10여 년간 이 프로젝트를 이어온 것이죠. 무엇에 영감받아 어떤 디자인을 하느냐는 사실 큰 의미는 없어요. 하고 싶은 디자인, 색다른 디자인, 실험적인 디자인, 무엇이든 해도 되죠. (주꾸미 형태의 폰트 사진을 보여주며) 예전에 주꾸미 폰트도 만들어보자고 했어요.

앞으로 하게 될 새로운 비즈니스를 위해서도 전용 폰트를 개발할 생각인가요?

글쎄요, 필요하면 만들겠지만 굳이 그럴 필요가 있을까 싶습니다. 배달의민족 서비스를 시작할 때는 전용 폰트를 활용한 마케팅이 드물었기 때문에 그만큼 더 효과가 있고 가치가 있었어요. 시기적으로 정말 잘 맞았죠. 예전에는 디자이너만 폰트에 관심을 가졌으니까요. 그런데 지금은 모두가 창작자가 되어 유튜브도 하고 SNS를 하면서 폰트를 마치 패션처럼 자신의 스타일과 취향을 표현하는 도구로 사용하잖아요. 만약 제가 다시 전용 폰트를 만들고 폰트를 활용한 마케팅을 한다면 그것은 다른 이유에서일 거예요. 그렇게 할 만한 새로운 가치가 있어야 하죠. 예를 들어 제가 새로운 비즈니스를 하면서 전용 폰트를 만들었다는 것 자체가 이슈가 된다면 할 수도 있겠죠.(웃음) 하지만 그럴 일은 없을 것 같고, 이제는 좋은 한글 폰트가 많아졌기 때문에 굳이 만들 필요가 없다고 봐요. 그래서 좀 다른 시도이긴 한데, 이번에 '그란데클립'이라는 새로운 스타트업을 시작하면서 명함에 이름을 구성원이 직접 손 글씨로 쓰게 했어요.

배달의민족의 성장과 성공에 한나체가 기여한 바를 어떻게 평가하나요?

전용 폰트를 만들었다고 해서 당장 기업 매출이 오르거나 숫자로 확인 가능한 유의미한 결과가 나오지는 않아요. 최고경영자를 상대로 브랜딩의 중요성, 필요성, 효과를 설득하기 어려운 이유입니다. 하지만 이런 브랜딩을 기반으로 한 마케팅 전략은 소비자를 단순 구매자가 아닌 '브랜드 옹호자'로 만드는 데 중요한 역할을 해요. 마케팅의 대가로 알려진 필립 코틀러Philip

Kotler가 『마켓 4.0』에서 밝힌 대로 고객이 브랜드에 강력한 충성심을 갖게 하고, 다른 사람에게 그 브랜드를 추천하거나 옹호하게 하죠. 물론 브랜드 추종자 중에는 실제로 그 브랜드 제품을 구매하지 않는 사람도 있어요. 예를 들면 테슬라를 좋아하긴 하지만 실제로 테슬라의 소유자는 아닐 수도 있죠. 따라서 브랜드를 추종하는 사람이 많아질수록 실제로 기업 매출이 오르는지 정확한 인과관계를 밝히려면 정량적 조사가 필요합니다. 최고 의사 결정권자에게 근거를 숫자로 증명해야 하는 거예요. 하지만 저는 제가 최고경영자였기 때문에 스스로를 설득하기 위해 굳이 그런 조사를 할 필요도, 증명을 할 필요도 없었습니다.(웃음) 브랜딩은 믿음의 영역인데 저는 믿었거든요.

이제 모두가 브랜딩이 중요하다고 말하잖아요. 그 효과도 어렴풋이 알 것 같긴 한데, 실질적으로 무엇을 얼마나 어떻게 투자해서 얼마큼의 결과를 내야 성공이라 할 수 있는지 그 기준이 참 모호합니다.

제가 브랜딩, 마케팅 담당자들에게 항상 하는 이야기가 있어요. 마케팅은 비용을 쓰자마자 효과를 측정해야 해요. 1만 원을 투자했을 때 그 결과가 어떻게 달라지는지 비용 지출에 따른 효과를 일간, 주간, 월간, 분기별로 꼼꼼하게 챙겨야 하는 거죠. 반면 브랜딩은 최소 6개월에서 2~3년 정도 지나야 그 효과를 측정할 수 있습니다. 지금 하는 브랜딩 활동의 결과가 나중에 나오는 거죠. 따라서 마케팅보다 브랜딩에 비용을 더 많이 쓰면 안 돼요. 보통은 브랜딩과 마케팅을 같은 부서에서 다루기 때문에 비용을 합산해서 지출하잖아요. 재무제표를 봤을 때 브랜딩에 지출을 더 많이 했다면 마케팅 효과가 줄어들었다고 봐야죠.

장기전인 브랜딩보다 효과가 바로 나타나는 마케팅에 더 비용을 써야 한다는 뜻인가요?

그렇죠. 브랜딩 비용은 적게, 그러나 꾸준히 오랫동안 지출해야 해요. 마케팅 비용의 5~10% 정도가 적당하다고 봐요. 그렇게 꾸준히 투자하면 사람들도 서서히 그 브랜드를 기억하죠. 반면 마케팅 비용은 정반대예요. 이벤트성으로 한번 쓸 때 많은 비용을 투자하고 잠시 쉬었다가 다시 지출하는 전략이 필요해요. 어떤 제품을 1년 내내 5000원 할인하는 것보다 짧은 기간 동안 1만 원 할인하는 게 더 임팩트 있는 것처럼요. 또 몇 달 쉬고 다시 할인해 주는 식으로 마케팅하는 게 훨씬 더 효과적이에요. 전체 비용은 더 적게 들이면서 목표를 달성할 수 있는 방법입니다.

한나체의 브랜드 가치를 수치화한다면 어느 정도일까요?

수백억 원의 가치는 있다고 생각해요. 너무 적은가요? 그럼 1조 원이라고 하겠습니다.(웃음) 생각해 보면 배달의민족은 2016년쯤까지는 전 국민이 애용하는 서비스가 아니었어요. 20~30대 초반의 회사원, 조직의 막내 등 소비자 타깃이 분명한 브랜드였죠. 그런데 "우리가 어떤 민족입니까"라는 TV 광고, "치킨은 살 안 쪄요, 살은 내가 쪄요" 같은 옥외광고를 보고 40~50대 연령층을 비롯해 남녀노소 모두 호감을 갖게 됐어요. 휴대폰에 배달의민족 앱이 깔려 있지 않고 서비스를 이용해 보지도 않은 분들이 우리 브랜드를 좋아하는 놀라운 일이 벌어진 겁니다. 이후 시간이 지나고 음식 배달 서비스가 대중화되기 시작하자 그 잠재적 고객들이 배달의민족 앱을 다운로드하기 시작했고요. 배달 서비스를 사용하기 위해 앱을 다운로드하는 순간, 가장 먼저 떠오르는 브랜드가 된 것이죠. 이걸 브랜딩 용어로 '톱 오브 마인드top of mind'라고 하는데, '콜라' 하면 가장 먼저 코카-콜라가 떠오르는 것처럼 '배달 앱' 하면 배달의민족부터 떠올리도록 만드는 데 한나체가 굉장히 큰 역할을 했다고 봐요. 그런데 방금 전에도 말씀드렸지만, 전용 폰트의 경제적 가치나 효과를 숫자로 증명하기가 쉽지 않아서 의사 결정권자가 받아들이기엔 어려움이 많죠. 브랜딩은 믿음의 영역이기 때문에 투자하는 것 자체가 쉽지 않은 일이에요.

그 믿음에 따라 발휘할 수 있는 힘도 확실히 달라지는 것 같습니다.

광고대행사를 선정할 때 확실히 느꼈죠. 배달의민족의 첫 광고 "우리가 어떤 민족입니까"를 제작할 당시만 해도 회사 규모가 크지 않았어요. 파트너사였던 HS애드에 의뢰하려면 어느 정도 규모가 있고 자본도 있어야 하는데 그 수준에 한참 못 미쳤죠. 그런데 제가 HS애드 크리에이터들에게 강연하면서 배달의민족은 전용 폰트가 있다고 하니까 다들 관심을 가졌습니다. 당시 광고를 맡았던 방은하 ECD도 우리 철학에 대해 흥미로워하며 '재미있겠다.' '해볼 만하겠다.'라고 해서 류승룡 배우가 출연한 "우리가 어떤 민족입니까" 광고가 나온 거예요.

마지막으로, 배달의민족 폰트는 단순한 브랜딩을 넘어 하나의 시각 문화를 만들었다는 평을 받고 있습니다. 동의하시나요?(웃음)

감사한 일이죠. 전 세계적으로 레트로, B급 문화가 유행하는 흐름을 자연스럽게 탄 덕분이기도 해요. 하지만 그러한 흐름을 디자인, 브랜딩 영역으로 가져와 문화적 다양성을 만드는 데 일조했다는 점에서는 자부심을 느낍니다. 이전에는 깔끔하고 고급스러운, 세련된 외양을 만드는 것만이 디자인이고 브랜딩이라고 생각했으니까요. 또 다른 측면으로는 한글 콘텐츠를 새롭게 개발했다는 점에서도 의미가 있다고 생각하고요. 1990년대에 엑스포 유치와 함께 세계화 바람이 불면서 국내 기업들이 CI를 영어로 된 워드마크로 교체했어요. 심지어 기업명도 영어로 바꾸고요. 이후 그 흐름과 기조가 쭉 이어지며 제품과 브랜드를 홍보할 땐 굉장히 그럴듯한 영어 문구를 만들어야 했어요. 그에 반해 한글을 브랜드명이나 디자인에 적극적으로 사용하는 사례는 드물었고요. 그런데 배달의민족이 한글을 직관적으로 사용하고 가지고 놀면서 시각적 다양성을 만들어나가니까 이에 공감하는 사람이 늘어난 것 같습니다. 한글을 네이밍이나 브랜딩에 적극적으로 사용하는 문화를 만들었다는 점에서 뿌듯합니다.

한명수
우아한형제들 CCO

"배달의민족 폰트 개발 방식은 압도적인 톱다운이었다."

한명수는 배달의민족 폰트에 대해 '한 사람의 페르소나를 철저하게 반영한 프로젝트'라고 말한다. 기업의 아이덴티티와 브랜드 철학, 마케팅 전략을 관통하는 주요한 시각적 자산인 동시에 김봉진이라는 경영하는 디자이너의 인격과 철학, 성향과 기질, 취향과 사고까지 총망라한 복합적 프로젝트라는 평가다. 2015년 우아한형제들에 합류해 연성체부터 기랑해랑체, 을지로체 프로젝트에 이어 최근 글림체까지 폰트 프로젝트를 도맡았던 그는 한 기업의 크리에이티브를 총괄하는 CCO Chief Creative Officer로서 자신이 하는 일을 다음과 같이 정의한다. 첫째, 창업자가 남겨놓은 문화 형식을 유지·보존할 것. 둘째, 구성원들이 재미있게 주도적으로 일할 수 있는 문화를 만들 것. 셋째, 이것저것 함께 시도하며 일할 수 있는 소통의 문화를 만들 것. 10여 년 전 함께 문화를 만들어 나가기를 요청했던 김봉진의 바람대로 그는 여전히 우아한형제들의 문화를 만들고 완성하는 중이다.

ㅋㅋㅋ 배달의민족 한나체 적응기

디자이너로서 처음 한나체를 보고 어땠나요? 한나체의 첫인상이 궁금합니다.

2014년이니까 제가 입사하기 전의 일이죠. 류승룡 배우가 출연한 TV 광고를 봤어요. "우리가 어떤 민족입니까"라고 쓰인 삐뚤빼뚤한 글자를 마주한 순간 '와, 이거 세다. 저런 폰트를 막 쓰네!'라고 생각했습니다. 전혀 다듬어지지 않은 형태의 폰트를 과감하게 쓰는 호기로움, 담대함이 멋지게 느껴졌어요. 동시에 폰트 자체에선 기업이나 전문 회사의 시스템이 아닌 한 사람의 인간적 면모, 취향, 개성을 느낄 수 있었죠. 폰트의 생김새로 미뤄봤을 때 공적인 시스템으로 만든 게 아니라는 건 단박에 알 수 있었어요. 이후 제가 다니던 회사에 당시 배달의민족 디자인팀 실장이었던 금재현 님이 와서 강연하는 걸 듣고 열심히 하는 스타트업이라고 생각하며 응원하는 마음을 가졌어요. 대기업에선 할 수 없는 다양한 시도를 하는 게 부럽기도 했지만 한편으론 의구심도 들었습니다. 저런 폰트 플레이는 오래 할 수 없을 거라고 생각했거든요. 당시에는 레트로·복고 열풍이 불고 있었고 버내큘러 느낌의 날것이 범람하던 때라 트렌드에 잘 부합하긴 했지만, 인상이 세도 너무 셌으니까요.

우아한형제들에 합류하게 된 계기가 무엇이었나요?

지인을 통해 봉진 님을 처음 만났는데, 이미 저를 잘 알고
있더라고요. 2000년대 초반, 디자인 에이전시 춘추전국시대를
함께 겪어온 디자이너로서 말도 잘 통했고요. 디자인뿐 아니라
똑같이 딸 둘을 둔 아빠로서 가족, 일, 사는 이야기를 두루
나누는데 같이 일해보면 어떻겠냐고 제안하셨어요. "왜요?"
하고 되물었습니다.(웃음) 그분은 대표이기 이전에 디자인
수장이기도 하니까 굳이 제가 우아한형제들에 가서 할 일이
없을 것 같은 거예요. 그렇다면 브랜딩 차원에서 회사의 비주얼,
시각적 커뮤니케이션 방식을 바꿔도 되는지 물었더니 그건 또
안 된대요. 절대로 바꾸면 안 된다고 하더라고요. 결과적으로
제가 합류할 이유가 전혀 없었어요. 이미 정해진 브랜드 디자인
시스템을 유지·보수하기 위해서 굳이 제가 입사할 필요는 없었던
거죠. 그랬더니 '디자인만 할 거라면 명수 님과 일할 필요가
없다.'며, '같이 문화를 만들었으면 좋겠다.'고 하더라고요.
'문화'라는 두 글자가 아주 인상적이었습니다. 디자인이란
일종의 기술이기도 하고 저는 디자이너로서 기능적인 일을
한다고 생각했는데 문화를 만들자고 하니까 흥미로웠어요.

**우아한형제들의 일하는 문화가 즐겁고 재미있는 것으로 널리 알려져
있잖아요. 그 토대를 만들자는 요청이었군요.**

네. 그래서 회사 구성원이 모두 몇 명이냐고 물으니 100명이 채
되지 않는대요. 그 정도 인원이면 굳이 문화를 만들려고 노력하지
않아도 소통이 잘되지 않느냐고 했더니 앞으로 사람이 점점 더
많아질 거라는 거예요. "얼마나요? 500명?" 하고 물으니까

그것보다 더 많아질 것 같대요. 제가 예상할 수 있는 조직의
최대 규모는 500명 정도였기 때문에 그 이상은 상상이 잘
안되더라고요. 그랬더니 봉진 님이 "그래서 같이 일했으면
좋겠다는 거예요."라고 하더라고요. 회사 규모가 커질 텐데
기업 문화를 제대로 만들어놓지 않으면 디자인, 서비스,
마케팅 모든 것이 이상해질 수 있다는 거였죠. '한명수 당신이
이것저것 관심이 많고 나랑 같이 할 수 있는 게 많을 것 같으니
우아한형제들에 들어오면 좋겠다.'고요. 단순히 디자인만 하라고
제안하는 자리가 아니었어요. 그럼 디자이너는 모두 몇 명이냐고
물었더니 열댓 명 정도 되는데 모두 주니어급으로 이 사람들
역시 성장시켜줘야 한다고 하더라고요. 그래서 제가 '나 그런 거
좋아한다.'고 답하긴 했는데 사실 그때 다니던 회사에 재입사한
지 얼마 안 된 시점이었거든요. 1년은 채워야 퇴직금도 받잖아요.
약간 갈등이 있었죠.(웃음)

그럼 입사를 결정한 결정적 계기는요?

갑자기 뉴스에서 배달의민족이 수수료 0% 선언을 했다는 소식이
들렸어요. 그래서 "대표님, 지금 수수료 폐지 선언 뉴스를 봤는데
이러다 회사 망하는 거 아니에요?" 이렇게 문자를 보냈더니 "네,
망할 수도 있죠. ㅋㅋㅋ"라고 답이 왔어요. 'ㅋㅋㅋ'라니······. 그때
마음이 열렸던 것 같아요. 경영인으로서 철학이 정말 특이하고
매력적이잖아요. 망하더라도 이 회사에선 일할 맛 나겠더라고요.
'이분 뭘 아시네.'라는 생각이 들었죠. 도대체 이 회사는 어떻게
이런 결정을 내릴 수 있었을까 궁금했어요. 나중에 입사하고
한참 지난 뒤에 알게 되었는데 회사 내에서 70%가 반대한

사안이었다고 해요. 실제로 수수료를 폐지하고 수익이 45% 줄었고요. 물론 나중에는 이로 인해 오히려 매출이 늘어나긴 했지만 정말 회사가 망할 수도 있는, 휘청이게 할 만한 결정을 내린 거였어요. 아무튼 그때 그렇게 마음을 굳히고 처우 협의, 연봉 협상 같은 것도 하지 않고 우아한형제들에 입사했어요. 이건 제가 하는 선택에 있어 하나의 철학일 수 있는데 '이것저것 재다가는 아무것도 못한다'고 생각하거든요. 무엇보다 봉진 님 같은 경영인이라면 저도 재미있게 일할 수 있을 것 같았고요.

생각대로 재미있게 일했는지 궁금한데요.(웃음) 처음 입사해서 맡은 프로젝트는 무엇이었나요?

오자마자 두 가지 프로젝트를 맡아달라고 했어요. 첫 번째는 배민프레시라는 새로운 서비스를 시작할 건데 반찬 패키지를 만들어야 한다고 하더라고요. 재미있게 했죠. 그에 반해 배달의민족 서비스는 봉진 님이 시스템을 거의 다 만들어놓았기 때문에 디자이너로서 제가 손댈 게 거의 없었어요. 뭔가 바꾸고 싶어도 절대 안 된다고, 바꾸지 말라고 했고요.(웃음) 또 다른 프로젝트는 패션쇼였어요. 계한희 패션 디자이너와 배민의류를 만들어서 서울패션위크에 선보일 계획인데 룩북을 만들어야 한다고요. 그런데 아무리 봐도 좀 이상한 거예요. 옷에 "김치는 드실 만큼" "외부인 출입금지 CCTV 작동 중" 같은 문구가 막 쓰여 있었거든요. 그래서 혼잣말로 "아, 이상한데……. 너무 이상한데."하니까 웃으면서 이상해도 하시라고, 먼저 있던 금재현 님도 처음 폰트 만들었을 때 쓰길 거부했는데 2년 넘게 계속 쓰라고 하니까 결국 잘 쓰게 됐다고 하더라고요. 그래서 정말 이렇게 해도 되겠냐고, 차라리 메시지나 폰트 이미지를 좀 추상적으로 꼬아서 보여주자고 했어요. 그렇게 해야 예쁘다고요. 그랬더니 디자이너들은 항상 꼬려고 하는데 자신은 그게 싫다며 그냥 글씨가 읽혔으면 좋겠다는 거예요. 저로서는 어리둥절했죠. 이게 뭐지? 정말 읽히는 게 좋다는 건가? 보통 한글로 디자인하는 사람들은 약간 안 읽히게 추상적인 멋을 만드는 데 정면 승부를 거니까요. 그 스탠스에 적응하는 데 좀 오래 걸렸어요.

배민의류에서 한글을 사용한 방식은 정말 충격적이긴 했어요. 잘 읽히는데, 읽고 나서는 '피식' 할 수밖에 없는 문구들이었죠.

네. 그래서 처음에는 이 사람이 지금 한글을 가지고 소통을 하려는 건가, 가지고 놀려는 건가, 그도 아니면 남다름을 과시하려는 건가 헷갈렸어요. 도통 모르겠더라고요. 그런데 또 배달의민족 서비스나 프로젝트에는 아예 손도 못 대게 하고 배민프레시 반찬 패키지만 잘 만들어달라고 하니까……(웃음) 설상가상으로 반찬 포장에도 한나체를 써야 하잖아요. 한나체가 음식과는 정말 어울리지 않는 폰트예요. 맛있는 반찬이 있는데 패키지에 한나체로 툭툭 글자를 써 넣으면 이걸 먹으라는 건지, 가지고 놀라는 건지 모르겠거든요. 한마디로 한나체를 적용하는 순간, 먹을 것처럼 느껴지지 않아요. 유명하니까 눈에 익을 뿐 식감이 확 떨어지게 하는 디자인이죠. 그래서 그때 함께했던 정미경 디자이너와 폰트는 최소한으로 사용하고 손 글씨를 쓰는 방안으로 균형점을 찾아갔어요. 그렇게 이런저런 일을 겪으면서 저도 회사에 적응해갔죠.

한나체를 쓰는 것에 부담 아닌 부담을 느꼈던 것 같네요.

뭐랄까, 투박한 날것 느낌에 도무지 적응이 안 됐어요. 하지만 가장 큰 걱정은 스타일이 아니라, 오래가지 못할 것 같다는 예감이었습니다. 세도 너무 세니까요. 그런데 그런 이야기가 나올 때마다 봉진 님은 '브랜딩은 우기는 거다.' '결국 누가 오랫동안 우기느냐의 싸움이다.'라는 식의 말만 슬쩍 내비쳤어요. '야, 이 사람 무시무시하구나.' 생각했죠. 한번은 이런 일도 있었어요. 제가 입사한 지 5~6개월 정도 됐을 때, 당시 마케터들 사이에선 배달의민족 마케팅이 그야말로 인기였습니다. 하지만 저는 그 열광을 보면서 '금방 식을 텐데……' 하며 걱정했죠. 이후 배민신춘문예 수상작을 발표해야 했는데 제가 작품에 한나체를 그대로 쓰지 않고 살짝 다르게 디자인했어요. 아니나 다를까, 봉진 님이 그걸 보고 다시 한나체로 똑같이 해달라고 하더군요. 그래서 마케팅 신에선 이제 한나체의 인기가 사그라드는 분위기라 좀 바꿔야 한다고 했어요. 그랬더니 마케터들 눈치는 보지 말고, 저 멀리 지방에서 배달의민족을 한 번도 경험해보지 못한 사람들에겐 한나체가 여전히 새롭다는 이야기를 하는 거예요. 한마디로 마케터가 아니라 고객을 보라는 것이었죠. 앞으로 우리의 고객이 될 사람들에게 배달의민족의 룩 앤 필을 오롯이 전달하기 위해선 브랜드 이미지를 절대 바꾸면 안 된다는 거였어요. 누가 보든 똑같이 배달의민족임을 알고 느끼게 디자인해달라는 그 요청이 참 인상 깊었어요.

디자인이 꼭 트렌드를 반영할 필요는 없다는 거네요. 한나체의 경우 기업의 정체성을 알리는 데 더 중요한 역할을 한 것이고요.

그때 기존에 일하던 방식의 틀이 많이 깨졌던 것 같아요. 그 전까지는 늘 트렌드에 앞서야 하고, 소위 트렌드세터라고 하는 사람들의 지지를 얻는 디자인을 하는 게 중요했거든요. 그런데 그런 생각이 싹 거두어지고, 여기 이곳은 비즈니스를 하는 곳이라는 걸 깨달았죠. 봉진 님이 경영인으로서 가진 비즈니스·마케팅 감각에 대해 확실히 감을 잡았던 것 같아요. 그게 입사하고 6~7개월 지났을 즈음인데, 그때까지는 회사 내에서 진행하는 모든 디자인은 봉진 님의 컨펌을 받아야 했거든요. 그런데 배민신춘문예 이후, 이제 컨펌 안 받아도 된다고, 혼자 다 알아서 하라고 하더라고요. 그때 제일 행복했어요.(웃음)

명수 님도 컨펌을 받았던 때가 있었군요.(웃음)

나름 테스트 기간이었던 것 같아요. 입사하고 6~7개월 동안 항상 구성원을 뽑는 면접에도 동석을 요청했거든요. 면접이 끝나면 명수 님은 어떻게 생각하냐며 제 의견을 묻고 자신의 생각도 얘기했어요. 예를 들면 방금 면접 본 사람은 짧은 시간 동안 나이에 대한 언급을 다섯 번이나 했다며, 이렇게 나이에 신경 쓰는 사람은 우리 조직과 안 어울릴 수 있다는 식으로요. 그럴 때마다 그의 감각이나 가치관 같은 것이 쏙 전달되는 느낌이었어요. 그렇게 시간을 보내다 보니 어느 순간부터 사람과 사물을 보는 시각도 비슷해졌어요. 나중에는 거의 마음이 일치했는데, 저로서는 드문 경험이었어요. 왜냐하면 보통 회사에선 늘 상급자가 미션을 주고 수행 여부를 확인하며 직원들을 평가하고 테스트하기 급급하니까요. 그런데 봉진 님은 저를 옆에 앉혀놓고 자신의 경험을 공유한 거잖아요. 이런 식으로 본인만이 가진 독특한 에너지, 감각을 전해주는데, 도대체 어디에서 익히고 배운 능력인지 궁금했어요. 물론 회사에는 다양한 사람이 있으니까 저처럼 그 감각이 통하는 사람이 있는가 하면, 그렇지 않은 사람도 있을 수 있죠. 그런 사람들에겐 또 봉진 님이 엄청나게 푸시를 하기 때문에 결과적으로는 다 먹히더라고요.(웃음)

처음 한나체를 쓰기 싫어했던 디자이너들도 나중에는 한나체를 사랑하게 된 것처럼요?

맞아요. 그 와중에 폰트가 있는 거죠. 한나체의 그 강렬함, 센 이미지는 김봉진이라는 사람의 경영 방식, 고유의 색깔이기도 해요. 저 역시 한나체를 만들고 사용하는 방식을 보며 '이 사람이 한번 결심하면 정말 오래가는구나.' '뚝심 있게 밀어붙이는구나.'라고 생각했어요. 2012년부터 몇 년 동안 꾸준히 사용하니까 이미 마케터들 사이에선 너무 뻔하다느니 질린다느니 하는 부정적 의견도 나오고 있었거든요. 하지만 경영인은 신경조차 쓰지 않는 거예요. 심지어 비즈니스는 더 잘되고요. 나중에는 질린다고 말했던 사람들조차 우리가 하려는 게 무엇인지 알고 수긍하는 분위기가 됐어요. 오래 지속하며 버텨온 시간이 어느 순간 공감이니 트렌드니 하는 것들을 압도해버렸다고 할까요? 햇수로 6~7년 정도 걸렸는데, 그렇게 오랜 시간 세게 몰아붙이니까 되더라고요. 사람들 역시 이걸 하나의 커뮤니케이션 방식으로 인정하며 일종의 장르가 됐어요.

배달의민족 CCO의 일

**배달의민족은 디자인·브랜드 가이드가 좀 특별하다고 들었어요.
CCO로서 본격적으로 일을 시작하는 데 어려움은 없었나요?**

그 이야기도 아주 기가 막혀요.(웃음) 일단 새로 회사에 들어가면
그곳의 매뉴얼부터 익혀야 하니까 브랜드 가이드를 요청했어요.
봉진 님이 보여줬는데, 정말 한 페이지에 '풋!' '아~'만 적혀
있더라고요. 그걸 보는 순간, 이걸로 다 되겠다는 생각이 들었어요.
실제로 배달의민족 마케터나 디자이너 모두 그 한 페이지의
브랜드 가이드를 바탕으로 일하고 있어요. 사실 이런 식의
매뉴얼로도 일할 수 있었던 건 잡담을 많이 나누는 문화가 있기
때문이에요. 봉진 님이 만든 의문스러운 브랜드 가이드 하나가
구성원 간의 대화를 촉진시키는 역할을 한 거죠. 그래도 '풋!'
'아~'라고 하면 브랜드 가이드가 너무 구어체라서 제가 여기에
핵심이 되는 '더블 미닝'에 관한 어느 정도의 로직을 만들긴
했어요. 내부 교육 자료를 만들어서 더블 미닝의 의미, 쓰이는
상황, 가벼움 뒤에 의미를 숨기는 법, 레이어 만들기 등을
알려줍니다. 저희가 만들어내는 모든 디자인, 다양한 색깔에 이
더블 미닝 구조가 기본이 되고요.

폰트 제작은 어떤 과정으로 이루어지나요?

보통 연말이 되면 봉진 님이 사진 한 장을 전달합니다. 그럼
제가 그걸 가지고 3월까지 폰트로 만드는 것에 대한 가능 여부를

판단하고 스케치도 하면서 본격적인 작업에 들어갈 준비를 하죠. 이후 3, 4월에 완성된 스케치, 폰트 씨앗을 가지고 산돌에 갑니다. 100글자 정도 그려서 가져가는데 산돌의 반응은 늘 같아요. "와! 재밌겠어요. 그런데 진짜 이렇게 만들려고요?"(웃음) 이후 산돌에서 담당 디자이너가 정해지면 그 디자이너는 정말 행복해한다고 해요. 지금껏 개발한 폰트와 아예 다른 걸 만드니까 리프레시가 되는 거죠. 다행히도 구성원들이 다 하고 싶어 한다고 하더라고요. 그리고 저희는 1만 1,172자를 모두 만드는 게 아니라 2,300~2,400자 정도만 제작하니까 양도 적어요. 심지어 라이트, 미디엄, 볼드처럼 굵기별 서체 가족도 없고요. 예산도 당연히 많이 책정해서 드립니다. 그렇게 봄부터 시작해서 6~7개월간 개발을 마치고 10월 한글날 즈음에 새로운 폰트를 발표하죠. 기획부터 완성까지 9개월 정도 걸리는데, 그걸 10여 년간 매해 했어요.

명수 님은 언제부터 폰트 프로젝트에 참여했나요?

한나·주아·도현체는 이미 무료 배포하고 있었고, 저는 연성체부터 맡아서 개발했어요. 배달의민족에 들어온 지 얼마 안 됐을 때 봉진 님이 휴대폰에 있는 사진 한 장을 보여주며 재미있지 않느냐고, 이걸 원도로 폰트를 만들어보자고 했어요. 이후 폰트를 완성하고 나서 이름은 어떻게 지을지 물으니 제비뽑기를 해서 구성원 자녀의 이름을 붙인다는 거예요. 처음 폰트를 기획하는 단계부터 마지막 이름을 짓는 방식까지 얼핏 보기에 다 이상했지만 하나의 원리로 설명이 되더라고요. 바로 사람 냄새가 난다는 거예요. 직접 본인의 입으로 밝힌 적은

없지만, 봉진 님이 좋아하고 탐닉하고 결정하고 지속했던 것의
중심에는 늘 사람 냄새 같은 게 있었어요. 디자이너들이 생산하는
매끈하고 세련된 것과는 완전히 반대되는 성향이죠. 간판의 손
글씨도, 배달이 캐릭터의 모토가 된 꼭두도 모두 작자 미상의
작업이거든요. 유명 작가가 아닌, 우리 주변에 있는 보통 사람인
누군가가 만든 거예요. 그런 걸 굉장히 좋아하기 때문에 기업의
아이덴티티로 삼을 수 있었던 것 같아요. 심지어 최고경영자로서
중요한 결단을 내려야 할 때도 그분 특유의 사람 냄새가 물씬
나는 결정들이 있었어요. 예를 들어 '수수료 0%'를 발표했을
때 어떻게 그런 결정을 했느냐고 물으니 어머니 이야기를
하더라고요. 어머니가 25년 넘게 식당을 하셨는데 그 수십 년의
시간 동안 늘 3시 30분에 점심 식사를 하셨대요. 점심시간에는
바쁘니까 뒤늦게 드신 거예요. 그런데 자신의 어머니 같은
분들이 수수료 때문에 힘들어한다면 폐지하는 게 맞다는 거죠.

**고객의 신뢰, 브랜드 이미지가 아닌 '사람'을 먼저 생각했다는 점에서
수긍할 수밖에 없네요.**

맞아요. 그러니까 봉진 님이 하는 모든 결정은 한 사람의 인격, 삶,
스타일, 철학 등이 디자인과 경영에 작용·반작용하며 어우러진
결과라고 할 수 있어요. 저 같은 기능공 입장에선 그게 너무 좋아
보였죠. 하나의 세계가 탄탄하게 구축되어 있는 느낌이랄까요.
그래서 저의 일은 그 탄탄한 세계가 잘 유지되도록 구성원들에게
해야 할 일을 잘 전달해 주는 것이라고 생각했어요. 사실
배달의민족이 1년에 한 번씩 폰트를 개발하는 방식은 압도적인
톱다운이거든요. 봉진 님이 사진 한 장을 주면서 "이걸로

만들어주세요." 하면 시작되는 것이니까요. 그 상황에선 우리가
왜 이 일을 하는지 구성원들에게 충분히 설명해 주는 게 중요해요.
무엇보다 일할 땐 일하는 사람이 즐겁고 좋아해야 하니까 한 장의
이미지를 가지고 디자이너들에게 재미와 공감대부터 만들어줘야
하는 거죠. 그래서 기랑해랑체를 개발할 땐 디자이너들에게
원도를 보여주며 "이게 포항 호미곶 해맞이광장에 있는 화장실
안내 팻말이래요. 우리 여기 가볼까? 가서 이걸 쓴 사람의 마음을
한번 훔쳐봅시다."라고 했어요.

**배달의민족은 굳이 왜 폰트를 만들까요? 디자이너들에겐 어떻게
답하나요?**

한 명의 크리에이터가 가진 욕망이라고요.(웃음) 가장 원초적인
답을 할 수밖에 없어요. 물론 여기에는 전략이 숨어 있다는
얘기도 해줘야죠. 디자이너 출신 경영자가 본인의 영토를
끊임없이 확장하려는 데 이용하는 하나의 도구라고요. 봉진
님은 폰트나 디자인 이야기를 할 때 눈이 반짝반짝 빛나요.
배민문방구에서 때수건이나 효자손을 만들면서 진심으로
기뻐하고, 연성체를 쓸 때는 '히마리'가 없어야 한다는 식의
이야기를 하며 너무 즐거워했어요. 이 사람은 어쩔 수 없는
크리에이터라는 게 느껴지죠. 말 그대로 재미있어서, 좋아서
하는 일이지만 우리의 영토를 넓히고 우리의 존재를 널리
알린다는 측면에선 브랜딩인 것도 맞아요. 실제로 배달의민족
폰트를 쓰려고 하면 홈페이지를 방문해서 폰트를 다운받아
설치하는 일련의 수고스러운 과정을 거쳐야 하잖아요. 그렇게
함으로써 우리 폰트를 쓸 때마다 배달의민족을 생각할 수밖에

없게 돼요. 그런데 회사가 망했다고 생각해 보세요. 망한 회사의 폰트를 쓰고 싶겠어요? 그러니까 우리는 일을 잘해야 한다고, 그렇게 마무리합니다. 얼추 이야기가 되잖아요. 이 재미있는 걸 계속하려면 회사가 돈을 벌어야 하는구나. 우리가 일을 잘해야 하는구나!

폰트를 제작·개발하는 데 있어 대내외적으로 확고한 철학이 필요하군요.
봉진 님은 매년 우리가 디자인으로 세상에 기여할 수 있는 무언가를 만들 것을 마치 숙제처럼 내줬어요. 그때 깨달았죠. 아, 지금까지 개발한 폰트로는 성에 차지 않는구나. 이 사람, 앞으로도 계속 만들겠구나.(웃음)

수많은 폰트를 무료 배포하면서 정작 내부에서는 한나체만 사용합니다.
네. 제가 맨날 디자이너들에게 이야기하는 것이 '일단 배포만 하고 내부에서는 쓰지 않는다.'예요. 물론 새로 제작한 폰트 자체를 홍보하기 위한 작업물에는 사용할 수 있지만, 대내외 프로젝트, 커뮤니케이션에는 공식적으로 한나체만 사용합니다. 물론 이건 진짜 안 된다, 정말 다른 폰트를 써야 한다 싶을 땐 봉진 님 몰래 쓰기도 해요.(웃음) 아무튼 이젠 한나체만 쓰는 것 자체가 뿌리 깊은 문화가 됐기 때문에 디자이너들도 스스로 잘 알아서 하고 있어요. 다만 한나체는 타이틀에만 사용해야 하는데 본문에도 쓰기 시작하면서 문제가 됐죠. 그래서 봉진 님한테 이건 말로 해서는 안 될 문제라고, 차라리 본문 폰트를 만들자고 했어요. 그렇게 탄생한 게 바로 한나체 에어예요.

무료로 배포한 폰트 중에서 가장 인기가 좋은 건 무엇인가요?

따로 조사한 적은 없지만 저희 홈페이지에서 사람들이 다운받은
횟수 기록이 있어요. 1등이 을지로체, 2등이 도현체예요.
한나체도 많이 쓰지만 가독성을 고려했을 땐 도현체가 가장
우수하기 때문에 다운로드 수가 압도적으로 많아요. 또 사람들이
한나체와 도현체를 잘 구분하지 못해서 도현체를 한나체라고
생각하고 쓰는 경우도 많고요. 하지만 나중에 을지로체가
나오면서 그 기록을 훌쩍 뛰어넘었죠. 제 생각엔 결국 가독성이
인기를 좌우하는 것 같아요. 연성체나 기랑해랑체 같은 폰트는
스타일리시하지만 가독성에 한계가 있거든요.

을지로체의 인기가 높군요.

확실히 을지로체가 친근한 이미지가 있어요. 제목용으로 쓰기에
가장 적합한 폰트이기도 하고요. 요즘엔 방송용 타이틀에도
을지로체를 압도적으로 많이 사용하는데, 그전에는 도현체의
인기가 좋았거든요. 그런데 오래 보면 피로하기도 하고 워낙
좋은 폰트가 많이 나와 있어서요. 여러 폰트 전문 회사에서
볼드하고 개성 있는 폰트를 많이 제작하기 때문에 도현체의
투박하고 당당한 매력이 흔해졌죠. 을지로체의 경우 아직까지
대안이 될 만한 폰트가 나오지 않은 것 같고요.

폰트 개발 외에 브랜딩에서 특별히 기억에 남는 프로젝트가 있다면요?

'배달이' 캐릭터 개발이에요. 그냥 보통의 그림으로는 안 될
것 같더라고요. 어떤 성질이 필요하다고 생각해서 그 원형을

무엇으로 할지 고민하던 중에 봉진 님과 제주도 본태박물관에 가서 발견한 '꼭두'가 힌트가 됐죠. 우리나라 상여에 올라가는 토속 인형인데, 쭉 찢어진 눈에 못생긴 얼굴을 보고 둘이 동시에 '유레카'를 외쳤어요.

배달이 역시 생소하기로는 한나체와 마찬가지였을 것 같아요. 캐릭터는 보통 귀엽게 만드니까요.

그래서 완성하고 사용하는 과정 역시 쉽지 않았어요. 원형을 보여주니까 디자이너들이 다 이상하다고 하면서 얼굴을 자꾸 귀엽게 그리려고 했거든요. 안 된다고, 눈이 쫙 찢어진 모습으로 표현하라고 했죠. 그렇게 완성한 후 보쌈 브랜드와 프로모션할 때 캐릭터를 처음 선보였는데 이번에는 그쪽 마케팅팀에서 연락이 왔어요. 캐릭터가 너무 무섭게 생겨서 상품이 안 팔릴 것 같다고요. 한나체에 대한 반응과 똑같았죠. 그동안 보지 못했던 것, 낯선 것에 대한 거부감이랄까요. 심지어 우리 마케터들도 캐릭터가 너무 이상하다고 했어요. 그래서 더 확신할 수 있었습니다. 봉진 님이 시간으로 이긴 것처럼 '나도 우기자, 무조건 써야겠다.'고 생각했어요. 대부분의 클라이언트가 싫어했지만 1년간 우기면서 계속 사용했죠. 그렇게 지금의 배달이 캐릭터가 만들어진 거예요.

꾸준하게 우기면 된다?

우아한형제들에 와서 봉진 님이 자신의 철학을 선보이고 끌어나가는 방식, 진행의 흐름 등을 모두 직접 보고

경험했으니까요. 우겨야지 성공할 수 있다고 생각했어요. 결국
이 모든 건 김봉진이라는 한 사람의 정신이 회사에 뿌린
씨앗으로, 저는 그걸 시스템으로 만든 것뿐이에요. 배달이
캐릭터의 경우 우연히 본 꼭두 인형, 폰트는 봉진 님이 직접 찍은
사진 한 장이 그 씨앗인데, 그걸 던져주면 저는 디자인으로
키워내는 역할을 하는 거죠. 봉진 님은 그 과정에는 절대 관여하지
않아요. 꼭 지켜야 할 한 가지만 당부할 뿐 크리에이터로서
크리에이터를 믿는 거죠.

배민다움은 인간다움

우아한형제들의 문화는 무엇이라고 생각하나요?

「송파구에서 일을 더 잘하는 11가지 방법」에 나와 있긴 해요.
그런데 이걸 메타포적으로 풀어낸다면 봉진 님이 구성원들에게
자주 하는 질문으로 대신할 수 있을 것 같아요. "회사의 끝은
무엇일까요?" 이렇게 묻고는 자신 있게 "망하는 것."이라고
답하거든요.(웃음) 그러면 구성원들 모두가 "헐~" 할 수밖에
없는데, 사실이잖아요. 모든 기업은 언젠가 다 망해요. 다만
망하기까지 얼마나 오랜 시간이 걸리느냐의 문제인 거죠.
아무튼 여기서 또 다른 질문이 시작됩니다. 망하고 나면 무엇이
남을까요? 봉진 님의 답은 '문화'입니다. 칭기즈칸도, 로마도,
고조선도 모두가 멸망했잖아요. 그럼에도 오늘날 우리가 그들의
문화를 알 수 있는 것은 형식으로 남기고 전파했기 때문인
것이고요. 문화의 정수, 아우라, 정신, 철학 외에 수많은 무형의
자산은 형식이 없으면 전해질 수 없어요. 같은 이치예요. 저희는
우아한형제들 출신 구성원들이 좋은 사내 문화를 경험하고
이를 여기저기 다른 회사나 일터에 가서 전파하길 바라요. 그런
의미에서 한나체는 우아한형제들의 문화, 정신을 보여주는
형식이라 할 수 있어요. 투박하고 불완전하지만 다른 기업과
차별되는 형식으로 자신의 존재를 증명하는 거죠.

한나체 개발은 역시 디자이너 출신 경영자이기에 떠올릴 수 있었던 아이디어였네요.

그렇죠. 폰트는 디자이너가 아주 쉽게 이해할 수 있는 언어니까요. 인류의 가장 기본이 되는 베이식한 문화 형식은 언어인데, 그 언어를 표현한 것이 글자니까 바로 이 지점에서 답이 나오지 않았나 싶어요. 앞서 이야기했지만 문화라는 개념의 마지막, 가장 끄트머리에는 결국 형식이 남아요. 인류사를 봐도 이탈리아의 경우 선대의 문화유산이 국민의 생계에 큰 도움이 되는 반면, 칭기즈칸은 그 많은 땅을 정벌했음에도 형식이 하나도 남아 있지 않으니 초라하기 그지없잖아요. 이런 선례로 봤을 때 기업 문화를 형식으로 남기려는 시도 역시 수장의 혜안이라는 생각이 들어요. 게다가 디자인을 전공했으니까 디자인이라는 형식이 갖는 힘도 잘 알 테고요. 그래서 비록 이상한 폰트, 특이한 캐릭터를 만들었다 해도 남들은 절대로 따라 할 수 없는 형식을 창조한 것에 저는 자부심을 느낍니다. 따라 하려는 순간 상대도 배달의민족이 돼버리니까요.

한나체의 강한 개성이 형식으로서의 경쟁력이랄지 가치를 더해주는군요.

우아한형제들에 입사하기 전에는 이런 폰트 플레이를 오래 할 수 있을지, 지속 가능성에 의구심을 가졌다고 했잖아요. 이후 경영인의 의지로 밀어붙이는 우기는 정신에 대해 이해하게 됐는데, 그걸 떠나서 이런 디자인을 회사의 아이덴티티로 삼았다는 것 자체가 특별한 것이었어요. 많은 기업이 한나체 같은 날것의 느낌, 정제되지 않은 디자인을 이벤트용으로는 사용하지만 회사의 아이덴티티로는 사용하지 않으니까요.
차별화를 위한 전략적 측면에서도 경쟁력이 뛰어난 거죠.
우아한형제들을 설립한 지 13년 됐는데, 이렇게 불완전하고
어설픈 모습을 자신의 얼굴이라고 선언한 회사는 아직까지,
여전히 우리밖에 없어요.

**한나체라는 네이밍과 그에 얽힌 스토리 역시 폰트로서의 존재감을
더하는 데 도움이 된 것 같아요.**

고유의 이름이 있다는 건 하나의 존재로서 인격적 특성이 있다는
것이잖아요. 그런데 그걸 폰트 이름으로 붙인 거예요. 저는 이
부분에서 봉진 님과 저의 가장 큰 차이점을 느꼈어요. 만약
저라면 폰트의 생김새를 보고 그 특징을 반영해 이름 지었을 텐데
완전히 생뚱맞게 자신의 딸 그리고 구성원들의 자녀 이름을
붙였잖아요. 폰트의 기원은 길거리 간판에서 발견한 소박하고
투박한 글자체인데, 그 특징을 고스란히 담아 완성한 폰트에 회사
구성원의 자녀 이름을 붙이다니! '세상에 이렇게 개연성 없고 말이
안 되는 크리에이티브가 있을 수 있나?'라고 생각할 수 있지만,
어떻게 보면 그것이야말로 제가 갖지 못한 능력이더라고요.
도대체 봉진 님은 왜, 어떻게 그럴 수 있나 궁금했는데 나중에
회의실 이름을 지으며 알게 됐어요.

회의실 이름이요?

저희 회사 회의실 이름이 좀 특이해요. 지금 이곳 건물은
스포츠가 테마이기 때문에 '장거리방' '단거리방' 등으로 이름

붙였죠. 그런데 바로 옆 건물에도 콜센터 직원들이 사용하는
회의실이 여러 개 있거든요. 그 이름을 지어야 해서 봉진 님에게
어떻게 할지 물어봤더니 한번 생각해 보자고 하더라고요.
그리고 얼마 후 아침 7시 반에 연락이 왔어요. 콜센터 직원들이
다녀온 여행지 중에서 가장 기억에 남는, 추억이 있는 도시명을
회의실 이름으로 붙이자고요. 다만 파리, 로마, 런던 같은 뻔한
도시는 제외하고요. 그래서 특별한 이유가 있는지 물었더니
"사람들이 그런 이름을 보고 궁금해할 테니까요. 그때마다 그
직원의 이야기를 들려주면 좋잖아요." 하는 거예요. 그러니까
봉진 님은 구성원들의 이야기, 그리고 서로 대화를 이어 나갈
수 있는 커뮤니케이션에 늘 주목해요. 콜센터 직원 한 사람 한
사람에 대한 관심이라고도 할 수 있는데 누군가의 삶을 존중하는
태도에서 나오는 기품이 느껴지죠. 생각해 보세요. 그 구성원은
자기 이야기가 회의실 이름으로 선정됐을 때 뿌듯함, 자부심을
느끼지 않겠어요? 그러니까 봉진 님에겐 논리나 개연성보다는
사람과 사람이 커뮤니케이션할 수 있는 접점을 만드는 것,
누군가의 삶에 주목할 수 있도록 하는 게 더 중요한 겁니다.
특유의 인간적 면모도 있지만, 스토리텔러로서의 감각도 타고난
것 같아요.

디자이너 출신 창업자가 만든 회사인 만큼 디자인팀만의 특별한
운영 방식이랄지 일하는 문화도 있을 것 같은데요.

일단 좀 자유로워요. 프로모션을 하다가 UX 디자인을 할 수도
있고 그 반대가 될 수도 있고요. 자유롭게 포지션을 옮길 수
있도록 권장하는데, 이 조직 안에서 자기가 하고 싶은 일을

끊임없이 찾게 해주려는 의도예요. 제가 제일 공들이고 있는
커뮤니티 문화죠. 이 외에도 구성원들끼리 디자인에 대한 피드백을
자주 주고받는데, 디자이너들에게 가장 힘들고 어려운 일이 아직
완성되지 않은 자신의 디자인을 노출하는 것이거든요. 그래서
어느 회사든 좀 감각 있고 배려심 있는 경영인은 모니터가
남들한테 잘 안 보이는 구석 자리에 디자이너를 배치하죠. 근데
저희는 정반대예요. 오히려 그런 태도가 디자이너의 성장을
막는다고 생각하기 때문에 디자이너가 끊임없이 자신의 어설픔을
내보이고 피드백 받을 수 있도록 환경을 조성합니다. 아직
완성되지 않은, 내 성에 차지 않는 시안을 전체 공개로 위키에
올리면 구성원들이 피드백을 해요. 그중에서 최종 선택되는
A안은 물론 나머지 시안도 다 박제해 둠으로써 모두가 볼 수
있게 하고요. 디자이너가 15명일 때부터 만들어온 문화이기
때문에 가능한 것 같아요.

디자이너가 자신의 작업 과정을 공유하게 하는 특별한 이유가 있나요?

배달의민족 디자인에서 작업의 완성도는 매뉴얼대로 따라
한다고 해서 높아지는 게 아니기 때문이죠. 디자이너가 이런저런
경험을 하며 경험치로 이루어내는 거예요. 그리고 그 과정에서
여러 사람이 묻고 답하길 반복하며 함께 가이드를 만들고요.
결국 구성원들이 자기 작업을 노출하고 피드백을 받는 가운데서
이루어지는 정서적·미적 교감이 디자인 가이드가 되는 셈이에요.
이 과정을 충실히 따르면 어떤 디자이너가 해도 평균치의
결과물을 낼 수 있다고 봐요. 마치 한 사람이 만든 것 같은
때깔이 커뮤니티의 힘에서 나오는 거죠.

일부러 투박하고 어설프게 보이도록 하기 위해 정교한 작업을 하는 거군요.

관련해서 하나 더 재밌는 얘기를 덧붙이면, 4년 전쯤 어떤 브랜드 컨설팅 회사와 함께 일한 적이 있어요. 당시 배민아카데미부터 배민프레시 등 새롭게 생긴 브랜드가 하나둘 늘어나면서 내부에서 관리하는 것에 한계를 느끼고 브랜드 통일화를 위해 협업을 진행했죠. 배달의민족이 나아가야 할 방향을 객관적 관점에서 제안해달라고 했습니다. 너무 우리만의 고집을 부리는 게 아닐까, 혹시 우물 안 개구리는 아닐까 하는 걱정이 됐거든요. 그렇게 프레젠테이션을 진행했는데 컨설팅 회사 대표가 배달의민족 홈 스크린 아이콘에 대한 지적을 했어요. 에어비앤비, 인스타그램 같은 곳과 비교하면서 우리만 너무 업데이트가 안 되어 있다고, 바꿔야 한다고요. 그런데 그 얘기를 들은 봉진 님이 "그래서 안 바꿀 건데요." 하는 거예요.(웃음) "다른 기업은 모두 100점이 되기 위해 노력하는 거잖아요. 저희는 계속 70점으로 남아 있을 겁니다."라고 했어요. 남들은 더 세련되고 미니멀해지기 위해 열심히 노력하시라, 우리는 그냥 70점으로 남아 있겠다는 거죠. 오히려 70점이기 때문에 우리가 더 튈 수 있다면서요. 그러니까 모든 기업의 경영인들이 100점이 되기 위해 노력할 때 그 기준 밑에 있는 걸 오히려 즐거워하고 통쾌해했던 것 같아요. 70점짜리인 것을 기꺼이 즐기는 느낌이라고 할까요.

그렇다면 현재 70점짜리 디자인 조직을 이끌고 있잖아요.
어떠세요?(웃음)

우아한형제들 디자이너들은 '공들여 만든 어설픔'이라는 말을
자주 써요. 매사 모든 것에서 그렇게 하기 때문이죠. 스케치할
때도 일단 예쁘게 그리면 절대 안 되고요. 대충 쓱 그린, 엇나간
느낌을 선호합니다. 그런데 그런 어설픈 것을 100배 확대해서
봤을 땐 정교하게 그려져 있어야 해요. B마트 배지가 좋은
예인데요. 지하철 광고를 위해 크게 확대한 3D 버전을 보면
배지를 만들 때 생기는 공기 방울까지 다 재현되어 있거든요.
어설프게 보일 수 있도록 모든 디테일을 정교하게 다 살린
거예요. 봉진 님이 처음 만들어놓은 그 어설픔을 앞으로도 쭉
지켜가는 것이 제가 해야 할 일이라고 생각해요.

석금호 산돌 의장

"배달의민족 폰트는 하나의 문화적 유산이다."

1984년에 문을 연 산돌은 한글 폰트 디자인의 살아 있는 역사다.
1970년대 말, 인쇄를 위해 기계뿐 아니라 한글 글자판까지
일본에서 수입해야 하는 현실에 치욕스러움을 느낀 석금호가 직접
폰트 개발에 뛰어들며 시작되었다는, 흡사 영웅의 서사를 떠올리게
하는 설립 배경부터 그렇다. 역사가 시대 영웅의 삶을 기록한다면,
소설은 그 시대를 산 영희나 철수의 삶을 그린다고 했던가. 그런
의미에서 배달의민족은 한국 폰트 디자인계에 한 편의 소설처럼
등장했다고 할 수 있다. 실제로 한나체, 주아체, 도현체 등이
주인공으로 등장하는 배달의민족 폰트는 소설만큼 일상적이면서
재미있고 친밀하다. 이렇게 서로 다른 기업이 손을 잡은 것은
2013년 주아체 개발 때부터다. MS오피스를 비롯해 애플, 구글,
IBM 등에 직접 만든 폰트를 탑재하고 현대카드, 카카오, 네이버
등 유수의 기업과 전용 폰트를 개발해 온 산돌은 이 요청에 기꺼이
손을 맞잡았다. 숙련된 장인, 좋은 교육을 받은 엘리트가 이끌던
폰트 디자인계에 '배달의민족 폰트'가 던진 돌의 파장을 즐거이,
유유한 마음으로 받아들이며 좋은 폰트와 나쁜 폰트의 경계를
없애는 작업에 동참했다.

한나체의 첫인상이 어땠는지 궁금합니다.

세련되게 빈틈없이 잘 만든 폰트를 보면 너무 꼭 맞는 슈트를
입어 불편한 사람처럼 느껴질 때가 있어요. 한나체는 정반대였죠.
못생긴 게 활기차게 돌아다니는, 자유분방한 사람을 보는 것
같았습니다. 마치 부족한 내 모습과도 같아서 대중에겐 오히려
편안하고 친근하게 다가갈 수 있겠다고 생각했어요. 그렇게
흥미롭게 지켜보던 중에 김봉진 창업자로부터 한글에 대한
강연을 해달라는 요청을 받았습니다. 그러면서 한나체에 대해
어떻게 생각하느냐고 묻더군요.

뭐라고 답했나요?

기업이 추구하는 철학, 반영하고자 하는 의도가 잘 나타나고
시대와 문화의 요구를 충족시킨다면 훌륭한 디자인이고
마케팅이라고 했습니다. 저는 폰트도 디자인이기 때문에 취향과
개성의 영역에서 판단할 수 있다고 봐요. 좋은 폰트, 나쁜 폰트는
없다는 얘기죠. 한나체는 폰트 디자인의 원리 원칙에 맞지
않았지만 시대정신에 부합하는 측면에서 좋은 폰트였습니다.
그렇게 칭찬 아닌 칭찬을 해주었죠.

생각보다 평가가 후했네요.

한나체가 등장하기 전까지 디자이너들은 폰트를 제작할 때
글자를 완성도 있게 잘 그리는 것에만 집중했으니까요. 단정하고
일관되게, 폰트 디자인의 원리 원칙에만 입각해서 만들었어요.
그런데 한나체는 이 모든 관습과 정해진 틀에서 벗어나 판을

뒤집어엎었어요. 이전에는 하지 않던 시도로 신선한 충격을
주었죠. 사람들의 관심을 모으고 집중시키기에 충분했습니다.
물론 손봐야 할 부분은 많았어요. 이후 산돌과 함께 폰트를
제작하고 싶다는 연락을 받았습니다. 직접 만드는 데는 아무래도
기술적 한계가 있으니까 산돌과 함께하고 싶다고요.

그렇게 본격적으로 협업이 시작됐군요.

단발성이 아닌 연간 계약으로 파트너십을 맺자고 하더군요.
폰트를 제작한 이후에도 계속 업그레이드하고 관리하며
지속적으로 프로젝트를 이어 나가길 바라는 마음에서 그랬던 것
같아요. 매년 상당한 비용을 치르며 계약을 갱신했고, 산돌 역시
배달의민족 폰트라면 좀 더 관심을 갖고 아이디어를 내면서
정말 즐겁게 일했습니다. 좋은 폰트를 만들겠다는 공동의 목표와
서로 간의 신뢰를 바탕으로 한 프로젝트였기에 가능했죠. 그렇게
10년에 걸쳐 꾸준히 폰트를 만들었습니다.

**산돌은 국내외 다양한 기업 전용 폰트를 개발했습니다. 배달의민족이
여느 기업과 달랐던 점이 있다면 무엇인가요?**

보통 최고경영자가 전용 폰트의 필요성을 느끼고 주도적으로
개발하는 사례는 드물어요. 대부분 마케팅팀이나 관련 부서에서
회사 이미지 쇄신을 위한 전략으로 진행하죠. 이미지가 너무
올드해졌거나 아이덴티티가 바뀌었을 때, 시대와 맞는 새로운
모습으로 변화해야 할 필요성을 느낄 때 전용 폰트를 하나의
전략으로 내세우는 거예요. 그런데 배달의민족은 처음부터

전용 폰트의 효과를 알고 기획한 거죠. 더욱이 그 주체가 디자이너이자 최고경영자였고요. 창업자가 디자이너라서 확실히 마음이 잘 통하는 면도 있었습니다. 서로 의견을 교환하고 토론하는 모든 과정이 자유롭고 수평적으로 이루어졌는데 그게 그들이 평소 일하는 방식과 문화인 것 같았어요. 여느 기업과는 확연히 달랐죠. 태도뿐 아니라 프로세스도 그랬습니다. 보통은 추구하는 방향과 강조하고 싶은 이미지, 특성 등을 문서로 정리해 오면 그 자료를 바탕으로 기획해서 저희가 이미지를 도출하는데 우아한형제들은 직접 원도를 그려서 가져왔으니까요. 원하는 바, 나아가고자 하는 방향 모두가 명확했어요.

프로젝트 진행 역시 훨씬 수월했겠습니다.

하지만 다른 종류의 어려움이 있었죠. 우아한형제들이 원하는 바를 성공적으로 구현하려면 기술적으로 해결해야 할 문제가 많았어요. 일단 바탕이 되는 글자 자체가 매우 엉성했어요. 폰트로서 가장 기본적으로 갖춰야 할 규칙성, 일관성이 없었기 때문에 이를 완성도 있게 만드는 작업은 어려울 수밖에 없었습니다. 게다가 가장 중요한 미션으로 원도 자체의 느낌을 살려야 했어요. 보통 기업 전용 폰트는 처음부터 로직을 바탕으로 만들기 때문에 오히려 제작 단계에선 큰 어려움이 없습니다. 반면에 배달의민족 폰트는 고려해야 할 사항이 너무 많았죠.

구체적인 예를 든다면요?

자간부터 행간, 글줄, 띄어쓰기, 모든 것이 다 그랬어요. 글자체
자체가 평범하지 않기 때문에 어떻게 하면 좀 더 보기 좋게 만들
것인가 고민하는 동시에 원도의 느낌을 훼손하지 않고 최대한
살리기 위해 쉼 없이 연구했습니다. 자유분방하게 그린 글자체에
어느 정도의 일관성을 부여할 것인가, 못생기고 어색한 요소를
어디까지 허용할 것인가에 대한 예민한 판단이 필요했죠. 느낌을
기술로 구현한다는 게 결코 쉽지 않기 때문에 그런 건 제가
맡아서 디렉팅했습니다.

**주아체부터 을지로오래오래체까지 형태는 제각각 다르지만 이들
폰트에서 느껴지는 공통적인 요소를 꼽는다면 무엇일까요?**

누가 봐도 똑같이 대답할 것 같아요. 골목에서 흔히 볼 수 있는
글자체, 세련되기보다는 토속적이고 재미있는 B급 정서 같은
게 느껴지죠. 동시에 1960~1970년대를 살았던 위 세대의 삶의
애환이랄지 가난하고 어려운 시절을 관통하는 정서 같은 게
담겨 있고요. 저희 세대는 이러한 감성, 정서에 대해 어느 정도
알잖아요. 실제로 붓글씨로 쓰거나 아크릴판을 잘라 만든 거리의
간판을 보며 자랐으니까요. 그런데 이런 걸 한 번도 경험해보지
않은 젊은 세대가 배달의민족을 비롯한 복고 문화에 열광하는
이유가 무엇일까 생각해봤어요. 산돌 역시 한글 소스를 활용해
모바일 이모티콘부터 문구류 등 다양한 상품을 개발한 산돌티움을
운영해 본 경험이 있기에 더 흥미롭더군요. 옛날 교과서에 나왔던
철수와 영희를 소재로 한 '바른생활 시리즈'가 인기를 끄는 것을
보며, 왜 젊은 세대도 이런 것에 애정을 느낄까 나름 연구해 봤죠.

확실히 과거 유산을 새롭게 바라보는 시선이 생긴 것 같습니다. 과거 세대가 가난했던 옛날을 부끄럽고 탈피해야 할 무언가로 생각한다면 요즘 젊은 세대는 그 시절에도 애정을 담게 됐다고 할까요. 소박하고 멋스럽지 않아도 우리 것에 대한 자부심을 느끼게 된 것 같아요.

맞습니다. 그와 더불어 제가 내린 결론은 한국인의 정서에 마치 DNA처럼 소박함, 수공업, 버내큘러, 복고 같은 것을 선호하는 성향이 있다는 거예요. 그 DNA가 경험하지도 않은 향수를 소환한다고 할까요. 과학적 근거는 없는 저의 해석일 뿐이지만, 그게 아니라면 젊은 세대가 한 번도 본 적 없는 바른생활 교과서 속 영희와 철수를 좋아할 리 없다는 거죠. 물론 간판의 경우 을지로체의 배경이 된 을지로 지역을 지나다니며 한두 번 봤던 게 무의식에 남아 있을 수 있어요. 실제로 저희 세대는 배달의민족 폰트를 통해 어릴 적 골목에서 늘 보았던 풍경에 대한 향수를 느끼니까요. 김봉진 창업자 역시 간판 글씨에서 과거 세대의 삶을 보았다고 생각해요. 특히 을지로체 프로젝트에 그런 이야기를 많이 담으려 했죠.

을지로체의 경우 단순한 폰트의 조형성, 기능성을 넘어 특정한 의미와 가치를 부여한 사례라고 생각합니다. 실제로 이렇게 스토리텔링을 모티프로 한 폰트도 많이 개발하나요?

기업의 의뢰가 아닌, 저희가 직접 개발하는 폰트의 경우 오히려 스토리텔링이 더 중요하게 작용하기도 합니다. 산돌에서 '시대의 거울'이라는 이름으로 1960~1970년대 시대상을 반영한 폰트를 개발했던 것이 좋은 사례일 것 같네요. 학생 운동가의 모습을 연상시키는 '청류'와 군중의 힘찬 목소리를 담은 '노도', 그리고

당시 국가 주도 산업화의 중심에 있던 고속도로를 이미지로
표현한 '로터리', 마지막으로 대중문화의 속도감을 보여주는
'프레스'로 구성했습니다. 처음 폰트를 기획하고 스토리텔링해서
폰트로 개발하는 과정 역시 배달의민족 폰트 프로젝트와 크게
다르지 않았어요.

**말씀하셨다시피 산돌은 한글문화의 다양성과 양질의 폰트 확산을
위해 자체적으로 개발, 판매하는 폰트가 무척 많습니다. 따라서
무료로 배포하는 한글 폰트에 대해선 부정적일 수밖에 없을 것
같은데요. 배달의민족 폰트를 무료 배포한다고 했을 때 어떤
입장이었나요?**

배달의민족이 폰트를 개발한 배경과 목적은 분명했어요. 기업의
브랜딩과 마케팅을 위한 것이니 산돌이 하는 일과 아예 성격
자체가 다르죠. 그래서 불만이 있다기보다는 오히려 사람들이
한글 폰트에 더 관심을 갖고 친근감을 느끼게 해줬다는 점에서
고마웠습니다. 당시에는 사람들에게 낯선 문화였던 폰트에 대한
경계심을 풀어주는 데 큰 역할을 했다고 봐요. 폰트 산업에 득이
됐다면 득이 됐지 해를 끼친 건 없다고 생각합니다. 결과적으로
서로 윈윈할 수 있는 시스템을 마련한 것이니까요.

**산돌은 국내외 유명 기업의 전용 폰트를 개발한 다양한 경험을 갖고
있습니다. 그중에 우아한형제들처럼 전용 폰트를 브랜딩과 마케팅에
적극적으로 활용한 사례가 있는지 궁금한데요.**

일단 서양을 비롯해 로마자를 사용하는 문화권에는 양질의 좋은

폰트가 많기 때문에 전용 폰트를 개발하더라도 디스플레이, 제목용 정도만 만들고 본문용은 기존 폰트를 활용하는 경우가 많아요. 우리나라처럼 처음부터 전부 개발해서 사용하는 경우는 드뭅니다. 하지만 해외에서도 전용 폰트의 중요성을 인지하고 적극 개발·사용하는 경우가 아예 없는 건 아닙니다. 산돌의 해외 파트너사인 영국의 달튼 매그Dalton Maag 같은 파운드리도 기업 전용 폰트 개발에 관해 유서 깊은 곳이죠. 두카티, 러쉬, 넷플릭스 등의 전용 폰트를 제작했고요. 전용 폰트의 중요성을 알고 꾸준히 개발하는 일은 여전히 전 세계적인 트렌드입니다. 브랜딩, 마케팅에 있어 기업의 중요한 관심사죠.

배달의민족처럼 폰트를 활용한 브랜딩, 마케팅에도 적극적인가요?

그렇죠. 다만 기업의 주력 비즈니스가 무엇이냐에 따라 차이는 있을 겁니다. 자동차나 가전제품 등을 양산하는 기업보다는 금융, 온라인 서비스 등을 제공하는 기업이 고객과의 접점에 훨씬 적극적으로 사용하겠죠. 제품 자체에 폰트의 비중을 높이거나 무분별하게 사용할 수는 없으니까요. 폰트를 대대적으로 내세우기보다는 존재감 없이 공기처럼 10년, 20년 꾸준히 사용하며 사람들에게 각인시키는 방식이 더 효과적일 수도 있고요. 그런 의미에서 배달의민족의 마케팅 방식은 확실히 강력하고 남다르긴 합니다. 물론 20년 뒤에도 사랑받을 수 있는 지속성을 염두에 둔다면 물음표를 그릴 수도 있어요. 하지만 저는 배달의민족 폰트를 하나의 문화적 유산으로 보기에 영원한 인기 같은 건 상관없다고 봅니다. 브랜드 자산이자 유산으로서의 가치는 시대가 변한다고 달라지는 게 아니니까요.

수많은 기업 전용 폰트를 개발한 제작자로서 한 기업이 전용 폰트를 갖는다는 것은 어떤 의미일까요?

폰트는 본연의 아이덴티티를 분명하고 명확하게 전달할 수 있는 가장 효과적인 도구죠. 제품, 문서, 광고, 간판, 어디든 쓰이니까요. 그렇게 폰트를 통해 모든 사람이 다양한 접점에서 브랜드를 만날 수 있는 거예요. 매체에 관계없이 광범위하게 영향을 미칠 수 있고요. 결국 아이덴티티는 정체성을 시각적으로 표현하고 보여주는 일이라 가장 잘 어울리는 옷을 입는 게 중요하다고 생각합니다. 기업에 옷을 입히는 역할, 그게 바로 전용 폰트가 하는 일이에요.

앞서 배달의민족 폰트를 '편안한 옷'에 비유한 것과 같은 맥락인 것 같습니다.

늘 말끔한 모습을 유지하기 위해 원리 원칙과 규칙에 얽매였던 디자인계를 무장해제 시키는 역할을 했죠. 꼭 슈트만 입어야 하는 줄 알았는데 헐렁한 점퍼를 걸쳐도 멋스럽다는 걸, 오히려 자유롭고 편안하게 거칠 것 없이 활개 칠 수 있다는 걸 보여준 것 같아요. 아이덴티티라는 게 고유한 정체성인데 모두 같을 순 없잖아요. 각자 개성에 맞는 옷을 입을 수 있게 물꼬를 트는 긍정적 역할을 했다고 봅니다. 생각해 보면 김봉진 창업자의 첫인상과 배달의민족 폰트의 느낌이 비슷했어요. 규정을 타파하고 격식을 차리는 것에서 벗어나고 싶어 하는, 에너지가 많은 사람처럼 느껴졌거든요. 아이디어가 굉장히 많을 것 같았고 어디로 튈지 모르는 예측 불가능함이 매력적으로 다가왔습니다. 무엇보다 자신감이 있었고요. 저는 배달의민족이 B급 문화라는

옷을 입은 것 역시 자신감에서 나왔다고 봐요. 내실을 탄탄하게
다진 기업만이 과감하게 입을 수 있는 옷이죠. 그렇지 않다면
자신을 정말 B급으로 볼까 봐 두려워서 고급스럽고 세련되게
치장하기 바쁠 거예요.

**마지막으로, 한글 폰트를 제작하는 기업 혹은 디자이너에게 당부하고
싶은 말이 있다면 들려주세요.**

제가 늘 하는 얘기인데, 한글은 단순한 글자가 아닌 민족의 뿌리,
정신과 연결된 것이라고 생각해요. 한자를 못 읽어 어려움을
겪는 백성들의 아픔을 외면하지 않고, 사대부의 암살 위협에
맞서며 세종이 목숨을 걸고 개발한 글자잖아요. 중국의 속국이
아닌 조선의 왕으로서 민족의 정체성을 담아 만든 것인 만큼
우리의 위대한 자산이죠. 또한 뛰어난 논리성과 과학성을
지녔다는 점에서 인류의 최대 지적 자산이라고 자부합니다.
발음되는 소리를 중심으로 표기하는 문자로, 전 세계에서
가장 많은 음절을 표현할 수 있는 글자이기도 해요. 저는
이렇게 한글에 내재되어 있는 정신과 가치야말로 우리 국민의
아이덴티티이자 우리 후손들의 아이덴티티가 되어야 한다고
생각합니다. 사람들은 이미 갖고 있는 것에 대한 소중함을 잊기
쉬운데 모두가 이런 자부심을 갖고 살았으면 좋겠어요.

배달의민족 폰트에 대해 말하는
목소리들

방은하
전 우아DH아시아 크리에이티브 디렉터,
전 HS애드 ECD Executive Creative Director

"HS애드 재직 시절, '우리가 어떤 민족입니까' 론칭
캠페인을 시작으로 배달의민족 광고 캠페인 대부분을 맡아서
진행했다. '배민 선물하기' '너에게 밥을 보낸다' 광고 캠페인이
HS애드에서의 내 마지막 작품이었다. 내가 만든 배달의민족
광고의 대부분은 한나체로 쓴 메시지가 뜨면서 끝난다. '우리가
어떤 민족입니까' '우리가 어떤 민족이랬지?' '사시사철 천지사방
불철주야!' '버거킹도 우리 민족이었어' 등 모든 문구를 화면에
왼쪽 정렬로 크고 대범하게 배치하는데, 이를 위해서 글자
수도 제한한다. 한나체는 이렇게 올드한 방식으로 쓸 때 가장
매력적이다."

"처음 한나체를 봤을 때 깜짝 놀랐다. 직원이 10명 정도 되는 회사가 폰트를 가지고 있다고? 게다가 그 생김새는 짓궂고 개구지고 유머러스한, 탈권위적인 모습이었다. 폰트를 보는 순간 바로 기업 이미지가 떠올랐다. 완전한 페르소나였다. 기업이 폰트를 페르소나로 삼았다는 것은 브랜딩에 대한 개념을 탑재한 것이고 이는 곧 기업 문화의 본질에 대해 숙고한다는 의미다. 게다가 폰트 이름을 창업자의 자녀 이름에서 따왔다고 하니 그런 사람의 생각, 가치관을 바탕으로 한 기업에 감명받지 않을 수 없었다."

"배달의민족 폰트가 한국의 시각 문화에 끼친 영향은 별다른 게 아니다. 예전에는 전용 폰트가 대기업만 만들 수 있는, 대단하고 세련된 무엇이었다면 이제는 자기 정체성, 헤리티지를 나타내는 하나의 수단이 되었다. 이는 단순한 레트로 열풍과 다르다. 요즘 젊은 세대는 내 것, 내 가족의 것, 우리 동네의 것을 자신의 정체성으로 삼고 이를 표현하는 일에 자부심을 느낀다. 여느 대기업과 다르게 전용 폰트 이름을 '한나'라고 짓고, 소박하면서도 유머스럽게 자신의 정체성을 만든 배달의민족이 이러한 현상을 촉발한 것 같다."

"나는 카피라이터 그리고 크리에이티브 디렉터의 노트북에 가장 많은 종류의 폰트가 다운로드되어 있을 거라 생각한다. 그만큼 그들은 폰트 사용에 예민하다. 폰트는 단순한 내용뿐 아니라 한 사람이 말하는 화법과 톤 앤드 매너 그리고 느낌까지 모두 전달할 수 있는 아주 중요한 도구이기 때문이다. 프랑스 요리를 스테인리스 그릇에 담아낸다면 그 요리의 맛을 온전히 느끼고 즐길 수 없는 것과 마찬가지다. 상황과 내용에 맞게 폰트를 사용할 때 레토릭rhetoric95이 나온다."

"우아DH아시아의 배달 플랫폼 '푸드판다' 역시 브랜딩 차원에서 폰트를 개발했다. 재미있는 점은 이 폰트가 브랜드 캐릭터인 판다의 손 글씨라는 것이다. '파우파우Pau-Pau'라는 이름의 이 판다는 나이와 성별이 분명할뿐더러 고유의 성향과 철학까지 확실한 캐릭터다. 하지만 판다는 동물이지 않은가?(웃음) 그래서 디자이너에게는 최소한의 가독성만 확보한 채 마치 판다가 앞발로 쓴 것 같은 글씨로 만들어달라고 요청했다. 또한 파우파우는 아직 어리기 때문에 알파벳을 잘 모른다는 설정으로 대소문자가 뒤섞인, 삐뚤빼뚤한 글자체를 전용 서체로 완성했다. 이후 모든 광고에 파우파우의 손 글씨를 사용하자 소비자의 몰입도가 달라졌다."

---

95 말과 글을 도구로 사람을 설득하는 기술.

인기완
전 우아한형제들 해외사업 부문장

"나는 디자이너도 아니고 솔직히 처음엔 폰트를 활용한 마케팅에 아무런 감흥이 없었다. 그런데 사람들이 다니엘체만으로 배민을 인지하는 것을 보고 폰트가 굉장히 강력한 마케팅 도구라는 걸 깨달았다. 폰트는 전 세계 모든 곳에서 사용하는 도구이자 문화이기 때문에 어디서든 통할 수 있는 전략이었다."

"음식 배달은 고관여 서비스가 아니다. 배가 고프면 별다른 고민 없이 앱을 켜서 먹고 싶은 걸 주문하면 끝이다. 따라서 앱에 접속하는 세션 타임도 굉장히 짧다. 그렇다면 평균 4~5개 정도 되는 음식 배달 앱 중 하나를 선택하는 기준은 무엇일까? 결국 사람들은 제일 먼저 떠오르는 브랜드의 앱을 사용한다. '톱 오브 마인드' 브랜드가 되는 것이 중요할 수밖에 없는 이유다. 봉진 님 역시 '톱 오브 마인드'가 중요하다고 늘 강조했다. 그렇다면 어떻게 해야 고객의 마음 꼭대기에 올라설 수 있을까? 단순히 광고를 많이 한다고 해서 되는 건 아니다. 최초 상기도top of mind awareness를 높이려면 고유성이 있어야 한다. 이 고유성이 소비자에게 호감으로 작용해 '관계'가 만들어질 때 효율적으로 다가갈 수 있다. 배달의민족이 음식 주문을 도맡아 하는 조직의 막내들에게 '친근한 동네 형' 같은 이미지로 다가간 것이 확실한 효과를 거둔 셈이다. 즉 배달의민족이 했던 모든 재미있는 마케팅은 결국 브랜드 사용자, 타깃의 최초 상기도를 높이는 것을 목적으로 얼마나 일관성 있고 재미있게 하느냐가 핵심이었다. 베트남 배민에서도 마찬가지였다. 2030 여성을 대상으로 그들이 흥미를 갖고 재미있어할 만한 마케팅을 펼쳤다."

"단순히 폰트만 만든다고 해서 갑자기 인지도가 올라간다든가 선호도가 높아지는 효과를 기대하긴 어렵다. 브랜드 인지도라는 것은 진출하는 시장의 범위와 속도 그리고 비용 등 여러 가지 요인에 따라 달라질 수 있기 때문이다. 하지만 확실한 것은 바로 이 폰트 덕분에 배민은 베트남에서 '재미있는 회사' '기발한 마케팅을 하는 브랜드'라는 일관된 이미지를 갖게 됐다는 거다. 한국의 배달의민족처럼 폰트를 활용해 언어유희, 말장난 같은 문구와 메시지를 전함으로써 소비자와 소통할 수 있는 접점을 만든 게 유효했다. 베트남에선 지금까지 이런 특정한 메시지를 전하는 마케팅이 없었다. '50% 할인' '하나 사면 하나 더 줘요.'와 같은 소통이 전부였다. 폰트 자체를 잘 만드는 게 아니라, 그 폰트를 브랜딩과 마케팅에 얼마나 잘 활용하고 효과적으로 사용하느냐가 중요하다는 것을 체감했다. 실례로 베트남 내 경쟁사에서도 뒤늦게 전용 폰트를 만들었지만, 그 폰트를 보고 특정한 이미지를 떠올리는 사람은 거의 없다. 하지만 다니엘체를 보면 바로 배민을 떠올리고, 다니엘체로 전하는 메시지를 통해 재미있고 유쾌한 브랜드 아이덴티티를 느낄 수 있다."

제3장. 주요 등장인물 인터뷰

장인성
전 우아한형제들 **CBO** Chief Brand Officer

"한나체를 만들고 나서 처음으로 명함에 한나체로 이름을 썼을 때 '드디어 우리 브랜드가 우리다운 옷을 입었구나.'라는 생각에 마음이 찡했다. 그전에는 윤사춘기체로 브랜드명을 쓰고 고딕체로 이름을 크게 썼다. 지금까지 남의 옷을 빌려 입다가 이제야 제 옷을 입은 기분이었다."

"한나체의 불균형한 건강미가 너무 좋았다. 활기차고 건강한 에너지가 깃든 느낌. 마치 우리의 페르소나인 대학생, 사회 초년생의 모습 같았다."

"일단 한나체로 제목을 쓰고 나면 내용도 쉽게 쓸 수 있을 것 같은 생각이 들었다. 힘들이지 않고 편안한 문장을 써도 된다는 느낌. 이렇게 한나체가 주는 안심이 있다. 또한 진지하고 각 잡힌 폰트로 쓴 문장은 조금만 어색해도 티가 확 나지만, 한나체라면 의도한 것처럼 여기게 된다. 현대카드는 전용 폰트인 Youandi로 '씻고 자자'라는 문구를 못 쓸 것 같다.(웃음)"

"한나체를 처음 봤을 때 그저 좋았다. 로고를 달지 않아도 우리 브랜드를 명확하게 알릴 수 있는 일종의 무기가 생긴 것이나 마찬가지였기 때문이다. 한나체만 있다면 다른 장치는 필요 없었다. 마케터는 전달하고자 하는 본질적인 메시지만 생각하면 됐다."

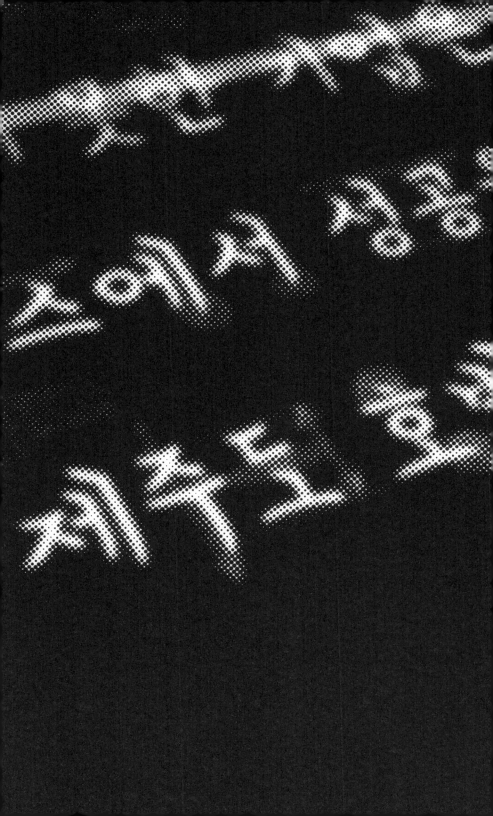

앤솔로지

🔍 배달의민족 ✕ ⌄
글꼴　더 찾기

바탕체	서체견
굴림체	서
돋움체	
궁서체	
맑은 고딕	
배달의민족 한나는열한	
배달의민족 주아체	견본
배달의민족 도현체	서체견본
배달의민족 연성체	서체견본
배달의민족 기랑해랑체	서체견본
배달의민족 한나체 Air	서체견본
배달의민족 한나체 Pro	서체견본
배달의민족 을지로체	서체견본
배달의민족 을지로10년후체	서체견본
배달의민족 을지로오래오래체	서체견본
배달의민족 글림체	서체견본
BM DANIEL	SAMPLE
BM LUCAS	SAMPLE
Comic Sans	Sample
Arial	Sample

휴먼 드라마체

박서련 소설가

박서련은 2018년 한겨레문학상, 2021년 문학동네 젊은작가상, 2023년 이상문학상 우수상을 받았다. 지은 책으로 장편소설『체공녀 강주룡』『마르타의 일』『더 셜리 클럽』『마법소녀 은퇴합니다』『프로젝트 브이』, 소설집『호르몬이 그랬어』『당신 엄마가 당신보다 잘하는 게임』, 짧은 소설『코믹 헤븐에 어서 오세요』, 산문집『오늘은 예쁜 걸 먹어야겠어요』, 소설과 만화로 각각 풀어낸『제사를 부탁해』(공저) 등이 있다.

소설가는 곤경에 빠졌다. 국내 최고의 배달 플랫폼 서비스
회사로부터 최근 기묘한 내용의 청탁을 받았기 때문이다.
"우리가 개발한 모든 글꼴을 총망라하는 단행본을 기획하고
있습니다. …… 우리 글꼴을 주제로 어떠한 내용이든 상관없이
자유롭게 써주시면 됩니다."

수락은 흔쾌히 했다. 소설가는 이미 이 회사와 협업한 적이
있다. 원고료도 쏠쏠했다. 소설가는 두 가지 사실 모두에
긍정적이었지만, 청탁 수락의 직접적인 사유는 따로 있었다.
'오리지널 폰트를 주인공 삼아 오리지널 스토리 쓰기,
그런 걸 나 말고 누가 할 수 있겠어?' 다소 건방지달까
재수가 없는 마음가짐이지만 이 태도가 아니었다면 소설가는
청탁을 받아들일 수 없었을 것이다.

그런데 왜 소설가는 곤경에 빠졌을까? 글꼴을 주제로
소설 쓰기가 그렇게 어려운 일이었을까? 그렇게 자신만만하게
작업에 착수해 놓고 말이다.

실상 소설가의 곤란은 어지럽게 떠오른 몇 가지의 이야기 중
'무엇이 가장 재미있을까'에 있었다.

소설가가 맨 처음으로 떠올린 이야기의 제목은 '러브레터를
쓰기에 가장 적합한 폰트'. 여기 사람에 빠진 한 인간이 있다.
상대방에게 편지를 쓰고 싶지만, 문장력은 둘째치고 악필이

문제다. 아무리 그의 사랑이 절절하다고 해도, 세상 누구보다도 아름다운 문장을 구사할 수 있다 하더라도 내용을 알아볼 수가 없다면 그게 다 무슨 소용이겠는가. 세상에는 내용에 앞서는 형식이 있기도 한 법이다. 주인공은 웹에서 구할 수 있는 무료 글꼴을 찾고 찾다가 마침내 편지의 수신인과 같은 이름을 가진 글꼴이 있다는 것을 알게 된다. 짐작할 수 있다시피 이 글꼴은 소설가에게 원고를 청탁한 회사가 개발한 것이며, 지금까지 이 회사에서 개발한 거의 모든 글꼴에 사람 이름이 붙어 있다는 점에서 착안되었다.

아무튼 주인공이 러브레터를 쓰기에 가장 적합한 폰트를 발견했기 때문에 마침내 편지가 쓰이기 시작한다. 사랑하는……. 한나에게? 주아에게? 도현이에게? 소설가는 편지의 수신인 이름을 고민하다 저도 모르게 또 다른 이야기를 떠올리고 말았다. 이 회사에서 개발한 글꼴에 붙은 모든 이름은 대충 지나가는 누군가의 이름이 아니라 회사 구성원 자녀의 이름이라는 점을 그냥 지나칠 수 없었던 것이다.

두 번째 이야기의 주인공은 편지의 발신인이 아니라 수신인. 지금 막 자기 이름을 딴 글꼴로 쓰인 러브레터를 받은 사람이다. 수신인은 그 글꼴의 이름이 자기의 이름과 같다는 것을 안다. 왜냐하면 실제로 엄마/아빠가 글꼴을 제작한 회사의 구성원이고, 글꼴 이름 공모에 자기 이름을 냈기 때문이다. 이 사람은 글꼴 이름 주인의 동명이인이 아니라, 글꼴 이름 제공자 본인이었다! 그리고 이 사람은 자기와 이름을 공유하는 그 글꼴을 썩 좋아하지 않는다. 왜냐하면…….

언더웨어 브랜드 CK 설립자의 딸이 남긴 유명한 불평이 있다. 데이트를 할 때마다 상대방이 바지를 벗기만 하면 속옷에 아빠 이름이 새겨져 있어서 짜증 난다는 것. 글꼴 이름 제공자의 심정은 그와 다를까? 부모님이 얼마나 뛰어난 업적을 남겼든, 자녀인 자신을 위해 어떤 희생을 했든 자녀로서는 다소 삐딱하고 못마땅한 태도로 받아들이게 될 때가 있지 않은가.

주인공은 그런 편지를 처음 받아보는 게 아니었다. 사귀는 사람마다 어디서 어떻게 알아내고 찾아낸 것인지 자기와 이름이 같은 폰트를 가지고 편지를 써 왔는데, 그게 대단히 로맨틱한 제스처라고 착각하고 있는 듯해 기가 찼다. 하지만 결말에 이르러 주인공은 그 글꼴에 담긴 사람을 알아차리게 된다. 여차저차 오랜 시간이 흐른 뒤에 부모님의 집에서 자기가 어릴 때 쓰던 물건들을 발견하는데, 자기 이름이 붙은 글꼴로 만든 네임 스티커가 물건마다 붙어 있는 걸 발견하는 것이다.

첫 번째 이야기는 주어진 규격, 200자 원고지 15매에 딱 맞아떨어지는 작은 이야기라는 점이 괜찮았다. 짧은 만큼 단순하기도 해서 '주제를 위한 이야기'의 테두리를 전혀 벗어나지 못하는 게 마음에 걸렸다. 소설가는 재미있는 이야기를 쓰고 싶었다. 그렇다면 두 번째 이야기를 쓰는 게 옳다고 느꼈다. 첫 번째 이야기에 비해 캐릭터가 분명하고 따라서 갈등과 사건도 뚜렷하며, 결국 사람에 이르는 정서의 트래킹이 주제를 떠나서도 아름다울 수 있을 듯했다. 단점 역시 첫 번째 이야기와 대조적으로 길다는 점에 있었다. 원고지 15매로는 기승전결의 기밖에 쓸 수 없었다.

설상가상 소설가는 또 다른 이야기를 구상하고 말았다. 러브레터에 대한 집착을 벗어나 글꼴 디자이너의 마음을 상상해보기로 한 것이었다. 제목은 '특정 사상과 볼드체'. 팔뚝이 굵을수록 보수적 성향에 가깝다는 예전 어느 뉴스가 떠올라서였다. 자사의 진하고 두꺼운 기존 글꼴을 재해석해 가는 굵기의 글꼴을 제작한 글꼴 디자이너가 별안간 정치 성향 논란에 휩싸인다. 박력 있고 가독성이 좋은 기존 글씨는 현수막이나 피켓에 쓰기 좋았는데 왜 점점 글씨가 가늘어지고 희미해지는가, 성향이 개인화되고 내면화되고 보수화되고 있는 것이 아닌가……. 글꼴 디자이너는 기가 막힌다. 이걸 해명을 해야 해, 말아야 해? 기존 글꼴 디자인 책임자와 리디자인 디렉터인 나는 서로 다른 사람이고 회의를 통해 결정된 사항이라 내 개인 성향하곤 크게 상관도 없는데.

고심 끝에 소설가는 가까스로 어떤 이야기를 쓸지 결정했다. 그때까지 구상한 글꼴 이야기 세 개를 모두 쓰고 메타적으로다가 자기 이야기까지 써서 총 네 개의 이야기를 짱짱하게 구성하기로 마음먹었고, 실제로 거의 90% 정도 쓰는 데 성공했다.

소설가는 청탁을 보내온 회사의 글꼴을 모아둔 페이지를 열었다. 페이지 소개 글이 눈길을 끌었다. "뭐 사실 한눈에 예쁜 디자인은 아닙니다만 그래도 쓸 만합니다." 소설가는 자기가 쓴 이야기도 그렇다고 생각했다. 첫술에 맛있는 이야기는 아닙니다만 그래도……라고. 글꼴을 만들고 활용하는 수천, 수만, 수억의 사례에는 저마다의 이야기가 있을 테고, 여기 써놓은 것은 그중 제일 재미있는 이야기도 가장 대표적인 이야기도 절대 될 수 없지만, 그 수많은 사례를 가능한 한 많이 상상하게 하는 힌트로는 이 이야기도 제법 괜찮지 않은가. 하지만 소설가의 고민은 원고를 완성한 것으로 끝난 게 아니었다. 남은 문제는 이 원고를 담당자에게 보낼 때 어떤 글꼴을 지정해야 하는가였다. 어디 보자, 글꼴을 주제로 쓴 소설의 본문에 가장 잘 어울리는 글꼴은…….

서체의 표정

최장순 LMNT 크리에이티브 디렉터

최장순은 언어학, 기호학, 철학을 공부했으며 2017년 '비즈니스 휴머니스트'를 지향하는
브랜드 경험 전략 솔루션 컴퍼니 LMNT(엘레멘트컴퍼니)를 설립해 현재 대표로 있다.
인문학적 사고와 철학을 바탕으로 국내외 기업의 비즈니스 전략, 브랜드 철학 및 경험
디자인, 마케팅 전략, 호텔·팝업 등 공간 디자인과 커뮤니케이션 등을 진행해 왔다.
『기획자의 습관』『일상의 빈칸』『의미의 발견』『본질의 발견』등의 저서를 냈다.

그들은 단군신화를 가져와 '배달의민족'을 자청했다.
배달은 '박달'이다. '밝은 땅'이라는 의미. 밝은 땅의 후예는
골목과 거리 곳곳을 다니며 사람들에게 음식과 상품을 전달한다.
위트 있는 메시지와 함께. "오늘 먹을 치킨을 내일로 미루지
말자" "오리지널 내한치킨" "인생은 육식부터"…… 메시지는
분명하다. 또한 단순하다. 배달의민족이 이 땅을 밝히는
홍익弘益의 뉘앙스는 '간결, 위트, 명확'이다. 배달의민족은
4000년 전의 역사적 신화를 가져오는 데 무겁지도, 어렵지도,
권위적이지도 않다. 결과적으로 꼰대와는 거리가 멀다.
이 브랜드는 다양한 서체typeface를 통해 자신의 표정face을
조용히 드러냈다. 그 표정은 우리 민중의 모습과 닮아 있다.

붓을 자유자재로 쓰며 정신을 필법에 담았던 선비들의
서예와는 달리, 붓을 한 번도 잡아보지 못한 민중의 글쓰기는
'그 쉬운 언문조차!' 그림이나 다름없었다. 글을 '그리는' 민중의
당황스러운 표정이 선명하다. 그 글씨는 삐뚤빼뚤하고 획의
굵기도 제각각이다. 울퉁불퉁 두 획으로 이어진 자음 'ㅇ'을
보자(배달의민족 을지로체를 보자). 일필휘지로 가획이 없어야
하는 선비의 정신과는 달리, 어찌 됐건 글자를 완성하고야
말겠다는 애씀이 보였다면 과한 해석일까. 이들 글씨는
실용적이다. 장식을 거부하는 단순함이 있다. 필요한 의미만
전하면 된다는 무욕의 순수함도 느껴진다.

배달의민족은 이런 민중의 모습을 잘 이해한 것 같다.
그들은 공동체의 표정과 태도를 서체에 담았다. 만일 서체에도
초상권이 있다면 이 모든 서체는 공동체에 귀속되어야 맞다.
배달의민족의 얼굴이라기보다 공동체의 얼굴이니까. 모든
서체를 공동체에 무상으로 배포한 건, 그래서 잘한 일이다.

배민 한나는열한살체

배민 주아체

배민 도현체

배민 연성체

배민 기랑해랑체

배민 한나체 Air

배민 한나체 Pro 🍗 치킨

배민 을지로체

배민 을지로10년후체

배민 을지로오래오래체

배민 글림체

제4장. 앤솔로지

배달의민족은 서체를 통해 공동체 모두가 참여하는 별신굿판을 벌였다. 굿은 전국 각지로 퍼졌고, 굿판에서 소비자의 정신과 접신하려는 마케터와 디자이너는 메시지에 어울리는 서체를 꾸준히 유포했다. 무려 열한 가지나!

소리의 시작은 소리꾼이 열지만 소리는 다양한 호응과 추임새, 구경꾼들의 덩실거리는 어깨선과 어우러져 입체적으로 완성된다. 우리 민족의 소리 '판'은 모두의 참여를 허용했다. 배달의민족 서체는 이 소리를 닮았다. 이 소리는 여러 모습으로 저마다의 '판'에서 그 수명을 연장한다. 거리의 '간판', 누군가의 '명판(명함)', 학생들과 젊은 직장인의 '평판(페이퍼, 보고서)'. 이 모든 놀이판에서 배달이민족의 여러 서체는 엄중한 분위기를 깨고 쾌활하고 젊은, 크리에이티브한 뉘앙스를 전할 때 사용된다. 격을 깨는 즐거운 민중의 소리와 춤사위가 담겨 있다. 흥을 생각한다면 소리의 실력은 중요하지 않다. '전국노래자랑'을 보라. 실력에 상관없이 흥을 탑재한 출연자가 꼭 있는데, 배달의민족 서체에는 이런 꾸밈없는 흥이 있다. 배달의민족 서체는 단지 획일화된 서체typesystem가 아니라 우리 민족의 표정typeface과 소리typevoice와 몸짓typeaction을 담은 공감각적 서체typefigure다.

배달의민족이 지금까지 공동체에 선보인 한글 서체는 모두 열한 가지다. 주아체, 도현체, 연성체, 기랑해랑체, 한나체 에어, 한나체 프로, 한나는열한살체(한나체), 을지로체, 을지로10년후체, 을지로오래오래체, 글림체.

서체는 시트지, 아크릴, 붓을 사용한 현장 노동자의 작업 방식을 닮았고(한나체, 주아체, 도현체), 1960~1970년대 산업화 시대에 한 분야에서 진득이 실력을 쌓아온 노련한

장인의 얼굴이 스치기도 한다(을지로체). 존재의 시간에
대한 탐구가 엿보이기도 하며(을지로10년후체), 시간이라는
거대한 주제 앞에 나我의 무상함을 사유하는 불교를 닮기도
했다(을지로오래오래체). 우리는 죽을 때까지 인생을 배워가는
어리숙한 학생學生이지만, 성실하고 책임감 있게 생을 이끌어가야
한다는 민중의 실존적 태도도 엿볼 수 있다(연성체는 못 쓴
글씨여도 정성껏 또박또박 쓴 형태를 유지한다). 단어가
완결되기 전 중간중간 음식이 등장하는 한나체 프로의
경우는 눈에 와닿지 않는 형이상학적 차원(글, 사상)과 거리가
먼 실용적이고 현실적인 민중의 지향(그림, 물질)이 담겨
있다. 보다 극단적인 글림체는 글자가 그림으로 이루어진
그림글자pictobetic다. 특정 의미가 없는 낱자(가령 ㄱ, ㄴ, ㄷ
같은 낱자음과 ㅏ, ㅑ, ㅓ 같은 낱모음)에 존재의 행동과 표정을
담았다. 그 그림의 표정은 익살스럽고, 실제 삶의 모습이 어떻든
긍정하고 유쾌하게 살고자 하는 제멋대로의 개성과 사물의 꼴이
담겨 있다. 힘 있는 누군가가 정한 답을 향해 스펙을 쌓는 지금의
치열한 경쟁 사회가 아니라 각자의 기질과 감정대로 살았던,
웃음과 해학이 끊이지 않던 우리 민족의 어느 시절을 닮았다.
        한마디로 배달의민족 서체에는 우리 민족의 표정과
태도가 담겨 있다. 엘리트 권력을 아랑곳하지 않는 아마추어의
고집이 보인다. 억지 표준에 끼워 맞추려 애쓰지 않는 거리의
정신이 있다. 누구나 가지고 놀 수 있게 공유한 이 서체들은,
대문을 열어놓고 누구나 음식을 나눠 먹을 수 있게 했던 마을
잔치를 닮았다.
        글자는 생각을 담는 도구다. 같은 생각도 어떤 서체에
담기느냐에 따라 '의미의 효과'가 달라진다. 차분한 서체, 진지한

서체, 멋진 서체, 세련된 서체가 있다. 무표정하게 기존 질서를 따르는 서체가 있는가 하면, 반항기 어린 서체도 있다. 삶을 위로하는 명랑하고 성격 좋은 서체도 있고, 시대를 뒤엎는 대담하고 혁신적인 서체 또한 존재한다. 배달의민족은 앞으로 어떤 서체를 만들고, 어떤 표정으로 기업을 경영할 것인가. 어떤 표정으로 공동체에 기여할 것인가. 어떤 목소리로 어떤 사람들을 위해 어떤 메시지를 낼 것인가. 이들이 벌여온 수많은 별신굿판을 보면 앞으로의 굿판 또한 흥미진진하리라 기대감을 갖게 된다. 배달의민족이 만들어갈 새로운 '밝은 땅' 역시 흥과 긍정, 해학이 넘치며 더불어 나눠 먹는 마을 잔치를 닮길 바란다.

배달의민족은
무료 폰트를
배포한다는데,
왜 그렇게 하죠?

한석진 브리스틀대학교 경제학과 교수

한석진은 영국 브리스틀대학교 경제학과 교수다. 기존 경제학 연구에서 간과했던
텍스트나 디자인 정보를 머신 러닝을 활용해 수치화하고 다양한 경제학·통계학적
분석에 이용하는 연구를 하고 있다. 디자인 산업을 다각도로 분석해 관련 전문가들과
협업하며 소통한다.

제4장. 앤솔로지

아이의 서툴고 장난스러운 마음이 획을 타고 오르내리는
것 같은 글자체다. 한 아이의 이름을 본뜬 한나체는 어느 골목
간판에, 음식점 광고지에, 누군가의 웹페이지에 예고 없이
나타난다. 한나체는 배달의민족이 개발한 폰트다. 공들여 개발한
폰트인데 누구나 무료로 쓸 수 있어서 거리와 웹 모퉁이를
장식하고 있다. 한나체만이 아니다. 주아체, 기랑해랑체,
을지로체 등 이름에서부터 가벼움과 즐거움이 느껴지는 폰트를
무료로 배포한다.

배달의민족은 회사다. 회사는 모름지기 비용을 들여
상품과 서비스를 생산하고 그에 응당한 값을 매겨 시장에서
판매함으로써 이윤을 극대화하는 주체다(필자는 경제학자다).
그런데 한 번도 아니고 매년 정기적으로 폰트라는 디자인 상품을
개발해 공짜로 진열대에 올려놓는 일을 어떻게 이해해야 할까?
이벤트라고 보기에는 집요하고 치밀하다. 사회 환원이라고
보기에는 심각하지 않고 장난스럽다. 무엇보다 배달의민족은
폰트 디자인 회사가 아니라 배달업을 하는 회사 아닌가?
도대체 무료 폰트 배포가 회사와 사회에 미치는 경제적 효과는
무엇일까? 이 궁금증에 대해 학문적, 특히 경제학적 답을
구하는 일이 가능할까? 과연 경제학이 해줄 수 있는 이야기는
어디까지일까? 경제학자로서 이와 관련된 연구를 구상하기 전에
회사의 생각을 들어보고 싶었다. 거기서 우리는 어떤 학문적
질문에 답해야 하는지 힌트를 얻을지도 모른다.

김봉진 창업자 인터뷰 기사에 다음과 같은 이야기가
나온다.

"폰트를 만든다고 배달의민족을 이용하는 고객의 숫자나
주문량이 단숨에 늘어나는 것은 아니지만 꾸준히 브랜드

이미지를 쌓아나가는 것이 중요합니다. … 길을 걷다 보면 하루에도 몇 번씩 상점 간판에 우리 서체를 다운받아 사용한 것을 볼 수 있어요. 책 표지나 웹사이트, 심지어 경쟁 업체에서도 사용하고, 아예 노골적으로 따라 하는 브랜드도 생겼고요. 모두가 저절로 이루어지는 우아한형제들의 광고인 셈입니다."[96]

이 이야기는 '광고 효과'와 '브랜드 이미지 개선'이라는 키워드로 요약할 수 있다. 폰트는 광범위하다. 그리고 침투적이다. 그만큼 기대할 수 있는 효과도 클 수 있다. 사실 폰트의 무료 배포가 배달업이라는 배달의민족의 주요 서비스를 소비자에게 직접 노출시키는 광고가 되지는 않는다. 그러므로 단기적으로 소비자의 탐색 비용을 줄여주고 소비자에게 구매 대상의 정보를 제공해 주는 광고의 흔한 효과를 기대할 수는 없다. 그러나 브랜드 이미지는 장기적이고 포괄적인 개념이다. 배달의민족은 폰트 배포뿐만 아니라 다양한 콘텐츠로 대중과 만난다. '배민신춘문예' '치믈리에 자격시험' 등등 이름만 들어도 웃음이 나온다. 브랜드에 이야기가 담기는 것인데, 그 이야기가 대중과 소비자의 마음을 사로잡는다면 충성도가 높아질 뿐만 아니라 선호 변화까지 유도할 수 있다. 그러한 효과는 사업 확장을 꾀할 때 더 빛을 발휘하게 된다. 이야기에는 확장성이 있기 때문이다. 배달의민족이라는 브랜드가 플랫폼 역할을 한다면, 새로운 사업을 도모할 때 높은 진입 장벽 대신 낮게 엎드린 열렬한 팬들이 기다리고 있을지도 모른다.

예상해 볼 수 있는 효과는 이뿐만이 아니다. 분명

---

96 「경영을 혁신하는 디자이너, 김봉진」, 월간 《디자인》 2017년 1월 463호에서.

폰트를 무료로 나누어주는 일은 공공서비스를 제공하는 측면, 더 나아가 문화 자본으로 사회에 기여하는 측면도 있다. 브랜드 아이덴티티가 사회적·문화적 현상으로 거듭난 사례는 기업사에서도 종종 찾아볼 수 있다. 산타클로스의 색깔을 결정지을 만큼 문화적 현상이 된 코카-콜라, "Just Do It"이라는 회사의 광고 문구가 스포츠의 대중적 모토로 자리 잡은 나이키, 브랜드를 넘어 어린이와 어른이 함께 향유하는 문화의 키워드가 된 디즈니, 그리고 브랜드를 넘어 라이프스타일로 자리 잡은 스타벅스와 할리 데이비슨. 브랜드가 사회현상이 되었을 때 그 파급력을 가늠하기란 쉽지 않다.

한편 무료 폰트 배포가 긍정적이지 않은 효과를 가져올 가능성도 생각해 볼 수 있다. 구글의 경우 10여 년 전부터 구글 폰트를 대규모로 개발해 무료로 배포하고 있다. 앞서 언급한 브랜드 이미지 개선이라든지 공공서비스 제공 같은 긍정적 측면도 있지만, 중소 규모 파운드리[97]의 생계에 위협이 되고 다양성이 존중되어야 하는 글꼴 생태계를 파괴한다는 비판도 있다. 그러나 우리말 글자체의 특성과 배달의민족의 무료 폰트 사업의 성격을 고려했을 때 크게 우려할 만한 일은 아닌 듯하다. 우선 우리말 글자체는 특성상 폰트 개발 비용이 영문에 비해 현격하게 높기 때문에 아직 다양한 폰트를 충분히 개발하지 못한 게 현실이다. 또한 배달의민족이 배포하는 폰트의 개수와 종류를 고려해보면 다양성에 기여하는 정도가 그것을 침해하는 정도보다 크다고 본다.

---

[97] '파운드리'는 서체 회사를 가리킨다.

지금까지 살펴본 배달의민족의 무료 폰트 배포 사업의
경제적 효과를 간단히 요약하면 장·단기적으로 회사 이윤에
기여하는 측면, 사회 후생에 기여하는 측면으로 정리할 수 있다.
그러나 이건 어디까지나 필자의 뜬구름 예측에 불과하다.
이렇게 예측한 시나리오를 경제학적으로 엄밀하게 분석하고
측정하는 일이 가능할까? 결과는 어느 정도 '그렇다'고 할 수
있다. 그러나 필자에게 할애된 지면이 한정되어 있으므로 이제
나머지는 관련 연구를 구상해 보는 데 할애하고 싶다.
그 이야기는 다음과 같다.

현상에 대한 대부분의 학문적 질문은 인과관계로 표현할
수 있다. 여기서는 '폰트 무료 배포라는 원인은 기업에 그리고
사회에 어떠한 결과를 가져올까.'라는 질문이 된다. 인과관계를
정량적인 경제학적 방법론으로 분석하는 데는 두 가지 재료가
필요하다. 하나는 모형이고, 또 하나는 데이터다. 모형이란
경제 주체 간의 관계를 단순화해서 설명하는 것을 의미한다.
이 설명은 대개 수식으로 쓴다. 'Y=a×X+b'라는 선형함수만
적어놓아도 Y라는 변수가 X라는 변수의 영향을 받는다는 것을
알 수 있다. 만약 Y가 폰트 소비자의 구매 결정이고 X가 폰트
생산자가 만든 폰트의 모양이라고 하면 이 단순한 모형은 두
경제 주체의 결정이 어떤 관계인지 보여준다. 실제 경제학에서
쓰는 모형은 이것보다 좀 더 복잡한 버전일 뿐이다. 수학적
모형을 세우고 나면 이 모형이 현실을 얼마나 잘 설명하는지
알고 싶다. 이를 위해서는 두 번째 재료인 데이터가 필요하다.
즉 앞선 예로 돌아가서, Y에 해당하는 소비자가 X에 해당하는
폰트를 구매한 내역이 담긴 데이터를 생각해 볼 수 있다.
세상에는 폰트 소비자도 많고 폰트도 많으니 그 정보가 모여

제4장. 앤솔로지

하나의 데이터를 이룰 것이다. 그 데이터가 있다면 이제 우리가 세운 'Y=a×X+b'라는 모형이 맞는지 틀리는지 검증도 하고, 심지어 데이터에 부합하는 a와 b를 구하는 식으로 모형을 추정할 수 있다. 이제 이 단순한 예를 좀 더 현실적인 질문에 대입해 보자.

우선 폰트 소비자의 선택 모형과 생산자의 선택 모형이 필요하다. 소비자의 선택 모형은 폰트 가격과 모양 그리고 파운드리 정보가 소비자의 효용을 결정하고, 그 효용이 소비자의 선택을 결정하게 될 것이다. 생산자의 선택 모형은 폰트 가격과 모양, 파운드리의 정보 그리고 소비자의 선택 결과가 모여 형성된 폰트 수요의 총합이 생산자의 이윤을 결정하고, 그 이윤이 생산자가 어떤 폰트를 디자인할지 결정하게 만들 것이다(필자는 경제학자라고 말했다.) 이 두 모형이 만나 균형을 이루면 폰트 시장에서 이 두 경제 주체가 어떻게 상호작용하는지를 설명하는 큰 모형이 나온다.

그렇다면 필요한 데이터는 무엇일까? 이미 우리 모형이 답을 알려주고 있다. 우선 소비자의 구매 내역(즉 선택 정보), 그리고 폰트 가격과 모양, 파운드리 정보가 데이터로 필요하다. 그렇다면 생산자의 선택 정보는 무엇일까? 바로 어떤 폰트를 만들어 시장에 내놓았는지에 대한 정보, 좀 더 구체적으로는 폰트 모양이다. 여기서 '측정 가능성'이란 중요한 질문이 등장한다. 분명 우리의 모형과 데이터는 모두 수치화가 가능한 변수를 다루고 있는데, 폰트 모양이 어떻게 수치화될 수 있을까? 여기서 필자가 실제로 폰트 시장을 경제학적으로 연구할 때 썼던 아이디어가 등장한다. 그것은 바로 인공지능 혹은 기계 학습의 방법론을 이용해 픽셀 정보로 이루어진 폰트 모양을 숫자의 열로 바꾸는 것이다. 이렇게 만든 데이터로 이제 우리가 세운 모형을 추정할 수 있다. 여기서 배달의민족은 데이터에 어떻게 나타날까? 배달의민족은 무료 폰트를 개발해 배포했으니 폰트 모양은 주아체, 한나체 등등이 숫자 열로 잡힐 테고 그 폰트들의 가격은 0으로 잡힐 것이다!

이런 복잡한 과정을 거치고 나서 우리는 무엇을 할 수 있을까? 우리의 원래 질문에 답할 수 있을까? 답은 이렇다. 모형을 세워 추정이 되면 흔히 실증 경제학자들이 이야기하는 '반사실적 분석'을 할 수 있게 된다. 다시 말해 현실에서 일어나지 않은 일을 추정된 모델을 이용해 수치적으로 예측해 볼 수 있는 것이다. 즉 배달의민족이 폰트를 무료 배포가 아닌 유료 판매를 할 때 회사의 이윤과 소비 패턴, 그리고 소비자의 효용과 후생이 어떻게 변하는지 수치적으로 알아볼 수 있다. 그렇다면 앞에서 예상해 본 시나리오가 실제 데이터로도 뒷받침되는지 확인이 가능해진다. 실제로 무료 배포를 통해 유료 판매를 했을 때보다 이윤이 증가했는지, 소비자는 더 행복해졌는지 알 수 있다. 경제학의 놀라운 능력이다. 예언가 뺨친다. 그러나 위에서 예상한 모든 시나리오를 검증할 수 있는 것은 아니다. 우리의 모형은 폰트 시장에만 집중해서 세운 것이어서 사업 확장 효과라든지 문화 콘텐츠로서의 효과 등은 설명할 수 없다. 그 분석을 위해서는 좀 더 큰 모형과 빅 데이터가 필요하다.

필자의 일장춘몽과 같은 연구 구상에서 엿볼 수 있듯이 경제학은 폰트처럼 수치화될 수 없을 것 같은 대상과, 배달의민족의 폰트 배포라는 모형화하기 힘들 것 같은 현상도 다룰 수 있는 학문이다. 그러나 경제학적 분석이 담지 못하는 것도 있다.

앞서 살펴본 김봉진 의장의 인터뷰에는 다음과 같은 이야기가 나온다.

"사람과 마찬가지로 기업에도 수치로 표현할 수 없는 부분이 있습니다. 특유의 정서와 분위기, 소통 방법, 작은 배려까지, 브랜드를 만드는 것은 이 모두의 복합적인 화학작용이니까요."

어쩌면 경제학적 분석을 하려는 시도 자체가 회사의 철학에 반하는 일인지도 모른다. 그러나 한나체를 시작으로 한 폰트 무료 배포가 12주년이 되었다지 않는가. 그 기념으로 책을 낸다고 하지 않는가. 또 이러한 새로운 콘텐츠로 대중과 소통하려는 배달의민족의 이 재미있는 일에 왜 경제학자라고 동참하고 싶지 않겠는가.

기술과 디자인의 '맛남', 배달의민족 폰트에 녹아 있는 테크 이야기

이도희 이도타입 대표

이도희는 파운드리 이도타입 대표다. 토스, 하이브 등 여러 기업 전용 서체를 개발했다. 인공지능 폰트 생성 같은 타입테크를 연구하며 지속 가능한 폰트 산업에 관심을 가지고 있다. 산돌에서 타입디자인팀 PD로 일하며 다수의 브랜드 서체를 제작하기도 했다.

제4장. 앤솔로지

폰트에 관심 있는 사용자라면 다음 중 최소 한 가지 용어는 익숙할 것이다. 커닝, 이탤릭, 딩벳, 리거처, 위첨자와 아래첨자, 올드 스타일 피겨, 스몰캡……. 이것들은 쉽게 말하면 타이포그래피 디자인을 한층 더 풍부하게 만들어주는 폰트 기능이다. 이런 기능은 고맙게도 오픈타입이라는 디지털 글꼴 기술 덕분에 존재한다. 오픈타입의 활용 사례를 하나 들어보면, 손 글씨 폰트를 제작할 때 타이핑하는 글자의 조합에 따라 알파벳 디자인이 매번 다르게 출력되도록 프로그래밍하는 일이다. 디지털 폰트에서 자연스러운 손 글씨 콘셉트를 살릴 수 있는 재미있는 오픈타입 활용법이다.

오픈타입은 1996년 마이크로소프트와 어도비가 함께 개발한 폰트 포맷으로 처음 공개했다. 비교적 오래된 기술이지만 국내 폰트업계에서 오픈타입이 주목받기 시작한 것은 꽤 최근의 일이다. 기초적인 오픈타입 피처 기술은 예전에도 일부 한글 폰트에서 활용하긴 했지만 영문 폰트에서만큼 적극적으로 다양하게 적용한 경우는 찾기 어려웠다. 흥미로운 것은 어느 시점부터 다양한 오픈타입 피처를 활용한 한글 폰트의 수요와 공급이 폭발적으로 늘어났고, 국내에서는 0에 수렴했던 오픈타입의 인지도 역시 눈에 띄게 높아졌다는 점이다. '한글 폰트에도 이런 재미있는 기능을 넣을 수 있을까' 싶은 기발한 사례도 생겨나고, 기업 커스텀 폰트를 개발할 때 클라이언트가 오픈타입 피처를 삽입해 주기를 요청하는 일이 생길 정도다. 전문가가 아닌 일반 사용자도 오픈타입 피처 기술에 대해 알고 있으며 이에 대한 이해도 역시 높아졌다는 점은 폰트 제작자 입장에서 주목할 만한 일이었다. 그러면 언제부터, 어떤 계기로 이런 흐름이 발생했을까?

논란의 여지 없이 그 흐름의 시작점에 배달의민족 폰트가 있다. 바로 2015년 도현체가 의미 있게 내딛은 첫걸음이다. 글자 조합에 따라 ㅅ, ㅈ, ㅎ 닿자의 모양이 달라지도록 프로그래밍된 도현체는 한글 폰트에 대한 고정관념을 깨는 특유의 키치함으로 수많은 사용자에게 신선한 충격을 주었다. 하지만 폰트 제작자 입장에서는 주목할 만한 도전적인 폰트라고 볼 수 있다. 특히 도현체는 폰트 전문 기업인 산돌이 제작했는데, 국내에서 손꼽히는 영향력을 가진 산돌에게마저 기술적으로 새로운 시도였기 때문이다. 라틴 알파벳에 비해 제작해야 하는 글자 수가 압도적으로 많은 한글 폰트의 특성상 오픈타입 피처를 적용하려면 훨씬 높은 수준의 프로그래밍이 필요하다. 쉽지 않은 도전이었지만 기획자, 디자이너, 개발자 간의 긴밀한 협업 덕분에 폰트 구현은 성공적이었고, 첫 성공 이후 한글 오픈타입 개발은 급물살을 타고 성장했다.

2018년에 공개한 한나체 프로는 한글 오픈타입 기술이 꽃을 피운 사례라고 볼 수 있다. 한나체 프로를 활용한 마케팅 캠페인을 처음 공개했을 때 디자이너들 사이에서 술렁이던 그 분위기는 잊지 못할 만큼 강렬했다. 한나체 프로는 오픈타입 피처 중 'calt'를 적용한 폰트로, 화면에 폰트를 타이핑하면 맛있는 음식 이미지가 등장하는 유쾌한 콘셉트의 글꼴이다. '치킨'을 입력하면 닭 다리 그림이 나오고, '피자'를 입력하면 피자 그림이 나오는 식이다. 한나체 프로는 배달의민족 고유의 브랜딩과 밀접하게 어우러져 대중에게 한 걸음 더 가까이 다가갈 수 있었다. 한나체 프로는 한글 폰트의 변화가 어디까지 이어질지, 그 가능성에 대해 어떤 프로젝트보다 풍성하게 질문을 던지고 상상해볼 계기를 제공한 프로젝트라는 데 의미가 있다. 이후에도 세월의 흔적을 반영한 을지로체, 한글 그림을 조합해 만든 글림체 등 배달의민족은 한글 폰트의 어떤 울타리 안에 머무르지 않고 계속해서 기술적 지평을 넓혀갔다. 하지만 넓어지는 기술적 범위와 무관하게 배달의민족 폰트는 대중과 너무 동떨어지지 않게 적당한 거리를 조절했다. 버내큘러 디자인이라는 배달의민족이 추구해 온 큰 디자인 줄기 안에서 동시대 사용자에게 자연스럽게 스며드는 것이 이들의 폰트 포지션이라는 뜻이다. 실험적이지만 난해하지 않고, 키치한 동시에 무척 실용적이다. 배달의민족 폰트 프로젝트가 대중과 발맞춰 10년간 롱런한 비결은 여기에 있다.

기술의 발전은 창의적 디자인이 발생할 수 있는 요람이 되고, 디자이너의 아이디어는 새로운 기술이 거듭 발전하도록 견인하는 역할을 한다. 특히 폰트 영역에서는 기술과 디자인이 끈끈하게 연결되어 있다. 디지털 시대에 폰트는 모든 소통의 핵심 매개체인 만큼 동시대 기술과 떼려야 뗄 수 없는 관계다. 오픈타입 기술의 도입 이후에도 가변 글꼴이라고 부르는 베리어블 폰트, 컬러 폰트, 이모지 폰트 등 디지털 타이포그래피의 생태계를 한층 더 풍성하게 가꿔주는 새로운 폰트 기술이 꾸준히 등장하는 것을 보면 알 수 있다. 이런 새로운 타입테크type-tech로 새롭게 파생되는 한글 디자인의 가능성은 무궁무진하다. 그리고 이는 분명 배달의민족 폰트의 시도를 계기로 파도치기 시작한 가능성의 바다라는 생각이 든다.

와, 이건 뭐지?
도대체 무슨 미감일까?
무료 배포라고?

장수영 한글 타입 디자이너

장수영은 양희재 디자이너와 함께 타입 기반 스튜디오 '양장점'을 운영한다.
산돌에서 재직하며 격동고딕, 격동굴림을 개발했으며 구글과 어도비가 합작한
'노토산스 CJK' 프로젝트에 참여했다. 무신사, 빈폴, 세종문화회관, 요기요 등
다수의 기업 전용 서체를 개발했다.

제4장. 앤솔로지

10년 전쯤 한나체를 처음 접한 나의 반응이었다. 2년 차 서체 꿈나무였던 나에게는 도저히 용납할 수 없는 수준의 완성도였다. 세상에 공개되어선 안 될 게 나왔다며 탄식했다. 당시 폰트업계 종사자들과의 술자리에서도 한나체는 빠지지 않는 화두였고, 주변인들 또한 내 입장과 크게 다르지 않음을 재차 확인하면서 나의 이러한 견해에 대해 확신으로 가득 찼다. 이로 인해 그 시절 나는 한나체를 가장 좋아한다는 학생들을 만날 때마다 왜 이 폰트를 사용하지 말아야 하는지에 관해 그들의 바짓가랑이를 붙잡고 기를 써가며 설파했다. 불과 몇 년 전까지 나는 그랬다. '만약 한나체를 서체 제작 경험이 전무한 인하우스 디자이너가 아닌 폰트 전문 제작업체에 맡겼다면 어떤 모습으로 세상에 나왔을까.' 지난 수년간 말로만 떠들고 다녔던 한나체를 나름 기업 전용 서체 세계의 고인 물 관점에서 직접 재해석해 보기로 했다. 평소에도 궁금했던 부분이라 이런 기회에 한번 해보자는 생각도 있었고, 한편으로는 지난 10년간 꾸준히 서체 아카이브를 축적해 온 배달의민족에 대해 서체 디자이너로서 할 수 있는 일종의 발칙한 헌정이 되지 않을까 싶은 마음에서 시도해 보았다. 결론부터 말하면 '조형의 완결성 측면에서는 좋아졌을 테지만, 그렇다고 딱히 주목받을 만한 디자인은 되지 못했을 것' 정도로 정리할 수 있다. 이해를 돕기 위해 서체 디자인 관점에서 확인해 볼 수 있는 특징을 몇 가지 항목으로 나누어 견본과 함께 설명하고자 한다.

우선 자폭을 새로 설정했다. 고정된 폭 안에서 제작하는 일반적인 네모꼴 폰트와는 달리 한나체는 글자마다 자폭이 다른 가변 폭으로 제작했다. 특별한 의도가 있을 경우 가변 폭으로 설계하는 경우가 종종 있지만, 한나체에서는 변화하는 자폭에

| 898 units | 867 units | 831 units | 811 units | 839 units |

배달의민족

| 840 units | 840 units | 840 units | 840 units | 840 units |

배달의민족

그림 1. 자폭

제4장. 앤솔로지

그림 2. 두께

그림 3. 공간 분배

제4장. 앤솔로지

대한 규칙성을 발견하지 못했기 때문에 보편적으로 사용하는
고정 폭으로 설계해 보았다. 또한 한 글줄에 좀 더 많은 글자를
넣을 수 있도록 디자인하면 현대적 매체 환경에서의 효율성을
높인다는 측면이 있기에 약간의 장체 스타일로 변경했다.
이는 기업 전용 서체 개발 시 클라이언트를 설득하는 레토릭
중 하나로, 근래에 흔히 접하는 폰트 대부분은 자폭, 자간이
예전보다 좁게 설계되어 있다.(그림 1 참고)

조판 시 균일한 회색도를 맞추기 위한 요소 중 하나가
바로 자소 조합에 따른 획 두께 조정이다. 이는 한 글자 안에서
획이 많고 적음에 따라 두께를 달리해 전체적인 톤을 맞추는
것으로, 폰트의 완성도를 판단하는 주요 근거가 되기 때문에
서체 디자이너는 '조판 테스트와 수정의 무한 반복'이라는
고행을 겪게 된다. 한편 한나체는 글자마다 획 두께 차가 커서
회색도가 들쑥날쑥하다. 세로획을 예로 들면 굳이 굵기 차이를
크게 하지 않아도 되는 일부 획의 편차가 너무 크다는 것을 알
수 있다. 겹기둥(ㅒ)의 경우 대개는 자면 외부에 위치한 바깥쪽
기둥보다 내부에 위치한 안쪽 기둥의 두께를 좀 더 줄여 톤을
맞추는데, 한나체는 안쪽 기둥이 바깥쪽 기둥보다 훨씬 두껍다.
이는 서체 디자이너의 미감과 상반되므로 이를 보정하기 위해 획
두께에 대한 나름의 질서를 부여해 보았다.(그림 2 참고)

폰트 디자인에서 공간 분배라는 개념은 글자의 구조적
측면에서 그와 연관된 많은 세부 사항을 내포한다. 집을 한 채
짓는다고 가정해 보자. 방과 화장실 개수와 크기, 주방과 거실
면적에 따라 같은 면적이라도 구조가 다르며, 또 건물주 가족의
구성원 수와 연령, 생활 방식 등 다양한 상황이 구조에 반영된다.
폰트도 마찬가지다. 제한된 땅(네모꼴 고정 폭)에 집(활자)을

배달의민족

배달의민족

그림 4. 형태

지으려면 개인적 공간(자소)과 공용 공간(여백)의 비례와 배치, 동선 등 신경 써야 할 것이 많다. 좀 더 넓게 보면 일조권 보장을 위해 집과 집 사이에 적당한 거리(자간)를 두어야 하고, 알맞은 폭의 도로(행간)를 놓아 통행이나 주차에 방해받지 않도록 해야 한다. 이를 바탕으로 한나체를 보면 한나체는 건축법이 제정되기 이전에 지은 집들이 모인 동네 같다. 재개발을 목전에 둔 어느 벽화 마을의 오래된 간판의 글자처럼 자소 크기나 위치에 따른 공간 분배가 그 어떤 의도나 질서를 논하기 힘들 정도로 제각각이다. 예컨대 ㅇ의 크기가 상대적으로 작고, 위치 역시 좌상단에 배치되어 있어 균형이 틀어져 보인다. 또 ㅈ은 위치가 너무 높아 '민'보다 '족'이 훨씬 올라가 보이는 등 구조적 일관성을 찾기 힘들다. 이 점을 보완하는 1:1 재건축을 단행한 결과가 바로 그림 3이다.

　　글자 형태란 자면과 여백이 나뉘는 경계 부분의 질감이 어떠한가를 의미한다. 디자이너가 구조는 무시한 채 형태에 집착하는 경우가 많은데, 이는 역설적으로 자형이라는 것이 사용자에게 폰트를 분별하고 선택하는 데 결정적 역할을 해왔다고도 볼 수 있다. 보통 사람들이 아무런 형태적 특징이 없는 고딕 서체를 구별하는 데 애를 먹는 이유도 여기에 있다고 본다. 한나체 역시 고딕류 서체와 마찬가지로 장식적 요소가 강한 글자는 아니지만 곡선 형태가 어눌하다는 점이 좋은 의미로든 나쁜 의미로든 한나체만의 개성을 드러낸다고 볼 수 있다. 곡선의 진행 자체도 매끄럽지 않고, 자면을 구성하는 내곡선과 외곡선의 양상이 달라 요상한 질감을 만들어내기 때문이다. 이 점에서 '족'의 받침 ㄱ의 경우 곡선으로 표현한 부분이 글자의 안정감을 떨어뜨린다고 보아 수직으로 변경했다. 이와 달리 '달'의 받침

ㄹ에는 가로획을 지탱하는 우측 세로획에 곡선을 적용해 기존의
형태적 콘셉트를 최대한 유지하는 방향으로 수정했다. 또한
ㅇ에서는 곡선량을 늘려 ㅇ과 ㅁ에 대해 오독의 여지가 없도록
기능적 부분을 좀 더 고려했다.(그림 4 참고)

　　　그림 5-1과 5-2는 자폭, 굵기, 공간, 형태 등 앞서 언급한
내용을 바탕으로 추가로 제작한 샘플이다. 외식 산업 관련 잡지와
축구 잡지의 지면 광고에 사용한 카피 원문을 재해석했다. 각 매체
특성에 맞춰 위트 있게 인용한 기존 광고 카피와 단어 선택을
변경해 두 가지 타입의 인상을 좀 더 극적으로 가늠할 수 있도록
배치했다.

　　　'이상하게 생긴 나무들로 조성된 배달의민족 폰트의
숲이 이제는 꽤 걷는 재미가 있구나.' 요즘, 지난 10년 동안
배달의민족이 쌓아온 서체 아카이브를 보며 드는 나의 생각이다.
처음 한나체를 마주했던 때의 냉담함과는 확실한 온도 차가
있다. 고약한 성깔이 여전한 걸 보면 나이를 먹어 생긴 관용은
아닌 듯하다. 그렇다고 해서 배달의민족 폰트 하나하나가 여전히
내 눈에 아름다워 보인다는 의미는 더더욱 아니다. 일관성 없는
공간 분배와 무게중심, 어떤 획을 기준으로 삼아야 할지 난감할
정도로 변화무쌍한 획의 두께, 유려함이라곤 좀처럼 찾아볼 수
없는 요상한 곡선 표현 등 거론할 수 있는 못생김 리스트는 차고
넘치기에 그 글자에 대한 나의 미감은 결단코 양보나 타협이
있을 수 없다.

　　　하지만 언어 정보를 시각 정보로 치환하는 문자의 조형적
기능이 향상된다고 해서 그 언어가 자아내는 분위기나 뉘앙스의
감도가 함께 높아지는 것은 아니다. 한나체의 어눌함은 그
자체가 의도된 이미지적 성격이 강한 글자임을 나타내며, 이는

시작이 밥이다

시작이 반이다

그림 5-1. 샘플 텍스트

와, 이건 뭐지? 도대체 무슨 미감일까? 무료 배포라고?

두개의 위장

두개의 심장

그림 5-2. 샘플 텍스트

배달의민족이 지향하는 대중 친화적 유쾌함을 구축하고 전파하는 도구로서 잘 작동해 왔다. 따라서 나 같은 서체 디자이너가 따져 묻는 완성도와는 별개로 브랜딩 관점에서 한나체는 어찌 보면 잘 만든 폰트라 할 수 있다. 하나를 보면 열을 안다고 했는데, 10년 동안 배달의민족은 그 열을 해버렸다. 마냥 가볍게만 치부했던 한글 폰트 프로젝트가 10년 사이 10개나 더 늘어나면서 그에 따른 업계의 평가도 묵직함이 더해진 분위기다. 그런 의미에서 앞서 언급한 온도 차는 배달의민족 아카이브에 대한 나의 '시각'이 바뀌었다기보다는 '시야' 자체가 넓어졌음에 기인한다는 표현이 더 적절하겠다. 앞으로도 계속 전개해 나갈 프로젝트를 열렬히 응원하는 바이며, 그 글자를 보며 난 또 얼마나 괴롭고 즐거울지 기대가 된다.

불안과 갈등의 시대에
배달의민족 폰트가
주는 행복

로버트 파우저 Robert J. Fouser 언어학자

1980년대 초 서울대학교에서 한국어를 공부하면서 한국과의 인연이 시작되었다.
1988~1992년에는 고려대학교 영어교육과에서 강의했다. 박사 학위를 받은 후에는
일본 교토대학교에서 외국어 교육학 교수로 지냈으며, 가고시마대학교에 교양 한국어
과정을 개설했다. 2008년에 서울로 돌아왔고 서울대학교 국어교육과 부교수로 한국어
교육 관련 과목을 맡았다. 2012년에는 한국어 교육과 관련해 문화체육관광부 장관
표창장을 받았다.

배달의민족 폰트를 처음 만난 것은 2019년 10월이었다. 예전에 체부동에 살 때 바로 옆 누하동에 살던 친구랑 그의 부인과 함께 〈배달의민족 을지로체: 도시와 글자〉(이하 〈을지로체〉) 전시를 보러 갔다. 언어학자로서 글자체 전시에 관심은 있었지만 서촌, 익선동, 성수동 등 상업 젠트리피케이션이 심각한 지역의 변화를 지켜봤기에 새로운 '핫플'로 알려진 을지로에 대한 관심은 별로 없었다. 진지하게 전시를 보러 간다기보다 아끼는 사람들과 가볍게 만나는 기회로 생각하며 별다른 기대 없이 갔던 거였다.

그런데 전시장에 들어서는 순간 생각이 달라졌다. 우선 전시된 글자체가 생각보다 친근감이 들었다. 나는 1983년 서울대학교에서 한국어를 공부하려고 처음 한국에 왔다. 을지로체는 당시 어디서나 쉽게 볼 수 있는 글자체와 비슷한 느낌이었기에 왠지 더 반가웠다. 하지만 단순히 옛날 글자체를 똑같이 재현하려 하는 것도, '힙'한 것을 좋아하는 사람을 위한 '뉴트로'한 디자인도 아니었다. 을지로체는 단순히 그 시대를 소비하기 위해 그럴듯하게 포장해 만든 것이 아니라 지금보다 생활이 더 어려웠던 시대를 존중하는 마음이 담긴 글자체였다. 또 그렇다고 진지한 메시지를 전하고자 하는 무거운 작품도 아니었기 때문에 편안한 마음으로 감상하며 일행과 같이 웃고 떠들 수 있었다.

나만 그런 것이 아니었다. 을지로체를 감상하는 다른 관람객을 보면서, 백남준의 유명 작품 '프랙탈 거북선'을 국내에 처음 전시했던 1993 대전 엑스포의 현대미술전이 떠올랐다. 내가 그 작품 앞에 서는 순간, 바로 옆에서 한 할머니와 손자가 바닥에 앉아 작품의 화려한 비디오를 보면서 김밥을 꺼내 먹기

시작했다. 바로 전시장 안내원이 와서 제지하자 천천히 일어나서
비디오를 마저 보고 다른 전시실로 이동했다. 〈을지로체〉 전시를
보는 관람객의 태도 역시 그 할머니랑 손자와 다르지 않았다.
모든 사람이 작품을 즐겁게, 놀이하는 마음으로 바라보는 것
같았다. 침묵 속에서 위대한 오브제를 감상하는 것이 아닌,
시장에 진열된 물건을 편하게 둘러보는 분위기였다. 전반적으로
밝고 유쾌한, 추억에 남을 만한 전시였다.

하지만 배달의민족 폰트는 결코 가볍지 않다. 글자체의
특정한 이미지를 만드는 데는 심리적 영향이 크다. 예를 들면
세리프가 있는 글자체는 고전적 느낌이 있어 권위적이며
보수성이 강하다. 따라서 학계와 금융계에서 많이 사용한다.
반면에 세리프가 없는 산세리프는 간결하고 새로운 느낌이
있기 때문에 간판과 상품 디자인에 많이 사용한다. 한국어도
비슷하게 명조체에는 고전적인 이미지가 있다. 이에 반해
산세리프 계열인 고딕체는 역시 새롭고 모던하다. 서울 지하철
3호선과 4호선에 사용한 글자체를 보면 1980년대 지하철 완공
당시 미래를 향한 기대에 들떠 있던 서울의 분위기가 떠오르는
이유다. 한편 세리프와 산세리프의 차이를 떠나 매우 창의적인
글자체는 개성이 강한 이미지를 만들 수 있다. 예를 들면 조선
시대의 판각본 느낌을 자아내는 글자체는 민주화 운동 이후
유행한 것으로, 전통적 느낌이 들지만 정치적으로 진보 메시지가
강하다. 또한 산울림 같은 오래된 록 밴드 앨범 커버에 쓰인
독특한 글자체는 오늘날 하나의 예술 작품처럼 여겨진다.

그렇다면 배달의민족 폰트는 어떤 이미지를 만들려고
하는 걸까? 역사성이 느껴지는 글자는 확실하지만 이미 앞서
말했듯 단순히 재현만 하려고 했던 것은 아니다. 그보다는

　　　제4장. 앤솔로지

〈배달의민족 을지로체-도시와 글자〉전

글자체를 통해 직접 손으로 간판 글씨를 썼던 한국의 경제
급성장기의 시대적 감성과 소통하려는 제스처에 가깝다.
글자체를 보는 순간, 그 시대를 살았던 사람들에겐 옛 추억이
떠오르겠지만 그렇지 않은 사람들에겐 어떤 이미지가 떠오를
것이다. 어떻든 간에 글자체를 매개로 과거와 소통하는 셈이다.

그렇다면 한국의 경제 급성장기와 소통한다는 것은 어떤
의미일까? 그 시대에 경제가 급성장했기 때문에 한국이 선진국
반열로 진입할 수 있었다. 그리고 독재 정권의 탄압 속에서도
굴하지 않고 민주주의를 이뤄낸 시민운동이 있었다. 경제성장과
민주주의, 이 두 역사적 업적이 오늘날의 대한민국을 만들었다.
배달의민족의 글자체에는 수많은 격동과 변화 속에서도 결코
꺾이지 않은 그 시대의 희망이 담겨 있다. 따라서 점차 희망을
느끼기 어려워진 오늘날, 사람들에게 희망과 닮은 감성을
전해주고 마음속 답답함을 풀어주는 듯하다.

이 외에도 배달의민족 폰트가 소통하고 있는 시대에는
또 다른 중요한 변화가 있었다. 바로 한글 전용화다. 북한은
건국하면서 한글 전용을 도입했지만 한국은 한자를 계속
사용했다. 하지만 시간이 갈수록 한글 전용화를 지지하는
목소리가 커지다가 1970년 학교교육에 한글 전용을 도입했다.
이후 1980년대 말 민주화와 더불어 한자 사용이 많이 사라졌다.
이것을 아쉽게 생각하는 사람도 있지만 한글의 편리성 덕분에
한국은 1990년대 디지털 혁명에 잘 적응하고 이후 '인터넷
대국'으로 부상할 수 있었다. 한글은 24개 글자로 구성된 만큼
컴퓨터와 스마트폰에 입력하기 쉽기 때문에 기술의 빠른 보급을
촉진한 것이다.

한편 언어학자들 사이에서 한글은 발화 모양을 알려주는

제4장. 앤솔로지

문자로 유명하다. 발화에는 목소리는 물론 입 모양과 혀 위치도 중요한 역할을 하는데 한글의 일부 글자에 이 정보가 담겨 있다. 또한 기본 발음에 추가 요소를 더해 표기하는 글자도 있다. 예를 들면 입안의 혀 위치를 알려주는 예사소리인 ㄱ에 선 하나를 추가하면 거센소리 ㅋ이 되고, ㄱ을 두 개 붙이면 된소리 ㄲ이 되는 식이다.

하지만 한글에도 단점이 하나 있다. 직선과 동그라미로만 구성된 문자이기 때문에 시각적 다양성이 적다는 것이다. 따라서 다른 문자에 비해 가독성이 떨어진다는 주장도 있다. 학계에서 논란은 있지만 한글 글자체 개발에서 중요한 문제는 시각적 차별성이다. 한글을 더욱 편하게 읽으려면 글자체의 시각적 차별성이 커야 하는데, 바로 이 지점에서 배달의민족 폰트가 뛰어나다. 실제로 〈을지로체〉 전시장에서 쏟아져 나온 텍스트는 모두 가독성이 좋고 그 느낌도 바로 와닿았다.

최근 독일 카셀에서 5년마다 열리는 〈도큐멘타Documenta〉 전시장에 방문했다. 이 권위 있는 현대미술 전시회에서는 여러 텍스트를 모아 그 자체를 출품한 작품이 인기인 듯했다. 하지만 뭐가 뭔지 파악하기 어려웠기 때문에 작가의 의도와 별개로 관람객 반응은 미미했다. 이에 비해 〈을지로체〉 전시는 관람객을 포옹하고 소통을 유발했다는 점에서 훨씬 의미 있어 보인다. 1993 대전 엑스포 당시, 건조한 현대미술 작품 틈바구니에서 거의 유일하게 일반인과 소통할 수 있었던 백남준의 작품처럼 배달의민족 폰트는 오늘날의 불안, 갈등 그리고 각박함 속에서 재미와 여유를 느끼게 한다.

토론토
한글 워크숍에서
발견한
배달의민족 폰트의
버내큘러

박경식 그래픽 디자이너

박경식은 그래픽 디자이너로 한국과 캐나다를 오가며 학교에서 디자인을 가르친다.
타이포그래피 전문지 《히읗》 편집장을 지냈고 《글짜씨》를 비롯한 국내외 학술지와
국제타이포그래피협회(ATypI) 등 학술회의에서 논문을 발표했다.

제4장. 앤솔로지

2018년부터 캐나다 토론토에서 다양한 사람을 대상으로 한글 타이포그래피 워크숍을 열고 있다. 한국어 자체에 집중하기보다 한글 창제 원리와 조형적·구조적 특징을 소개하는 디자인 워크숍이다. 한글이 언어나 문자 개념을 떠나 잘 만든 디자인 산물임을 일깨워주고 작게나마 자긍심을 갖게 하는 게 목적이다. 워크숍에는 케이팝 문화를 좋아하는 사람 외에도, 아주 어릴 때 캐나다로 입양되어 한국어를 배우지 못했거나, 한국계 혼혈인으로 한글이 익숙하지 않은 사람 등 다양한 배경의 사람들이 참여한다. 필자는 이들과 워크숍을 진행하며 흥미로운 점을 발견했다. 참여자들이 '그린' 자신의 이름이 그동안 배달의민족이 개발하고 배포한 폰트와 매우 유사하다는 점이었다. 그리고 바로 이 지점에서 배달의민족 폰트가 지닌 버내큘러의 속성을 발견할 수 있었다.

워크숍에서는 세종대왕이 한글을 창제하던 당시의 문화적 배경을 시작으로, 한글은 진화된 문자가 아니라 디자인한 글자 시스템이라는 점을 주된 골자로 설명한다. '디자인 산물'이라 말하는 이유는 한글의 구성과 원리가 매우 논리적이고 쉬워서 짧은 시간 안에 배울 수 있기 때문이다. 그리고 자음, 모음의 순서와 함께 네모 틀 안에 글자를 넣어 완성한다는 내용까지 설명하면 참여자 대부분이 한두 시간 안에 자신의 이름을 쓸 수 있게 된다. 은연중에 드러나는 미학적 특징 또한 풍성하고 재미있다.

배달의민족 폰트의 가장 큰 디자인적 특징은 버내큘러에 있다. 자모의 균형이나 비례, 하다못해 글자체의 표정 같은, 조형적 깊이보다는 즉흥적으로 쓴 글자나 필요에 의해 적은 원도를 모티프로 삼기 때문이다. 한나체, 주아체, 을지로체,

도현체는 결코 미려하다고 할 수 없지만, 간판에 쓰인 한 시대의 모습을 담고 있는 글자다. 바로 이 지점에서 배달의민족 폰트는 조금 어설프지만 이렇게 우리 시대의 한글을 보여준다. 특히 기랑해랑체는 이 어설픔이 잘 드러나는 글자체로 워크숍 참여자들이 처음 그리는 한글과 매우 유사하다. 결코 우연이라 할 수 없는 이유는 네모 틀 안에 글자를 가득 채우려다 보니 만들어진 커다란 초성·중성의 모습 때문이다.

토론토에서 진행하는 워크숍의 마지막 실습에서는 가로선, 세로선, 곡선, 사선, 동그라미 등 자음과 모음을 구성하는 요소를 다른 시각적 요소로 만든 다음, 한글로 자신의 이름을 다시 그려본다. 한글만이 지닌 독특한 제작 원리에 대한 이해를 돕기 위해서다. 참여자들은 저마다 다양한 재료와 소재를 이용해 고유한 한글을 만들어낸다. 레고, 단추, 동그라미 스티커, m&m 초콜릿 등으로 만든 이름은, 단순하고 이해가 쉬워 변조나 활용이 가능한 한글의 속성을 '어설프게' 증명한다.

배달의민족 폰트 중에서는 이 속성을 더없이 쉽게, 해학적으로 보여주는 폰트로 글림체가 있다. 조선 시대의 문자도를 떠올리게 하면서도 젊은 사람들이 재미있게 즐길 수 있는 폰트다. 글림체 놀이터 웹사이트에서 자음과 모음을 선택해 글자를 만들어보면, 워크숍 참여자들이 각자 선택한 재료로 만든 한글 이름과 사뭇 유사하다. 글림체 놀이터에서는 글자체 크기도 조절할 수 있어 네모 틀 안에 글자를 꽉 채워서 만들어도 되고 이중모음이나 쌍받침, 겹받침 같은 것이 포함된 복잡한 글자라도 쉽게 만들 수 있다. 또 한글은 네모 틀에 맞게 자음과 모음을 배치할 때 자음과 모음의 관계, 개수에 따라 필연적으로 그 크기나 형태를 바꿔야 한다. 글림체 놀이터에서 사용할 수 있는 ㄱ이나 ㅏ가 한 종류가 아니고, 짧거나 긴, 혹은 납작한 종류의 자음과 모음이 있는 것이 바로 이 때문이다. 즉 글림체는 한글을 처음 배우는 이에게 유용한 도구임은 물론, 조형 원리를 이해하는 데도 매우 좋다.

배달의민족 폰트에서 발견되는 속성은 버내큘러의 의미를 되돌아보게 한다. 버내큘러는 주로 특정 지역·고장· 문화에서 발달한 문화적 속성을 가리킨다. 앞에서 잠시 언급했지만, 전후 한국의 급속한 경제성장은 어렵게 성장을 강행군한 이들의 노고임을 누구나 안다. 주변에 있는 도구로 쓴 거칠고 투박한 '뻘건' 붓글씨 간판 등은 그러한 수년간의 땀과 노력을 대변한다. 심미적이고 미려한 글자체라고 할 수 없지만, 수년간 겹겹이 쌓인 격동의 세월이 거기에 고스란히 담겨 있다. 을지로체는 그런 현재성을 내포하고 있다. 이 외에도 한나체, 도현체, 기랑해랑체는 한국 근대사의 단면을 디자이너의 방식으로 보존하려는 노력으로 느껴진다. 한편 을지로체를 2019년부터 3년간 만든 의도는 오래된 간판 글자를 폰트라는 형식으로 남기려는 측면도 있지만, 오늘날 을지로에서 벌어지고 있는 여러 맥락을 조명하기 위해서였다는 지점에서 바로 지금의, 현재성까지 담은 버내큘러로 간주할 수 있다. 그리고 '요즘 언어', 이를테면 노래 가사나 청소년, 10대들이 사용하는 은어(헐)나 표기(치킨머겅) 등을 폰트 견본의 예시로 사용한다는 점 또한 동시대성을 띤 버내큘러의 속성을 보여준다. 바로 이 점이 배달의민족 폰트에 호감을 갖게 한다.

오늘날 한글 타이포그래피 트렌드에는 조형적 실험, 조판 순서(세로쓰기) 등 다양한 한글 쓰기의 모습이 나타나고 있다. 배달의민족은 한글 폰트의 심미적 아름다움보다는 근현대

저스틴

저스틴

저스틴

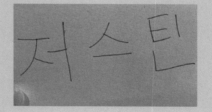

저스틴

(위부터) 바람체, 기랑해랑체, 한나체,
토론토 워크숍 참가자가 쓴 글씨, 슈이써60.

제4장. 앤솔로지

한국 문화에 속한 글자를 탐구한다는 관점에서 무척 흥미롭다. 이렇게 배달의민족 폰트는 분명 여느 폰트와는 결이 다르다. 보통 글자체는 아름다워야 하기 때문에 조형미와 가독성을 우선시한다. 글자 하나하나 균형, 비례, 표정을 수없이 고려해 정성스럽게 다듬는다. 배달의민족 폰트도 분명 이와 같은 디자인 과정을 거치지만 그 이전에 '지금의 한글' '지금의 한국' 같은 시대성을 담는다는 게 특징이다. 이를 위해 아름다움이나 조형미에만 목표를 두지 않고 손 글씨나 간판 글씨의 투박함, 어수룩함을 폰트에 고스란히 담는 것이다.98

---

98 헬베티카를 '중립적 폰트'로 부르는 이유는 산세리프체라는 형태적 특징 이전에 스위스를 대표하는 폰트이기 때문이다. 즉 조형미 이외의 가치가 부여된 것이다. 또 어린아이의 손 글씨 같은 코믹스 산스Comics Sans가 디자이너들이 '극혐'하는 폰트가 된 이유 역시 단순한 조형성의 문제가 아닌, 다양한 맥락이 존재하는 것으로 이해할 수 있다. 물론 이 사례는 훗날 그 폰트를 사용한 사람들의 평판이 더해졌다는 점에서 그 접근법이 배달의민족과 사뭇 다르다. 개발 단계에서부터 시대성을 반영하고 한 사회의 문화적 감수성을 더해 그에 맞는 폰트를 제작한 배달의민족의 노력은 무척 특별한 것이다. 그 모습이 비록 투박하고 어설플지언정 사랑할 수밖에 없는 이유다.

간판과 활자와
을지로체

민본 홍익대학교 미술대학 시각디자인학과 교수

민본은 홍익대학교 미술대학 시각디자인학과 조교수다. 서울대학교 시각디자인학과를
졸업하고 바르셀로나대학교 타이포그래피 석사과정, 레딩대학교 타입페이스 디자인
석사과정을 마쳤다. 미국 애플 본사 디자인팀, 폰트팀 서체 디자이너로 근무했다.
현재 홍익대학교 시각디자인과에서 타이포그래피 관련 과목을 가르치며 다국적
타이포그래피와 타입페이스 디자인을 연구하고 있다.

을지로체의 모체가 된 을지로 골목의 간판 글씨는
한 무명 업자가 큰 붓으로 쓴 것이라고 한다. 사용한 안료는
유성페인트로, 언뜻 전통 붓글씨처럼 생긴 획 형태가 정서적
이질감을 만들어내며 을지로 거리의 개성을 표현하는 듯하다.
획 형태는 특정 서체의 계보를 잇기보다는 작업자의 미감과
의지에 따라 자유롭게 구성한 것으로 보인다. 어쨌거나 이
수작업은 분포 범위가 꽤 넓고 간판이 걸린 업장의 분야가
다양한 데 비해 상당히 형태적 일관성을 이루고 있어 한 인물의
손에 의해 긴 시간에 걸쳐 형성된 일종의 서체 양식으로 불릴
만하다.

'붓글씨와 유성페인트' '투박한 손 글씨와 정밀한 공업',
'을지로의 다양성과 한 사람의 필체' '곧 명맥이 끊길 것만
같은 오래됨과 레트로적 유행'. 따져볼수록 앞뒤가 맞지 않는
이 기묘한 수작업은 '서울 도심 한복판에 존재하는 제조업
단지'라는 을지로의 이미지와 묘하게 상응하며 일종의 버내큘러
디자인의 태동을 암시하기도 한다. 하지만 이 간판 글씨가
방문객에게 선사하는 시각적 경험을 디지털 활자로 옮기는
을지로체 기획에선 '집약적 제조업'이라는 을지로의 산업적
정체성이 '배달 서비스 애플리케이션'이라는 새로운 방향으로
굴절되었다. 또 이러한 기획이 을지로 내부에서 자생해 나온 게
아니라는 점에서 필자는 을지로체를 버내큘러 디자인으로 보는
데는 다소 무리가 있다고 생각한다. 오히려 이 폰트의 디지털
활자가 온몸으로 생생하게 증언하는 개념은 사인 페인팅과 타입
디자인의 관계성과 가까운 것으로 보인다. 공간을 점유하는
간판 글씨(사인)와 읽기를 보장하는 활자(타입)가 서로 영향을
주고받을 때 생겨나는 다양한 이야기가 을지로 간판 글씨와

그림 1. 명동의 간판 글씨. 을지로와 얼마 떨어지지 않은 지역임에도 필체가 을지로의 간판 글씨와는 확연히 다르다. 지역마다 간판 글씨의 양식이 서로 다름을 확인할 수 있다. ©민본

그림 2. 레딩대학교 타이포그래피학과 레터링 컬렉션 중 '사인, 사인 페인터' 항목에 속한 도판. ©Department of Typography & Graphic Communication, University of Reading

제4장. 앤솔로지

을지로체 사이에도 분명 존재하기 때문이다.

아래는 을지로체와 일면을 공유하는 선례들이다. 유사
사례의 활약상을 을지로체와 비교하다 보면, 섣부른 추측일 수
있지만 을지로체의 정체가 조금씩 드러날지도 모르겠다.

사례 1. 길 산스Gill Sans

에드워드 존스턴Edward Johnston과 에릭 길Arthur Eric Rowton
Gill은 20세기 초·중반 영국을 대표하는 서체 예술가다. 에드워드
존스턴은 15세기에 인쇄술이 발달하며 유럽에서 서서히
사라지던 서예의 부흥을 이끈 장본인으로, 고대 서예의 뿌리를
현대적 관점에서 재정립함으로써 당시 예술가와 공예가, 철학자,
과학자에게도 영향을 미쳤다. 특히 1910년대에 런던 지하철
사인을 위해 개발한 '존스턴'이라는 산세리프 글자는 아직까지
살아남아 런던의 일상을 대변하고 있다. 한편 에릭 길은 석공
출신으로, 글자 세계에 입문한 후 특히 돌에 새기는 글자와 활자
제작에서 두각을 나타냈다. 대표작인 '길 산스'는 영국 철도, 펭귄
북스, 영국 공영방송 등이 대표 서체로 채택해 오랜 시간 영국의
이미지를 대표하고 있다.

에릭 길이 에드워드 존스턴의 서예 수업을 수강한
것을 계기로 둘은 일정 기간 서로 가까이 지내며 교육 자료
제작과 존스턴 서체 제작 과정에서 공동 작업을 하기도 했다.
삶과 예술에서 밀접하게 엮인 두 사람의 글자에 대한 철학은
공통점도 차이점도 많아서 둘을 비교하는 것은 매우 흥미로운
일이다. 실제로 에릭 길의 드로잉을 담은 도판으로 이루어진
『에릭 길이 더글러스 클레버던을 위해 그린 알파벳 책A Book of

『Alphabets for Douglas Cleverdon Drawn by Eric Gill』(1987)의 소개 글에서 존 드레이퍼스John Dreyfus는 두 사람의 글자에 대한 관점을 직접 비교했다.

에드워드 존스턴은 런던 지하철 표지판 작업에서, 에릭 길은 클레버던 서점의 간판용 글자 도안에서 일종의 사인 페인팅을 시도했는데, 이 둘이 각자 완성한 대문자 형태는 얼핏 구분이 가지 않을 정도로 유사해서 그들의 작업적 교집합이라고 부를 정도다.(그림 3~7) 하지만 디테일에서는 차이점도 분명 존재한다. 즉 에드워드 존스턴은 종이에 자신의 손으로 구현 가능한 손 글씨를 다듬고, 더 확대해 거리나 역사의 열린 공간을 장악할 수 있는 커다란 시각물로 도안화했다. 반면 에릭 길은 자신의 글자 도안을 추후 인쇄용 활자로 조각해 더 다양한 매체에서 널리 활용하는 모습을 상상한 것처럼 보인다. 형태가 거의 같은 알파벳이지만 한 사람은 글씨를 써서 잘 보여주려는 관점에서, 다른 한 사람은 글씨를 새겨서 찍어내는 관점에서 만든 것이다. 이 관점의 차이는 이후 두 디자인의 결과물이 성장해 나가는 방향성을 결정지었다.

결국 에드워드 존스턴의 전통 서예에 대한 재해석은 런던 지하철의 사이니지 시스템에 고스란히 남은 데 비해, 에릭 길의 글자 도안은 몇 번의 시행착오를 거치며 영국 모노타입사가 길 산스, 퍼피추아Perpetua 등의 이름으로 활자화했다. 두 사람 모두 각자의 자리에서 더할 나위 없이 존재감을 드러내고 있어 둘의 우열을 논하는 것은 의미 없는 일이다. 그러나 만약 존스턴체를 바탕으로 디자인한 길 산스체가 영국 철도에서뿐 아니라 펠리칸북스와 펭귄북스의 책에서, BBC 공영방송에서, 그 외에 수많은 출판물과 광고물에서 매체를 넘나들며 그 영향력을

그림 3, 4. 런던 지하철역의 다양한 표지판. 오늘날에도 여전히 존스턴 서체로 쓰여 있다.
ⓒ민본

The Bristol bookshop, 1927, with Gill's fascia and Roger Fry's sign

그림 5. 브리스틀에 있는 더글러스 클레버던 서점 입구. 에릭 길이 간판 제작을 위해 쓴 글씨 도안이 보인다. 『에릭 길이 더글러스 클레버던을 위해 그린 알파벳 책』에서 발췌.

ABCDEFG
HIJKLMN
OPQRST
UVWXYZ

ABCDEFG
HIJKLMN
OPQRST
UVWXYZ

그림 6, 7. 왼쪽은 존스턴 서체를 디지털화한 'P22 언더그라운드'의 대문자, 오른쪽은 에릭 길의 더글러스 클레버던 사인의 발전형이라고 할 수 있는 '모노타입 길 산스'의 대문자다. 전반적으로 매우 유사한 형태지만 B, S, W의 비례감, J, Q의 단순함 등 디테일에서 작은 차이가 있다.

제4장. 앤솔로지

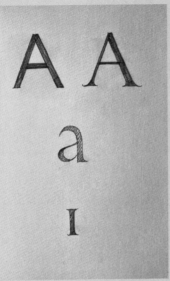

그림 8, 9. 왼쪽은 에릭 길이 더글러스 클레버던 서점을 위해 만든 글자 도안의 연필 스케치를 스캔한 것이다. 이 간판 글자는 후에 에릭 길의 대표작이 된 길 산스와 퍼피추아로 발전한다. 오른쪽은 스케치와 실제 활자 모습을 비교하기 위해 길 산스와 퍼피추아(아래)를 사용해 왼쪽 스케치와 비슷하게 조판한 것이다.

ABCDEFGHIJKLMNOPQRSTUVWXYZ
abcdefghijklmnopqrstuvwxyz

ABCDEFGHIJKLMNOPQRSTUVWXYZ
abcdefghijklmnopqrstuvwxyz

그림 10, 11. 길 산스(위)와 퍼피추아(아래) 대소문자 전체.

그림 12, 13. 빌바오의 거리명 안내판. ⓒ민본

제4장. 앤솔로지

넓히지 않았더라면 두 서체의 생명이 이렇게 길게 이어지지
못했을 것이라는 생각도 조심스레 해본다. 런던 지하철역마다
존스턴 서체가 뿜어내고 있는 영국 서예의 전통은 한결 더
보편적으로 확장된 길 산스라는 활자체를 저변에 깔고서 더욱
빛나고 있는 것이다.

사례 2. 바스크 글자La Letra Vasca

거리의 간판과 표지판은 모바일 앱이 일상화된
오늘날에도 여전히 행인들이 위치와 장소를 파악하는 데 요긴한
시각적 매체다. 바스크의 수도 빌바오 거리를 구경하다 보면
얼마 지나지 않아 그곳의 간판과 길 안내 표지판에서 무언가
독특함을 발견하게 된다. 거기에 쓰인 글자가 강한 존재감을
드러내는 것이다. 거리 곳곳에서 마주하는 다소 괴상하고
익살맞은 모양의 알파벳은 그 형태가 제각각으로 하나의
통일된 서체라고 보기 어렵다. 하지만 도시 풍경과 하나가 된
이 글자들을 반복해서 보게 되면 머릿속에서 점점 그 다양한
형태가 일관적으로 정돈되면서, 하나의 양식을 가진 서체의
베리에이션으로 여겨지게 된다. 그리고 간판에서 더 이상 이
글자가 보이지 않는 순간 내가 바스크 지역을 벗어났음을
인식하게 되니, 그야말로 이 글자는 바스크의 지역성을 품고
있다고 할 수 있다.

'바스크 글자'로 불리는 이 일종의 문자 도안 양식은
디자이너도 제작자도 불분명하다. 오래전부터 주로 바스크
지역에서 비문을 새길 때 사용했다고 전해질 뿐이다. 비문의
특성상 자신의 뿌리, 가족, 민족에 대한 감상과 연결되기 쉬워

그림 14~19. (왼쪽 위부터 시계 방향으로) 빌바오의 카페 두 곳의 간판, 사이다 음료 라벨, 식당 입구의 차양, 아이스크림 가게 간판, 은행 간판. 각각에 쓰인 글자를 뜯어보면 디테일이 모두 다르지만, 한편으로는 모두 하나의 양식으로 보인다. ⓒ민본

20세기 스페인 내전 이후 특히 거세진 바스크 독립주의의
상징처럼 여겨졌다는 이야기가 있으나, 이 또한 명확하지 않다.
이후 발달한 민족주의적 분위기에서 자신을 드러내는 서체로
자인되고 수십 년간 정치 및 사회적 목적을 위해서뿐 아니라,
상점과 간판 등 상공업 현장에서도 적극 활용되며 이러한 독특한
시각적 정체성을 이루었다.[99]

　　이 서체는 2000년대 초반 바스크 정부 정책의 일환으로
대외적으로 더 널리 알려졌다. 바스크 민족의 정체를 드러내는
서체를 디지털 활자화한 것이다. 바스크인에게는 외부인이라 할
수 있는 스페인 마드리드 출신 디자이너 알베르토 코라손Alberto
Corazon이 이 작업을 맡았는데, 영국의 대표 활자체 중 하나인
앨버터스Albertus와 유사한 형태로 다듬으면서 원래의 개성이
퇴색되는 아쉬움을 남겼다. 이에 '바스크'라는 이름이 붙은 다른
몇몇 폰트가 무료로 유통되고 있으나 그 대안으로 삼을 만큼
품질이 뛰어나지는 못하다.

　　이 바스크 글자로 이루어진 간판들의 공통점은 소위
활자가 지닌 보편적 형태를 갖추기 위해 그 개성을 매몰시키지
않았다는 것이다. 비석에 새기던 알파벳답게 대문자 위주로
발달했고, 공간의 효율적 활용을 위해 글자 크기와 키(활자
높이)를 자유롭게 늘이고 줄여 여느 활자와 달리 글줄 선이
가지런하지 않다. 획 굵기 또한 글자별로 제각각이며 그 변화에
일정한 규칙도 없어 규격화를 거부하는 모습이다. 마치 스페인,
서유럽, 미국 등 주류 세계에 대항하는 바스크의 정치성과 닮아

99　http://www.monografica.org/04/Artículo/6529

그림 20~22. (위부터) 바스카Vasca, 빌바오Bilbao, 바스카 베리아Vasca Berria. 완성도가 높다고
할 수는 없으나 비문 서체 양식의 특성을 잘 보여주는 폰트다.

있는 듯한 상상마저 불러일으킨다. 이러한 바스크 글자의 특성은 앞으로도 품질 좋은 활자 제작을 방해하는 요소가 될 것이다. 하지만 그것이 이 알파벳으로 이루어진 간판과 표지판이 주는 시각적 즐거움을 감소시키지는 못한다. 오히려 수치화되지 않은 불균질함을 이루는 개성 있는 글자가 도시 구석구석의 간판과 표지판을 채우고 있는 광경은 굉장한 공간감으로 사람들을 압도하곤 한다.

사례 3. 양가북위물차체楊佳北魏貨車體

홍콩은 간판 문화가 발달한 도시로 손꼽힌다. 동서양을 잇던 국제도시답게 한자와 알파벳 외에도 다양한 언어권의 문자가 어우러진 화려한 네온사인이 이 도시를 상징한다 해도 과언이 아니다. 또한 오랜 항구도시답게 바닷바람으로 인한 부식을 막아주는 페인트와 스텐실 기법으로 정보를 보호하는 각종 사인이 도시 곳곳에서 관광객의 눈을 즐겁게 해준다. 특히 차량 이동 중 도로 위에서 펼쳐지는 글자의 향연은 인상적인 장면을 연출한다. 화물 차량 측면에 색색깔로 그린 아름다운 붓글씨가 함께 도로 위를 달리기 때문이다.

이러한 화물차의 글자를 화물차 소유사나 업종을 표시하려는 목적으로만 제작했다고 보기는 어렵다. 우선 다양한 회사명과 정보가 하나의 필체로 통일되어 있는데, 그 표현력과 색감이 화물차에는 과분할 만큼 아름답기 때문이다. 보는 사람으로 하여금 단순히 정보를 인지하는 것에서 멈추지 않고 하나의 시각물로 감상하게 만들 정도다. 또한 스텐실용이라고 하기에 서체 자체가 매우 호방하고 세련되었는데, 그 필체의

그림 23. 홍콩 성완 지역 웨스턴 SHSC 빌딩 벽. 중국 쓰촨성의 명주 젠난춘劍南春 광고판.
©민본

그림 24. 홍콩 완차이 지역 소방서 차량 출입구에 스텐실 기법으로 새긴 문구. ©민본

제4장. 앤솔로지

그림 25~30. (왼쪽 위부터 시계 방향으로) 홍콩의 우체함인 신샹信箱 표시, 광고 부착 금지 안내 사인, 경찰 사인, 홍콩 교통 카드 바타퉁八達通 사인, 구룡반도와 홍콩섬을 오가는 홍콩 스타페리 선실 내부의 스텐실 사인, 거리 광고. ⓒ민본

그림 31~34. 홍콩 곳곳을 누비는 화물차 측면에 스텐실 기법으로 새긴 북위체 글자. ⓒ민본

제4장. 앤솔로지

그림 35~37. 스텐실 기법 특성상 글자 획이 여기저기 끊어질 수밖에
없는데, 이 화물차의 글자는 북위체의 호방한 붓글씨 양식이
보존될 수 있도록 매우 정교하게 디자인했다. ⓒ민본

간판과 활자와 을지로체

그림 38. 쌈유參語 Trilingua Design의 네온 작업.

그림 39. 디자이너 포청Po Cheung의 북위서체를 기반으로 한 영문 활자 디자인.

제4장. 앤솔로지

기세와 활력이 퇴색되지 않도록 스텐실 판을 제작할 때 붓의 획을 끊고 잇는 디자인적 계산 역시 매우 정교하게 이루어졌음을 알 수 있다.

홍콩 현지 신문 기사에 따르면 이 붓글씨를 기반으로 한 스텐실 작업의 주인공은 양가楊佳라는 장인으로, 어렸을 때부터 오랜 시간 서예를 연마해 특히 홍콩식 북위체(위진남북조시대의 비각 서법)에 능통할 뿐 아니라, 이것을 스텐실로 크고 정확하게 표현할 수 있는 틀자까지 직접 개발했다고 한다. 현재 홍콩 화물차 사인 페인팅의 70% 이상을 담당한다니, 도로 위에서 이 글자들과 함께 달리는 기분이 든다고 하는 것도 과장은 아니다. 기사 작성 시기는 1994년으로, 당시 양가는 이미 85세로 기록되어 있어 이제는 그의 생사와 더불어 작업을 계속하고 있는지 여부도 알 수 없다. 다행히 이미 약 8000개의 한자 레터링과 스텐실 틀자가 디지털화되어 있다고 하니, 만약 후계자가 있다면 지속적인 스텐실 제작이 가능할 것이다. 또한 없는 글자는 새로 집자해 도안을 짤 수도 있을 것이라 위안을 삼는다.

한 사람의 필체로 이루어진 이 사인물이 이토록 널리 퍼지고 지속적으로 환영받는 이유는 이 필체가 '홍콩북위서체' 라는, 사회적으로 인정받는 서체를 바탕으로 했기 때문일 것이다. 그 틀 안에서 양가의 붓글씨는 개인적 자아의 발현이 아닌, 서체의 전통을 계승하고 그 통일성을 유지하는 도구가 된다. 개인의 작업이 어떻게 공공성을 획득하게 되는지에 관해 힌트를 준다. 양가의 이 서체는 '양가북위(화)물차체'로 불리며 홍콩 사람들의 사랑을 받는 동시에, 이에 대한 재해석 또한 다양하게 시도되었다. 반세기 가까이 지속한 작업의 꾸준함에 대한 존경인지, 스텐실 기법의 생산성이 유지되고 있는 것에 대한 존중인지 알 수 없으나 홍콩의 서체 디자이너들은 섣불리 양가의 서체에 대한 형태적 분석을 하지 않는다. 대신 다소 신중하게 이 서체에 담긴 정체성을 다른 매체, 언어로 재해석하고 있다.

사례 4. 을지로체

다시 서울 을지로의 간판 글씨를 살펴보며, 을지로체에 대해 생각해 보자. 사례 1에서 살펴본 영국의 예시는 런던 지하철 사인을 위해 에드워드 존스턴이 제작한 글자가 협업자였던 에릭 길의 작업에 전승되고, 이것이 활자체로 확장되어 출판 및 광고에 쓰이고 방송 전파를 타면서 '작지만 큰' 영국의 이미지를 세계에 전하는 스토리다. 사례 2 빌바오의 예시는 수백 년간 비문에 축적된 바스크 지역의 글자 문화가 민족주의라는 관념에 편승해 도시 전역의 사인으로 번지며 공공 디자인에 도달하는 여정을 보여준다.

사례 3 홍콩의 예시는 복잡다단한 다문화 도시에서 자신의 전통을 이어가고자 하는 일념으로 수많은 화물차를 색색깔로 칠해 온 도시를 누비게 하면서, 되레 국제도시의 이미지를 창출하는 역설적 결과를 보여준다.

서울 한복판 을지로 공업사 밀집 지역의 정체성이 담긴 간판 글씨는 배달의민족 브랜드 마케팅의 일환으로 '발굴'되어 디지털 매체를 타고 빠르게 퍼져나가고 있다. 게다가 이 디지털 폰트는 무료로 대중에 배포되어 각종 매체에서 볼 수 있으며 그 성장세는 가늠이 어려울 정도로 강하다. 현재 진행 중인 이

그림 40~41. 을지로 거리의 다양한 간판 글씨. ⓒ우아한형제들

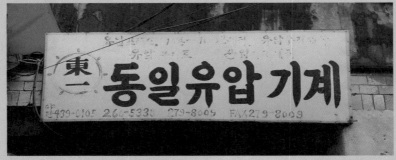

그림 42~44. 을지로의 다양한 간판 글씨. ©우아한형제들

제4장. 앤솔로지

폰트의 기능적, 미적 진화는 아직 그 방향성과 종착지를 속단할 수 없다. 그럼에도 을지로체라는 이 디지털 폰트의 성장력과 파급력이 앞에서 언급한 어느 사례보다도 크다는 점, 이 필체에 담긴 지역적 정체성이 빌바오나 홍콩의 그것 못지않다는 점 등을 고려하면 앞으로 을지로체가 어떤 사회적인 맥락과 의미를 갖게 될지 관심을 두고 지켜볼 일이다.

함께한 사람들

우아한형제들

강민경, 김규림, 김규연, 김범준,
김봉진, 김민정, 김민진, 금재현,
민지희, 박병선, 전수빈, 전지연,
정미경, 채혜선, 차태현, 태주희,
이상은, 이소영, 임철준, 한명수, 한빛

베트남

끼어 따스비고우,
라이스 스튜디오

산돌

강민재, 강주연, 김연아, 김진희,
김초롱, 박부미, 박진경, 석금호,
심우진, 이도경, 임창섭, 장수화